Gott und Sinn
Im interdisziplinären Gespräch mit Volker Gerhardt
Herausgegeben von Michael Kühnlein, 2016, *Band 1*

Das Risiko der Freiheit
Im interdisziplinären Gespräch mit Otfried Höffe
Herausgegeben von Michael Kühnlein, 2018, *Band 2*

Resonanz
Im interdisziplinären Gespräch mit Hartmut Rosa
Herausgegeben von Jean-Pierre Wils, 2019, *Band 3*

Der Westen und die Menschenrechte
Im interdisziplinären Gespräch mit Hans Joas
Herausgegeben von Michael Kühnlein und Jean-Pierre Wils,
geplant für März 2019, *Band 4*

Texte & Kontexte der Philosophie

herausgegeben von

Michael Kühnlein

Philosophie lebt vom Streit – und zwar vom *begründeten* Streit um Behauptungen, Meinungen und Thesen. Dieser diskursive Charakter der Philosophie prägt auch die Konzeption der hier anzuzeigenden Diskussionsreihe: Wichtige Neuerscheinungen aus dem Bereich der Philosophie und ihrer benachbarten Disziplinen sollen zeitnah und im direkten Austausch mit dem Autor von renommierten Experten kritisch erörtert werden. Ein kurzer orientierender Beitrag des Autors eröffnet dabei jeweils die Diskussion, auf die dann die Essays der Kritiker folgen. Anschließend nimmt der Autor in einer Replik ausführlich Stellung zu den vorgetragenen Argumenten. Die Diskussionsreihe ist interdisziplinär angelegt und keiner bestimmten Denkrichtung verpflichtet; allein die Originalität des Zugriffs und die Relevanz des Themas sind entscheidend für die Aufnahme in dieses Format.

Jean-Pierre Wils [Hrsg.]

Resonanz

Im interdisziplinären Gespräch mit Hartmut Rosa

Die Deutsche Nationalbibliothek verzeichnet diese Publikation in
der Deutschen Nationalbibliografie; detaillierte bibliografische
Daten sind im Internet über http://dnb.d-nb.de abrufbar.

The Deutsche Nationalbibliothek lists this publication in the
Deutsche Nationalbibliografie; detailed bibliographic data
are available on the Internet at http://dnb.d-nb.de

ISBN 978-3-8487-4645-3 (Print)
ISBN 978-3-8452-8873-4 (ePDF)

1. Auflage 2019
© Nomos Verlagsgesellschaft, Baden-Baden 2019. Gedruckt in Deutschland.
Alle Rechte, auch die des Nachdrucks von Auszügen, der fotomechanischen
Wiedergabe und der Übersetzung, vorbehalten. Gedruckt auf alterungsbeständigem Papier.

This work is subject to copyright. All rights reserved. No part of this publication may be reproduced or transmitted in any form or by any means, electronic or mechanical, including photocopying, recording, or any information storage or retrieval system, without prior permission in writing from the publishers. Under § 54 of the German Copyright Law where copies are made for other than private use a fee is payable to "Verwertungsgesellschaft Wort", Munich.

No responsibility for loss caused to any individual or organization acting on or refraining from action as a result of the material in this publication can be accepted by Nomos or the author(s)/editor(s).

Inhaltsverzeichnis

Einleitung: Resonanz als Schlüssel zur Gegenwart? Zur
Epochensoziologie Hartmut Rosas — 7
Jean-Pierre Wils

I Eröffnung

Resonanz als Schlüsselbegriff der Sozialtheorie — 11
Hartmut Rosa

II Stellungnahmen

Resonanz. Eine Analyse aus ethischer Perspektive — 33
Hille Haker

Resonanz und gutes Leben — 45
Holmer Steinfath

„Gute" und „schlechte" Resonanzen? Ein Vorschlag zur
Erweiterung von Harmut Rosas Resonanztheorie — 57
Hilge Landweer

The Ethical Implications of Resonance Theory — 71
Charles Taylor

Die Resonanz spricht nicht. Anmerkungen zur monistischen
Weltbeziehungssoziologie von Hartmut Rosa — 87
Michael Kühnlein

Über Wissenschaftsmacht und konzeptionelle blinde Passagiere.
Eine afrikawissenschaftlich-misstrauische Lektüre Hartmut Rosas
Resonanz 99
Rose Marie Beck

Heimatversprechen und Weltverstummen 111
Jean-Pierre Wils

Rosa(s) Resonanzkunst. Eine theologische Antwort 127
Klaas Huizing

Das „poröse Selbst" und die universale Reichweite der
Resonanztheorie 139
Christoph Hübenthal

Resonanz und Nachhaltigkeit: Zum Verhältnis zweier
Schlüsselbegriffe zeitgenössischer Gesellschaftskritik 151
Bernd Sommer

Das Resonanzkonzept und die Altenhilfe. Zum Einsatz digitaler
Technik in der Pflege 165
Alfons Maurer

Dynamische Stabilisierung und resonante Weltbeziehung.
Laudatio für den soziologischen Diagnostiker Hartmut Rosa 179
Dietmar Mieth

III Replik

Zur Kritik und Weiterentwicklung des Resonanzkonzepts 191
Hartmut Rosa

Autorenverzeichnis 213

Einleitung: Resonanz als Schlüssel zur Gegenwart? Zur Epochensoziologie Hartmut Rosas

Jean-Pierre Wils

Wir leben in unübersichtlichen Verhältnissen und in wachsender Unsicherheit. Für soziologische Gegenwartsdiagnosen großen Stils scheinen die Zeiten deshalb fruchtbar zu sein. Harmut Rosa nimmt in diesem Zusammenhang einen durchaus prominenten Platz ein. Nachdem seine Beschleunigungsstudien sich bereits ein beträchtliches Gehör verschaffen konnten, trifft dies umso mehr auf das Buch *Resonanz*[1] zu, das nichts weniger als eine *Soziologie der Weltbeziehung* sein möchte. Der in Jena lehrende Soziologe hatte bereits in einem wenige Jahre zuvor erschienenen größeren Essay *Beschleunigung und Entfremdung. Entwurf einer Kritischen Theorie spätmoderner Zeitlichkeit*[2] eine Modernitätstheorie skizziert, die nichts weniger als eine Anknüpfung und Fortsetzung der Frankfurter Tradition zu sein anstrebt. Rosa setzte dort dem Begriff der „Entfremdung" als Kennwort der Pathologie der Moderne bereits die Kategorie der „Resonanz" entgegen, gleichsam als Inbegriff „nichtentfremdeten Lebens" (147). Während der Indizienkatalog für jene Pathologien dem komplexen Phänomen der Beschleunigung entnommen wurde, hat Rosa in der im Folgenden zur Diskussion stehenden Publikation eine umfassende Bestandsaufnahme und die Konturen einer Befreiung vom modernen Resonanzdesaster vorlegt. Nun werden die „Verlusterfahrungen" in der Selbst- und Weltbeziehung mit fast enzyklopädischem Eifer gesammelt, in vielerlei Details einer philosophischen und soziologischen Analyse unterzogen und die Perspektiven eines nichtentfremdeten, also guten Lebens in die Richtung einer Postwachstumsgesellschaft aufgezeigt. In dieser Phänomenologie der Moderne beginnt die Reise bei den allerintimsten Selbstbezügen des Menschen und wird eine Weltbeziehungstheorie entworfen, die zu

---

1 Vgl. Harmut Rosa, *Resonanz: Eine Soziologie der Weltbeziehung*, Berlin 2016. Ein redaktioneller Hinweis: Die in Klammern gesetzten Seitenzahlen der nachfolgenden Stellungnahmen beziehen sich durchgängig auf diese Ausgabe.
2 Berlin 2013.

praktischen sozialen, politischen und ökologischen Schlussfolgerungen aufruft.

Offenbar nimmt im akademischen Milieu die Scheu allmählich ab, neben der Analyse der gesellschaftlichen Zustände auch ein gewisses Maß an Orientierungswissen zu offerieren. Dabei tritt die Soziologie – verglichen mit der Philosophie – mit größerem Selbstbewusstsein auf. Wie kaum eine andere Theorie ist das Resonanz-Buch auf ein überaus starkes Interesse gestoßen. Als Schlüsselbegriff zur Interpretation des gegenwärtigen Zeitalters hat sie – die „Resonanz" – geradezu elektrisiert. Rosa hat eine Resonanz-Resonanz ausgelöst, die schwer zu temperieren ist.

Wissenschaftlich motivierte Stellungnahmen neigen aber zu einer gewissen Abkühlung euphorischer Reaktionen auf Bestseller akademischer Abkunft. Die Kolleginnen und Kollegen, die in diesem Diskussionsband ins Gespräch mit Harmut Rosa treten, verbindet die Haltung einer sympathetischen Kritik. Gemäß der zweifachen Bedeutung dieses Wortes finden sich vorsichtige Umarmungen ebenso wie skeptische Kommentierungen. In allen Beiträgen, deren Signaturen von der Begriffskritik bis zur Resonanzanwendung reichen, wird mit Harmut Rosa freundlich gerungen. Den Kollegen und Kolleginnen gilt mein großer Dank – es war eine Freude, mit ihnen zusammenzuarbeiten. Besonders danken will ich Harmut Rosa, der in seiner ebenso entschiedenen wie liebenswürdigen Art schnellstens in das Projekt eingewilligt hat und sich den Mühen der Replik unterzogen hat. Hans-Georg Eilenberger hat die Sorge für das Manuskript auf sich genommen, Frau Beate Bernstein vom NOMOS Verlag war ein guter Geist – mal im Hintergrund, mal im Vordergrund. Ohne die beiden wäre das Buch nie zustande gekommen.

Jean-Pierre Wils,   im Oktober 2018.

I
Eröffnung

Resonanz als Schlüsselbegriff der Sozialtheorie

Hartmut Rosa

Die Moderne als soziale Formation ist kulturell und strukturell auf die systematische Vergrößerung der Weltreichweite hin angelegt – so lautet die soziologische Ausgangsthese meines 2016 erschienenen Buches *Resonanz. Eine Soziologie der Weltbeziehung*. Kulturell manifestiert sich das Programm der Reichweitenvergrößerung in der Überzeugung, dass das individuelle und kollektive Erreichbar- und Verfügbarmachen von Welt, dass die Ausdehnung unserer kognitiven, technischen, ökonomischen, sozialen und auch politischen *Reichweite* den Maßstab für die Qualität des Lebens, für ein gelingendes Leben schlechthin darstellt. Die Aussicht darauf, den Horizont des Erreichbaren auszudehnen, motiviert die Wissenschaft, wenn sie danach strebt, mit Hilfe von Teleskopen weiter hinaus in den Weltraum und mit Mikroskopen tiefer hinein in die Materie zu blicken, die Entwicklung der Technik, welche immer mehr materielle Prozesse verfügbar, kontrollierbar und steuerbar macht, die Politik, wenn sie danach trachtet, soziale und ökonomische Entwicklungen besser, genauer und feiner steuerbar zu machen, und die Wirtschaft, in der es darum geht, durch die Vermehrung von Reichtum und Wohlstand die Reichweite des ökonomisch Möglichen auszudehnen. Tatsächlich vermag die Idee der Reichweitenvergrößerung die Attraktivität und Potenz des Geldes genauer zu bestimmen: Geld ist gleichsam das „Zaubermittel" des Verfügbarmachens: Je mehr ein Akteur besitzt, umso größer ist seine „Weltreichweite", umso mehr Weltausschnitte kann er sich verfügbar machen – der Reiche kann überallhin reisen, womöglich bis zum Mond, er kann sich aber auch alle möglichen Weltausschnitte durch Geldeinsatz aneignen: etwa eine Hochseeyacht kaufen oder ein Haus in den Bergen oder ein Stück Urwald etc. Geld ist gleichsam reine „Weltpotenz",[1] das ökonomische Vermögen bestimmt sehr genau, wie groß unsere Weltreichweite ist – und dieser Zusammenhang vermag zugleich zu erklären, wieso dieses Vermögen per

---

1 Vgl. dazu auch Christoph Deutschmann, *Die Verheißung des absoluten Reichtums. Zur religiösen Natur des Kapitalismus*, Frankfurt/M. u.a. 2001.

Definitionem auch für den Milliardär niemals groß genug sein kann: Die Welt reicht stets weiter. Die tatsächliche ökonomische Aneignung eines Weltausschnitts verringert dann stets sogleich die Reichweite: Der Erwerb des traumhaften Grundstücks verringert das verfügbare Vermögen und daher den Horizont dessen, was unter den gegebenen Bedingungen noch erreichbar ist.

Aber Geld ist nicht das einzige Mittel der Reichweitenvergrößerung. Tatsächlich steht die Technikentwicklung mehr oder minder ausnahmslos im Dienst dieses Steigerungsprinzips. Für das Kind sind das erste Rad und die Fähigkeit des Fahrens eine gewaltige Glückserfahrung: Mit ihnen vergrößert sich der Horizont des eigentätig Erreichbaren beträchtlich – und dieser Vorgang wiederholt sich für den Jugendlichen mit dem Erwerb des Mopeds, dann des Führerscheins und des Autos, während das Flugzeug dann fremde Länder und Kontinente erreichbar macht. Nichts anderes tut das Smartphone: Es macht die Freunde, die Nachrichten, die Bilder, die Musik, Filme und Bücher der ganzen Welt von überall her zugänglich – es bringt sie gleichsam in die Hosen- oder Handtasche. Die größere Reichweite erklärt zugleich, warum nicht nur für junge Menschen Großstädte über die ökonomische Attraktivität hinaus attraktiver sind als ländliche Gegenden: Indem sie zahllose Institutionen wie Theater und Kinos, Museen, Shopping Center und Sportarenen, Zoos und Universitäten, Bars und Clubs in alltäglicher, unmittelbarer Reichweite bereitstellen, machen sie zahllose Weltausschnitte lebenspraktisch zugänglich und versprechen den Subjekten gleichsam eine andere, bessere Art des In-der-Welt-Seins. Selbst noch das Bildungsversprechen der Moderne verheißt eine Reichweitenvergrößerung: Wer Englisch lernt, macht sich nicht nur die gesamte Welt der englischsprachigen Literatur, Politik und Wissenschaft zugänglich, sondern bringt auch alle Menschen, die diese Sprache sprechen, in kommunikative Reichweite – während das Reifezeugnis des Abiturs den Zugang zur Welt der Hochschulen und zu den entsprechenden Berufslaufbahnen „aufschließt".

Das Trachten und Streben der modernen Subjekte, ihre Libido, ist daher und damit auf das Programm der Reichweitenvergrößerung geeicht. Dieses Programm ist indessen in den Institutionen der Moderne auch strukturell verankert – es hat sich dort zu einem gleichsam „blindlaufenden" Steigerungszwang verselbständigt. Diesen Zwang habe ich mit dem Begriff der *dynamischen Stabilisierung* zu fassen versucht. Er beschreibt den steigerungsbasierten Modus der Stabilisierung moderner Gesellschaften. Danach kann eine Gesellschaft genau dann modern genannt werden, *wenn sie sich nur (noch) dynamisch zu stabilisieren vermag, wenn sie also systematisch auf Wachstum, Innovationsverdichtung und Beschleunigung angewiesen ist, um ihre Struktur zu erhalten und zu reproduzieren* (vgl. dazu ausführlich 671-689). Daraus ergibt sich ein gleichsam eskalatorischer Steigerungszwang zur Reproduktion der institutionellen Struktur etwa der Märkte, des Sozialstaates, der Politik und sogar des Wissenschaftssystems. Er lässt sich für den Bereich der Ökonomie mit der einfachen Formel G-W-G' (*Geld-Ware-mehr Geld*) beschreiben, welche besagt, dass ökonomische (Investitions-)Tätigkeit nur in Gang kommt, wenn es die realistische Aussicht darauf gibt, das eingesetzte Kapital durch seinen Einsatz zu vergrößern. In ganz ähnlicher Weise aber basiert die moderne Wissenschaft auf dem Versprechen, das verfügbare Wissen im Sinne einer analogen Formel W-F-W' (*Wissen-Forschung-mehr Wissen*) zu vermehren,[2] und auch politische Macht lässt sich nur mittels Steigerungsversprechen (*mehr Jobs, höhere Renten, mehr Wohnungen, bessere Kinderkrippen, mehr Studienplätze, sauberere Luft o.Ä.*) erringen. Ich kann das in diesem Beitrag nur andeuten – festhalten aber will ich, dass dieses moderne Programm, Welt unter den Auspizien der Steigerung ökonomisch und technisch *verfügbar*, wissenschaftlich *erkennbar* und *beherrschbar* sowie politisch und administrativ *steuerbar* zu machen, eine überaus paradoxe Kehrseite hat, welche sich geradewegs als die Grundangst der Moderne identifizieren lässt. Diese besteht in der Wahrnehmung, dass die gleichsam wissenschaftlich, technisch und politisch attackierte Welt vor unserem Zugriff systematisch zurückzuweichen scheint; dass mit jeder Reichweitenvergrößerung der Horizont des Nicht-Erreichbaren und Nicht-Verfügbaren immer weiter anwächst und dass uns zugleich die verfügbar gemachte Welt gleichsam die Antwort verweigert, dass sie stumm zu werden droht. Hans Blumenberg hat dies mit der Metapher der *Unlesbarkeit* der Welt zu fassen versucht, die dem modernen Menschen zur Kränkung wird, weil sie sich seinem Zugriff fortwährend zu entziehen scheint und ihm die lebendige Erfahrbarkeit verweigert.[3] Dass der Begriff der Umwelt*zerstörung* zu einem prägenden Element in der politisch-kulturellen Selbstverständigung über das Weltverhältnis der Spätmoderne geworden ist, erscheint aus die-

---

2 Sinngemäß, wenngleich ohne die Formel, hat das schon Max Weber in seinem berühmten Vortrag *Wissenschaft als Beruf* pointiert auf den Punkt gebracht: Max Weber, „Wissenschaft als Beruf" [1919], in: Ders., *Gesammelte Aufsätze zur Wissenschaftslehre*, hg. von Johannes Winkelmann, Tübingen 1988, S. 582-613.

3 Hans Blumenberg, *Die Lesbarkeit der Welt*, Frankfurt/M. 1979; vgl. dazu S. 699-706.

ser Perspektive als symptomatisch: Mit der spektakulären Ausdehnung der instrumentellen Reichweite scheint die Vernichtung und Entwertung der Welt einherzugehen. Die Spuren dieser Grundangst offenbaren sich überall in der Kultur der Moderne; sie zeigen sich in den Analysen der Soziologen ebenso wie in den Werken der Literatur und den Selbstbeobachtungen der Philosophie. In Karl Marx' Begriff der *Entfremdung*, in Webers Diagnose der *Entzauberung*, in der von Lukacs bis zu Axel Honneth immer wieder formulierten Idee einer problematischen *Verdinglichung*, in Walter Benjamins Sorge, hinter der quantitativen Steigerung der Erlebnisse gehe die Qualität der Erfahrung verloren, in Adorno und Horkheimers düsterer Prognose eines in (bürgerliche) *Kälte* und *Barbarei* mündenden, unaufhaltsamen Vordringens der *instrumentellen Vernunft*, in Hannah Arendts Warnung vor einem *Weltverlust* als Folge der Unfähigkeit zu genuinem politischem Handeln, aber etwa auch in Albert Camus' Konzeption der *Geburt des Absurden* aus der Erkenntnis heraus, dass die Welt dem rufenden Menschen ihrem innersten Wesen nach eben doch nur gleichgültig oder feindlich gegenüberstehe, und selbst noch in Jürgen Habermas' Furcht vor einer Kolonialisierung der Lebenswelt durch die Steigerungsimperative des Marktes und des Staates, offenbart sich in hunderterlei Gestalt die *eine* fundamentale Furcht vor dem Verlust der Welt als einem antwortenden, der Erfahrung zugänglichen Gegenüber – kurz: die Furcht vor dem *Weltverstummen* (ausführlich dazu 523-598).

Diese Beobachtung, die auf die Differenz zwischen der *Aneignung* (im Sinne des Verfügbarmachens) und der *Anverwandlung* von Welt (in Form eines transformierenden Begegnens) fokussiert, bildet gleichsam die Hintergrundfolie für meinen Versuch, *Resonanz* als Zentralbegriff für die kategoriale Grundlegung einer relationalen Soziologie und Philosophie der Weltbeziehung zu etablieren. Dieser phänomenologisch inspirierte Versuch baut einerseits auf der Beobachtung auf, dass sich in den angeführten Traditionslinien des kritischen Denkens durchaus – meist schemenhaft bleibende – Momente und Elemente eines alternativen Modus der Weltbeziehung finden lassen, etwa dort, wo Max Weber dem stahlharten Gehäuse der entzauberten Welt mit der Figur des *Charismas* zu begegnen sucht, wo Adorno die Vorstellung eines mimetischen Weltverhältnisses gegen den Monismus der instrumentellen Vernunft ins Feld führt oder Walter Benjamin den schillernden Begriff der Aura ins Spiel bringt, oder wenn Herbert Marcuse der aggressiv-prometheischen Welthaltung der Moderne einen erotisch-orphischen Existenzmodus entgegensetzen will. Die Resonanztheorie versucht aus dieser Perspektive nichts anderes, als die vagen Ideen eines charismatischen, erotischen, auratischen oder mimetischen In-der-Welt-Seins einmal kohärent und konsistent auf den Begriff zu bringen.

Der Entwurf reiht sich andererseits aber auch ein in eine jüngere Traditionslinie von Ansätzen, welche relationale Ontologien zu denken versuchen: Das erfahrende Subjekt und die begegnende Welt werden nicht als a priori gegeben konzipiert, so dass nur nach dem Modus ihres In-Beziehung-Tretens zu fragen wäre, sondern sie sind ihrerseits schon als das Ergebnis dynamischer Beziehungen und Wechselwirkungen zu denken; sie gehen gleichsam aus der Beziehung hervor. Oder genauer: Da reine Relationen ohne in Beziehung tretende Elemente nicht gedacht werden können, geht die Resonanztheorie von der Gleichursprünglichkeit von Beziehung und „Welt" als Totalitätsbegriff aus – die Ausformung in Subjekt und begegnende Welt ist dann aber immer schon das Ergebnis von prozesshafter Resonanz und resonanzdämpfender Verdinglichung. Erst aus der Form und der Qualität der Bezogenheit und dem Prozess des Bezogenseins ergibt sich das, was als Subjekt oder Welt erscheinen und sich begegnen kann: Das ist die philosophische Ausgangsprämisse der Soziologie der Weltbeziehung, nach der sich Subjekt und Welt nicht gegenüberstehen können, weil sie auseinander hervorgehen. Subjekte sind stets *in* der Welt oder „zur Welt"; sie finden sich immer schon *eingelassen in, umhüllt von* und *bezogen auf* eine Welt als Ganzes. *Etwas ist da, etwas ist gegenwärtig,* so lässt sich mit Merleau-Ponty die Primärform aller Wahrnehmung formulieren, aus der heraus sich nach der Geburt oder nach dem Aufwachen am frühen Morgen erst nach und nach, infolge dynamischer Resonanzen, Subjekt und Welt als trennbar herausschälen. „Ich erkenne meine Verwandtschaft mit [allen Wesen, H.R.], ich bin nichts als ein Vermögen ihnen Widerhall zu geben, sie zu verstehen, zu antworten", formuliert etwa schon Merleau-Ponty;[4] Responsivität oder eben Resonanzfähigkeit wird so gleichsam zur „Essenz" nicht nur des menschlichen Daseins, sondern aller möglichen Weltbeziehungen, und diese Resonanzfähigkeit – oder mehr noch: diese Angewiesenheit auf Resonanz – ist konstitutiv nicht etwa nur für die menschliche Psyche und Sozialität, sondern ebenso für ihre Leiblichkeit.[5]

---

4 Maurice Merleau-Ponty, „Das Metaphysische im Menschen", in: Ders., *Das Auge und der Geist. Philosophische Essays*, Hamburg 2003, S. 63.
5 Vgl. dazu auch Bernhard Waldenfels, *Antwortregister*, Frankfurt/M. 2007; Lambert Wiesing, *Das Mich der Wahrnehmung*, Frankfurt/M. 2009.

Indessen bleibt Resonanz nicht die einzige Form der Beziehung zwischen Subjekt und Welt, wenn sie sich individuell und kulturell ausgeformt und entwickelt haben. Im Gegenteil, die Fähigkeit, Welt auf Distanz zu bringen und als instrumentelles bzw. auch als verstehbares und gestaltbares Gegenüber zu behandeln und zu begreifen, stellt eine kardinale Kulturleistung und eine unverzichtbare Kulturtechnik dar, ohne die kein menschliches oder gesellschaftliches Weltverhältnis auf Dauer bestehen kann. Entfremdung in diesem Sinne ist dann tatsächlich das Ergebnis eines Entwicklungsprozesses. Mehr noch, resonante und in diesem letzteren Sinne „stumme" Weltverhältnisse bedingen sich konzeptuell wechselseitig, weil Resonanz zwischen zwei Entitäten nur möglich ist vor dem Hintergrund einer *nicht* resonierenden, „schweigenden" Umgebung. Dies aber öffnet das Tor für eine *Soziologie* der Weltbeziehung, die im Unterschied zur Philosophie nicht auf die (vielleicht gar nicht zu beantwortende) Frage nach der Weltbeziehung „des Menschen" per se abzielt, sondern nach den je spezifischen Weltbeziehungen, die sich in einer bestimmten historischen und kulturellen Konstellation etabliert und materialisiert haben, wobei sie davon ausgeht, dass jede gesellschaftliche Formation in ihren Praktiken je spezifische Resonanzsensibilitäten oder Resonanzachsen zu manchen Weltausschnitten (etwa zu bestimmten Pflanzen, Tieren, Menschen, Orten, Göttern oder Planeten) ausbildet, anderen Weltausschnitten jedoch indifferent oder sogar feindlich bzw. aggressiv gegenübersteht. Dabei sind es insbesondere die ritualisierten und institutionalisierten sozialen Praktiken, in denen Menschen lernen und einüben, welche Weltausschnitte es gibt (so gehören zur einen Welt etwa Götter und Dämonen, zur anderen aber Viren und schwarze Löcher) und welchen sie resonant, welchen indifferent und welchen sie repulsiv gegenüberstehen.[6] Die Soziologie der Weltbeziehung widmet sich konsequenterweise der Frage nach der Art und Qualität der Beziehungen, die sich in den empirisch beobachtbaren Institutionen und Praktiken zwischen den handelnden Akteuren, zwischen Akteuren und Dingen und im Selbstbezug der Subjekte herausbilden.

Resonanz bezeichnet damit nun also einen *spezifischen* Modus der Weltbeziehung, dessen Konturen sich zu schärfen beginnen, wenn man ihn zunächst als *das Andere der Entfremdung* begreift. Mit dieser Formulierung meine ich, dass Resonanz und Entfremdung einerseits komple-

---

6 Vgl. Hartmut Rosa, „Was heißt Resonanz? Annäherungen an einen Modus der Weltbeziehung", in: Leif Scheuermann, Wolfgang Spickermann (Hg.), *Religiöse Praktiken in der Antike. Individuum – Gesellschaft – Weltbeziehung*, Graz 2016, S. 13-20.

mentäre Gegenbegriffe bilden, andererseits aber unaufhebbar aufeinander verweisen: Das eine ist ohne das andere nicht nur nicht möglich, sondern nicht einmal konsistent denkbar. *Entfremdung* kann als Chiffre für das als moderne Grundangst herausgearbeitete *Verstummen der Welt* verstanden werden. Es bezeichnet eine „Beziehung der Beziehungslosigkeit", wie Rahel Jaeggi dies formuliert hat,[7] das heißt einen Modus, auf Welt bzw. Weltausschnitte bezogen zu sein, in dem sich Subjekt und Welt innerlich unverbunden gegenüberstehen. Die Gegenstände der Welt (die sich kulturspezifisch dann etwa in eine *objektive* Welt der Dinge und Artefakte, in eine *soziale* Welt der Menschen und eine *subjektive* Innenwelt der Gefühle, Wünsche und Empfindungen ausdifferenziert) werden dabei entweder zu *Aggressionspunkten* der eigenen Tätigkeit, wie Herbert Marcuse im Anschluss an Max Scheler bemerkt,[8] während sie umgekehrt als gefährlich oder bedrohlich erfahren werden können, oder sie erscheinen als indifferenter, gleichgültiger *Stoff*, der die Subjekte in einem konstitutiven Sinne „nichts angeht". Als radikale subjektive Erfahrung solcher Entfremdung lässt sich dabei der Zustand der Depression identifizieren, in dem die Welt dem Subjekt als tot, stumm, kahl und grau erscheint, während es sich selbst ebenso als starr, kalt, leer und empfindungslos wahrnimmt.[9] Dies hat mich zu der bildlichen Formulierung verleitet, im Zustand der Entfremdung fehle es just an einem „vibrierenden Resonanzdraht" zwischen Selbst und Welt. Entscheidend für meine gesellschaftstheoretische Analyse ist dabei der Umstand, dass sich diese Form der Entfremdung auch bei großer oder maximaler Weltreichweite einstellen kann: Von Bedeutung ist nicht, welche oder wie viele Weltausschnitte unter Kontrolle gebracht werden (können), sondern ob die *Anverwandlung* von Welt gelingt. Damit sind wir aber bereits bei einem Schlüsselbegriff des Resonanzkonzeptes angelangt. Resonanz meint zuerst und vor allem den Zustand oder Modus einer dynamischen Beziehung zur Welt, in dem sich Subjekt und Welt (je-

---

7 Rahel Jaeggi, *Entfremdung. Zur Aktualität eines sozialphilosophischen Problems*, Frankfurt/M. u.a. 2005.
8 Herbert Marcuse, *Triebstruktur und Gesellschaft. Ein philosophischer Beitrag zu Sigmund Freud*, Frankfurt/M. 1977, S. 111.
9 Interessanterweise gibt es biopsychiatrische Hinweise darauf, dass Depressive der Welt nicht nur mit vermindertem intrinsischen Interesse bzw. Antrieb und reduzierter Empathiefähigkeit begegnen, sondern dass sie sie aufgrund einer veränderten visuellen Wahrnehmung buchstäblich wie durch einen Grauschleier wahrnehmen: vgl. Emanuel Bubl u.a., „Seeing Gray When Feeling Blue? Depression Can Be Measured in the Eye of the Diseased", *Biological Psychiatry* 68/2 (2010), S. 205-208.

denfalls im Sinne dessen, was jeweils als Welt begegnen kann) *wechselseitig berühren und transformieren*. Aus einer phänomenologischen Perspektive bedeutet dies, dass der Modus der Resonanz vom Zustand der Entfremdung durch eine gleichsam doppelseitige Bewegung zwischen Subjekt und Welt unterschieden ist: Auf der einen Seite wird das Subjekt durch die Welt affiziert, das heißt so *berührt* oder *bewegt*, dass es ein intrinsisches Interesse an dem begegnenden Weltausschnitt entwickelt und sich gleichsam „adressiert" fühlt. Menschen machen diese Erfahrung, wann immer sie sich etwa vom Blick oder der Stimme eines anderen, von einem Buch, das sie lesen, einer Melodie, die sie hören, oder einem Ort, den sie besuchen, berührt fühlen. Auf der anderen Seite aber lässt sich von Resonanz nur und erst dann sprechen, wenn auf diese Berührung (oder Anrufung) eine eigene, aktive *Antwort* erfolgt. Diese äußert sich immer auch als eine leibliche Reaktion, die alltagssprachlich etwa in der Entwicklung einer „Gänsehaut", im „Sträuben der Nackenhaare" oder im Schauer, der „über den Rücken läuft", zum Ausdruck kommt und die sich medizinisch etwa in einer Veränderung des Hautwiderstands, der Atemfrequenz oder von Herzschlag und Blutdruck messen lässt.[10] Von einer genuinen *Resonanzbeziehung* möchte ich jedoch erst dann sprechen, wenn diese Antwort die Erfahrung eigener Selbstwirksamkeit enthält, was bedeutet, dass das Subjekt den begegnenden Weltausschnitt auch seinerseits zu erreichen und auf diese Weise eine Verbindung zu etablieren vermag, in der es sich als *selbstwirksam* erfahren kann. Der einfachste Fall einer solchen Resonanzbeziehung liegt im Austausch eines Blickes oder in einem Dialog vor, in dem die beiden Sprechenden wechselseitig hören und antworten; aber Berührung und Selbstwirksamkeit können wir etwa auch dann erfahren, wenn wir ein Musikinstrument zu spielen lernen, in den Ozean springen und schwimmen oder ein Brot backen. In einem subtileren Sinn lässt sich von Selbstwirksamkeit dann auch dort sprechen, wo wir etwa ein Buch nicht nur lesen, sondern zu *verarbeiten* beginnen. Dies ist der Sinn, in dem ich von „Anverwandlung" spreche: Wann immer wir in Resonanz zu einem Menschen, einem Buch, einer Musik, einer Landschaft, einer Idee, einem Stück Holz treten, transformieren wir uns in der und durch die Begegnung, wenngleich in einem durchaus variierenden Maße. Es gibt Begegnungen, von denen wir sagen, sie hätten uns zu „einem anderen Menschen gemacht", und es gibt Anverwandlungen, die einen kaum

---

10 Vgl. dazu etwa Brian Massumi, *Parables for the Virtual. Movement, Affect, Sensation*, Durham u.a. 2002.

merklichen und vielleicht nur inkrementalen Wandel bewirken. Nichtsdestotrotz ist die Veränderung der Weltbeziehung durch die Resonanzerfahrung ein konstitutives Element, und auch diese Transformation ist zweiseitig: Selbst wenn man sich nicht mit Autoren wie Bruno Latour oder Philippe Descola auf das Argument einlassen will, dass es ein durchaus bedenkliches und einseitiges Spezifikum des rationalistisch-szientistischen modernen Weltbildes ist, alles im Universum für stumm und „tot" zu halten und nur dem Menschen Resonanzfähigkeit zuzusprechen – eine Auffassung, die nicht nur der poetischen, sondern sogar der alltäglichen „Dingerfahrung" zu widersprechen scheint, in der uns Artefakte und (Arbeits-)Materialien vielfältig „ansprechen" oder „zusagen" (dazu ausführlich 381-434) –, ist es offensichtlich, dass sich die Gegenstände als *Begegnende* durch die Resonanzerfahrung verändern. Der Berg, auf den ich gestiegen bin, ist (für mich) ein anderer als der, den ich nur aus weiter Ferne sah, und ebenso verändern sich das Buch, die Musik, die Sprache, die Idee im Prozess der Anverwandlung. Als „Dinge an sich" aber sind sie uns ohnehin nicht zugänglich. Resonanzbeziehungen sind mithin dadurch gekennzeichnet, dass sich mit und in ihnen Subjekt und begegnende Welt verändern. Eben dies lässt sich für die bloße *Aneignung* einer Sache nicht sagen: Ich kann mir ein Buch kaufen und es sogar lesen, ohne dass es mich in irgendeinem Sinne berührt, bewegt oder verändert, und mit dem gleichen Ergebnis kann ich beten, Konzerte besuchen, Berge besteigen oder heiraten. Ohne die Trias aus Af←fizierung (im Sinne der Berührung durch ein Anderes), E→motion (als Antwort, durch die eine Verbindung entsteht) und anverwandelnder Transformation bleibt die Aneignung eine *Beziehung der Beziehungslosigkeit*.

Die transformativen Effekte einer Resonanzbeziehung entziehen sich indessen stets und unvermeidlich der Kontrolle und Planung des Subjektes. In welcher Weise und in welcher Tiefe wir uns verändern, wenn wir uns auf einen Menschen, eine andere Lebensform, eine Idee, ein Buch, eine Landschaft wirklich einlassen, lässt sich nicht, oder jedenfalls nicht sicher, vorhersagen. Dies ist ein Grund dafür, wieso ich konstitutive *Unverfügbarkeit* zu den Bestimmungsmerkmalen von Resonanz zähle. Unverfügbarkeit meint darüber hinaus jedoch auch, dass es keine Möglichkeit gibt, Resonanz als Beziehungsmodus systematisch bzw. instrumentell zu erzwingen. Selbst wenn wir alle subjektiven, sozialen, räumlichen, zeitlichen und atmosphärischen Hintergrundbedingungen kontrollieren und ganz auf die Ermöglichung einer Resonanzerfahrung ein- und auszurichten versuchen, kann es sein, dass uns die Begegnung im Kerzenschein, der

Berg im Morgenrot, die Musik vom teuersten Platz des besten Konzerthauses aus eben doch (oder erst recht) „ganz kalt" lassen, dass wir nicht berührt werden und keine Verbindung herzustellen vermögen. Umgekehrt bedeutet Unverfügbarkeit allerdings auch, dass die Entstehung von Resonanz niemals ausgeschlossen werden kann: Sie *kann* sich auch unter radikal entfremdeten oder adversen Umständen ereignen, wenngleich dies, wie ich noch zeigen will, natürlich unwahrscheinlich ist. Das impliziert, dass man um Resonanz (im Unterschied zur Anerkennung) nicht kämpfen kann: Sobald wir in eine Kampfbeziehung treten, sind wir zu einer resonanzdämpfenden Schließung gezwungen.[11] Zur Unverfügbarkeit von Resonanz zählt als weiteres Merkmal schließlich auch, dass sie sich nicht akkumulieren, nicht speichern und nicht instrumentell steigern lässt. Jeder, der versucht, seine Lieblingsmusik täglich oder zehnmal hintereinander zu spielen, weiß davon ein Lied zu singen, und wer versucht, das Resonanzpotential eines intensiven Augenblicks in einem (oder hunderten) digitalen Fotos zu speichern, weiß es auch.

Unverfügbarkeit ist damit der entscheidende Punkt, an dem das auf *Verfügbarkeit* zielende Programm der systematischen Reichweitenvergrößerung mit der Sehnsucht und der Möglichkeit, mit der Welt in Resonanz zu treten, in Konflikt gerät.

Dass Resonanzbeziehungen genau das sind, wonach menschliche Subjekte sich sehnen (und was motivational letztlich sogar das Programm der Reichweitenvergrößerung antreibt), ist der systematische Grund dafür, weshalb ich Resonanz nicht nur als einen deskriptiven Modus der (primären) Weltbeziehung beschreibe, sondern auch als normatives Kriterium verwenden möchte. Menschliche Weltbeziehungen – und daher: menschliches Leben – gelingen dann, so lautet meine normative Grundthese, wenn die Ausbildung sozialer bzw. horizontaler (zu anderen Menschen), diagonaler bzw. materieller (zu den Dingen) und schließlich vertikaler Resonanzachsen (zur Welt bzw. zu einer letzten Wirklichkeit als einer Ganzheit) gelingt. Gesellschaftskritik wird auf dieser Grundlage dann zu einer systematischen Kritik der Resonanzverhältnisse. Es ist allerdings meine Hoffnung, dass die Resonanztheorie sich auch für diejenigen als analytisch fruchtbar erweisen kann, welche diesen normativen Schritt nicht mitgehen wollen. Denn die systematische Analyse von Weltbeziehungen kann auch dann ein lohnenswertes Vorhaben sein, wenn Resonanz nicht als erstre-

---

11 Axel Honneth, *Kampf um Anerkennung*, Frankfurt/M. 1992. Zum Verhältnis von Resonanz und Anerkennung vgl. S. 331-340.

benswert, sondern einfach als auftretender Beziehungsmodus verstanden wird. Dies eröffnet eine Alternative zu der von mir getroffenen kategorialen Unterscheidung zwischen einem resonanten Modus des In-der-Welt-Seins und einer davon unterschiedenen Form des stummen (oder entfremdeten) Weltverhältnisses, das sich durch Indifferenz *oder* Repulsion auszeichnet. Diese Alternative besteht darin, zwischen *Indifferenz* (im Sinne der *Entfremdung)* auf der einen und „positiver" bzw. „negativer" Resonanz auf der anderen Seite zu unterscheiden, so dass die Erfahrung des sich Verliebens beispielsweise als positive, die Gewalterfahrung dagegen als negative Varianten von Resonanz verstanden werden könnten.

Ich bin diesem Vorschlag nicht gefolgt, weil er einerseits mein normatives Vorhaben, Resonanz gleichsam monistisch als Kriterium des guten Lebens auszuweisen, zu Fall gebracht hätte, andererseits aber auch und vor allem deshalb, weil er den nach meiner Überzeugung kardinalen Unterschied zwischen *irritierender* (oder durchaus auch: verstörender) Resonanz und *Verletzung* verwischt.[12] An dieser Stelle ist von entscheidender Bedeutung, dass Resonanz nicht *Harmonie* oder *Konsonanz* meint, und dass deshalb *Dissonanz* keineswegs im Gegensatz zu ihr steht. Tatsächlich schließt das Konzept der Resonanz radikale *Konsonanz* schon begrifflich aus: Resonanz (als *Zurück-Tönen*) bezeichnet das In-Beziehung-Treten zweier Seiten oder Entitäten, die mit je eigener Frequenz schwingen, oder die, bildlich gesprochen, *mit je eigener Stimme* sprechen. Für das Subjekt bedeutet dies, einem genuin Anderen *als* Anderem zu begegnen. Der völlige Einklang aber macht es unmöglich, eine *andere* Stimme zu hören – was zur Folge hat, dass auch die *eigene* Stimme nicht mehr als solche identifiziert werden kann. In einer Atmosphäre der (völligen) Harmonie oder Konsonanz finden weder eine Berührung noch eine selbstwirksame Antwort und erst recht keine Transformation statt. Diese ereignen sich allerdings auch in einer entgegengesetzten Beziehung der radikalen Dissonanz nicht: Wo sich das begegnende Andere *ausschließlich* widersetzt und auf keine Weise erreichen lässt, ist kein resonantes In-Beziehung-Treten möglich, wohl aber ein (wechselseitig) *verletzendes*, das sich gegenüber der Berührung gerade zu verschließen sucht. Resonanz bezeichnet damit ein Geschehen, welches sich *zwischen* den Polen radikaler Dissonanz und reiner Konsonanz ereignet; es setzt *Differenz* notwendig und unaufhebbar voraus, erlaubt aber die Hoffnung auf, und impliziert die

---

12 Für eine ausführliche Begründung dieser kategorialen Grundentscheidung vgl. S. 742-747.

Möglichkeit von, „anverwandelnder" Transformation, die eben nicht einseitige Aneignung, Assimilation oder Nostrifizierung meint, sondern nur um den Preis der Veränderung des Eigenen zu haben ist. Tatsächlich hege ich die Hoffnung, mit dieser Beziehungskonzeption die im sozialphilosophischen Denken seit dem 18. Jahrhundert als unüberbrückbarer Graben erscheinende, aporetische Konfrontation zwischen Identitätstheorien und Differenztheorien konzeptuell überwinden zu können, weil Resonanz die Hoffnung auf (immer nur partielle) *Anverwandlung* des Differenten als transformatives Geschehen denken lässt. Die Differenz zwischen reiner Konsonanz, reiner Dissonanz und Resonanz lässt sich leicht am Beispiel einer dialogischen Begegnung veranschaulichen: Wenn zwei Diskutierende völlig einer Meinung sind, verstärken sie sich vielleicht in derselben im Sinne einer Echowirkung, doch fehlt die Begegnung mit „einer anderen Stimme" und daher die berührende Transformation. Werfen sie sich stattdessen einfach nur Beleidigungen an den Kopf und erklären sich wechselseitig für unzurechnungsfähig, fehlen ebenfalls alle drei Kernelemente der Resonanz, wenngleich sie sich verletzt fühlen mögen. Geraten sie jedoch in einen genuinen Dialog, in dem sie sich wechselseitig (affiziert) *hören* und (selbstwirksam) *antworten*, werden sie beide ihre Positionen modifizieren, ohne ihre eigene Stimme zu verlieren. Dies setzt voraus, dass zumindest zu Beginn des Dialogs eine *Differenz* bestand, die sich in Widerspruch und Widerstreit manifestiert, ohne die es keine Resonanz geben kann.

Es ist mir wichtig, Resonanz nicht einfach nur als „klingende" Metapher zu verwenden, sondern als eine kategorial eindeutige *Form der Beziehung* zu definieren. Diese Form lässt sich vielleicht an einem handfesten Beispiel aus der Physik am klarsten identifizieren. Stellt man zwei Metronome, die mit leicht unterschiedlichen Tempi laufen, auf einer schwingungsresistenten Steinplatte nebeneinander, so schlagen sie unabhängig voneinander fort und gleichsam aneinander vorbei, ohne sich zu berühren oder aufeinander einen Einfluss auszuüben. Das schnellere wird das langsame bald einholen, so dass es kurzzeitig so scheint, als befänden sich die beiden Instrumente im Gleichklang, dann aber rasch überholen, so dass sich die Pendel wieder auseinanderbewegen. Setzt man die Metronome jedoch auf eine elastische, schwingungsfähige Unterlage (beispielsweise ein dünnes Holzbrett) und platziert diese auf zwei leeren, parallel ausgerichteten (liegenden) Getränkedosen, so bildet sich zwischen den beiden Metronomen ein „Resonanzraum": Brett und Dosen beginnen sich leicht zu bewegen, und in überraschend kurzer Zeit pendeln sich die beiden Metronome aufeinander ein – um fortan im Gleichklang zu schwingen.[13] Die Beziehung zwischen den Metronomen erfüllt damit genau die Kriterien, welche Resonanz definieren: Sie werden vom jeweils anderen Metronom „berührt" (affiziert), vermögen aber zugleich, selbst einen entsprechenden Einfluss auszuüben (also gleichsam „selbstwirksam" zu sein), was zur Folge hat, dass sich beide in ihrer Frequenz transformieren, ohne ihre Eigenständigkeit und Unabhängigkeit zu verlieren. Bei der kleinsten Geschwindigkeitsveränderung des einen der beiden Metronome, oder bei der kleinsten Störung bzw. Veränderung des Resonanzraumes, tritt die Differenz sofort wieder zutage; es handelt sich also keineswegs um eine lineare Kopplung oder um ein Dominanzverhältnis. Physikalisch lässt sich hier zwischen einer *Response-Resonanz*, welche das Verhältnis wechselseitiger Einwirkung beschreibt, und einer *Synchronresonanz* als deren Endergebnis (dem Gleichklang) unterscheiden; für die Soziologie der Weltbeziehung maßgebend ist dabei jedoch die Erstere: Ein dauerhafter und vollkommener Gleichklang zwischen Selbst und Welt ist nicht nur unmöglich, sondern unterläuft, wie gezeigt, kategorial die Bedingungen von Resonanz, weil er die Begegnung mit einem differenten Anderen ausschließt. Resonanz setzt aber kategorial nicht nur die Begegnung mit einem differenten Anderen voraus, sondern auch, dass dieses oder dieser Andere mit unverfügbarer, eigener Stimme spricht. Dies impliziert, dass eine *vollständige* Anverwandlung unmöglich ist bzw. einem Weltverlust gleichkommt. Dies ist der Grund dafür, wieso Resonanz und Entfremdung komplementär sind, ja sich sogar in einem wechselseitigen Steigerungsverhältnis befinden können: Erst vor dem Hintergrund einer „schweigenden", sich entziehenden Welt, lässt sich eine eigene Stimme entfalten und Selbstwirksamkeit im Sinne der Etablierung *spezifischer* Resonanzachsen erfahren. Augenfällig wird dies etwa in der Phase der Pubertät, in der sich der Jugendliche von seinen angestammten Verhältnissen, ja von seinem eigenen Körper, systematisch entfremdet, um auf diese Weise seine eigene „Frequenz" zu finden und seine eigenen Resonanzachsen zu den Sinnprovinzen seiner Welt zu entwickeln. Erst wenn die sozial institutionalisierte Welt die Ausbildung (und Erhaltung) solcher Resonanzachsen systematisch verhindert oder erschwert, wird daher Entfremdung im Sinne der Existenz „stummer" Weltbeziehungen zu einem kritikwürdigen Problem.

---

13 Für eine Videodokumentation des Metronom-Experimentes siehe z.B. Joseph Irvine, „Metronome Synchronization", YouTube Video, 2:04, 6. Juni 2007, https://www.youtube.com/watch?v=yysnkY4WHyM.

Das Beispiel der Metronome verdeutlicht indessen zugleich, wie sehr die Möglichkeit von Resonanz von entgegenkommenden Verhältnissen und von der Etablierung eines höchst störungsanfälligen Resonanzraumes abhängt. Resonanz im physikalischen wie im sozialtheoretischen Sinne ist nur möglich, wenn die beiden Seiten hinreichend geschlossen sind, um eine stabile Eigenfrequenz – eine „eigene Stimme" – zu entwickeln und Selbstwirksamkeit zu entfalten, aber auch offen genug, um sich berühren und erreichen zu lassen und dabei antwortfähig zu bleiben.

Um damit nun in empirisch rückgebundener, sozialtheoretisch fundierter und gesellschaftskritischer Absicht arbeiten zu können, ist es erforderlich, das analytische Instrumentarium für die Untersuchung gesellschaftlicher Resonanzverhältnisse zu verfeinern und den Blick über das immer nur momenthafte Auftreten von Resonanz hinaus auf die Hintergrundbedingungen *dispositionaler Resonanz* einerseits und stabiler *Resonanzachsen* und *-sphären* andererseits zu lenken. Subjektiv erlebte *Resonanzerfahrungen* sind stets temporäre, unverfügbare Ereignisse; sie können nicht auf Dauer gestellt werden. Indessen ist ihr Auftreten in manchen kulturellen Kontexten deutlich wahrscheinlicher als in anderen. Wie ich schon angedeutet habe, zeichnen sich kulturelle Lebensformen dadurch aus, dass sie zu bestimmten Weltausschnitten Resonanzbeziehungen entwickeln, während sie zu anderen eher ein instrumentelles, ein indifferentes oder sogar repulsives Verhältnis haben. Als solche Weltausschnitte können andere Menschen, Artefakte und Naturdinge, aber auch wahrgenommene Ganzheiten wie *die Natur*, *der Kosmos*, *die Geschichte*, *Gott* oder auch *das Leben* und nicht zuletzt auch der eigene Körper oder die eigenen Gefühlsäußerungen in Erscheinung treten. Je nach Art des Weltausschnittes variiert dabei auch die Art der möglichen Resonanzbeziehung. Mein Vorschlag lautet daher, zumindest für moderne Gesellschaften westlichen Typs drei Dimensionen der Resonanzbeziehung zu unterscheiden, nämlich eine *horizontale* Dimension, welche die sozialen Beziehungen zu anderen Menschen, also etwa Freundschaften oder Intimbeziehungen, aber auch politische Beziehungen umfasst, eine (etwas umständlich) als *diagonal* bezeichnete Dimension der Beziehungen zur materiellen Dingwelt und schließlich die Dimension der Beziehung zur Welt, zum Dasein oder zum Leben *als Ganzem*, also zur Welt als einer umfassenden oder umgreifenden Totalität, die wir als *vertikale* Dimension bestimmen können, weil das empfundene Gegenüber dabei als über das Individuum hinausgehend erfahren wird. In vertikalen Resonanzerfahrungen erhält gewissermaßen die Welt selbst eine Stimme.[14]

Jede Gesellschaft ist dann als eine soziokulturelle Formation dadurch bestimmt, dass sie die Weltbeziehungen der Subjekte in allen diesen Dimensionen formt und vorstrukturiert und dabei spezifische kulturelle *Resonanzsphären* schafft, in denen die Gesellschaftsmitglieder ihre mehr oder minder individuellen *Resonanzachsen* entdecken und ausbauen können. *Resonanzsphären* stellen in diesem Sinne kollektive Erfahrungsbezirke dar, innerhalb derer insbesondere durch rituelle Praktiken spezifische Weltausschnitte – *Orte, Zeiten, Dinge* (z.B. Altäre oder Reliquien oder Fußballtrikots), *Personen* (z.B. Hohepriester oder Stars) und *Handlungen* – als resonanz- bzw. antwortfähig etabliert, „aufgeladen" und erfahren werden. Kunst und Musik sind in diesem Sinne beispielsweise zu wichtigen Resonanzsphären der Moderne geworden. In unzähligen Narrationen, Institutionen und Ritualen werden im Feld ästhetischer Praktiken und Erfahrungen entsprechende Resonanzsensibilitäten erzeugt. Als vergleichbare Resonanzsphären lassen sich Natur, Religion und Geschichte, sodann aber auch die Familie, die romantische Liebe und die Freundschaft, die Politik und die Arbeit identifizieren.[15] Wenngleich in den mit einer Resonanzsphäre verbundenen Praktiken in der Regel *eine* Resonanzdimension im Vordergrund steht (in religiösen Ritualen etwa die vertikale, in politischen dagegen die horizontale und in der Arbeit die diagonale Dimension), werden durch sie doch fast ausnahmslos Resonanzbeziehungen in allen drei Richtungen etabliert und aktiviert. Als ein Beispiel hierfür mag etwa das christliche Abendmahl dienen, das eben nicht nur einen „Bund" in vertikaler Richtung erneuert, sondern auch Kommunion zwischen den Gläubigen stiftet und Dinge wie *Brot, Wein*, das *Kreuz*, den *Kelch* oder den *Altar* mit Resonanzkraft „auflädt". Durchaus ähnliche „Aufladungen" lassen sich aber etwa auch beim Einmarsch der Fußballmannschaften zum Endspiel eines großen Turniers, oder bei der Eröffnung oder dem Finale eines Rockkonzertes beobachten. Jenseits des Feldes ästhetischer Praktiken erfahren sich Menschen etwa in der Sphäre der Erwerbsarbeit häufig nicht nur als intensiv verbunden mit anderen Menschen (Kollegen und

---

14 Auch in den vertikalen Achsen geht es um *Weltbeziehungen*, nicht um Überweltliches, doch steht in dieser Dimension die Beziehung zur Ganzheit dessen, was uns als Subjekten gegenübersteht – was uns umgreift – auf dem Spiel. Zum Begriff des Umgreifenden vgl. Karl Jaspers, *Von der Wahrheit*, München 2001.
15 Für eine ausführliche Diskussion und Analyse der für die Moderne konstitutiven Resonanzsphären vgl. *Resonanz*, Teil II.

Klienten zum Beispiel), sondern auch mit der Welt als Materialität, die ihnen entgegentritt, sich widersetzt, mit eigener Stimme spricht, sich aber auch gestalten lässt. Ein solches „Antwortverhältnis" kann sich zwischen Bäckerin und Teig ebenso herausbilden wie zwischen Gärtner und Pflanzen, Journalistin und Text, Schreiner und Holz, Wissenschaftlerin und untersuchtem Gewebe etc.

Stellen Resonanzsphären also kollektive Räume der Erzeugung von Resonanzsensibilitäten dar, unterscheiden sich die Individuen in der Ausbildung individueller Resonanzachsen, entlang derer sie Resonanzerfahrungen mit einiger Verlässlichkeit und Regelmäßigkeit suchen und finden. So mag ein Subjekt im Hinblick auf die Religion völlig „unmusikalisch" sein, aber Resonanz in der Natur oder in der Musik finden, während es sich bei einem zweiten gerade umgekehrt verhält. Und selbst wenn zwei Subjekte in der Musik ihre „Nabelschnur zum Leben" finden, kann für das eine die Stille des Konzertsaales, für das andere jedoch das Donnern der Heavy-Metal-Gitarren die Achse konstituieren. Diagonale und horizontale Resonanzachsen zu signifikanten Anderen und Anderem (zu Freunden etwa und zu geliebten Objekten) sind dabei in noch weit höherem Maße individuiert.[16] Selbstredend können und werden sich im Laufe eines Lebensvollzuges die relevanten Achsen auch verschieben und verändern, sie können versiegen oder sich intensivieren, sie können verlorengehen oder sich neu etablieren.

Eine Kritik der Resonanzverhältnisse, wie ich sie anvisiere, zielt zunächst auf die Analyse der institutionellen Verfasstheit der gesellschaftlichen Resonanzsphären. Dabei erweist es sich, dass die Ausbildung und Aufrechterhaltung intakter Resonanzachsen (analog zur Etablierung des Resonanzraumes zwischen den Metronomen) von der Erfüllung durchaus prekärer zeitlicher, räumlicher, leiblicher, sozialer und relationaler Bedingungen abhängt. Tatsächlich glaube ich zeigen zu können, dass die Krisentendenzen der Gegenwart sich als umfassende „Resonanzkrisen" verstehen lassen, die vor allem dadurch verursacht werden, dass die mit dem Strukturprinzip dynamischer Stabilisierung einhergehenden Steigerungsimperative und Optimierungszwänge sowie die mit ihnen verknüpften Logiken der Reichweitenvergrößerung und der Output-Kontrolle mit der prinzipiellen Unverfügbarkeit von Resonanz in Widerspruch geraten.

---

16 Tilmann Habermas, *Geliebte Objekte. Symbole und Instrumente der Identitätsbildung*, Frankfurt/M. 1999.

Wenn etwa die Arbeitssoziologie heute feststellt, dass immer mehr Berufstätige darüber klagen, dass sie ihre Arbeit nicht mehr „gut machen können", so lässt sich die Problemursache darin identifizieren, dass ihnen aufgrund von Zeitdruck, Optimierungszwängen und Qualitätssicherungsmaßnahmen ein so enges Korsett aufgezwungen wird, dass sich Resonanzbeziehungen im Sinne transformativer Anverwandlungsprozesse nicht mehr ausbilden können.[17] In der ökonomischen Produktion wie in der wissenschaftlichen Forschung, in der Pflege, in der Bildung und in der Verwaltung kollidiert der Zwang, unter Gesichtspunkten der Qualitätskontrolle und Effizienzsteigerung genau angeben zu können, in welchem Zeitraum mit welchen Mitteln welches Ergebnis produziert wird, systematisch mit der Unverfügbarkeit von Resonanzbeziehungen, von denen sich eben gerade nicht angeben lässt, wann und wo sie eintreten, wie lange sie dauern und vor allem was dabei herauskommt.

Weil Resonanz eine zweiseitige Beziehung ist, hängt ihr Eintreten indessen nicht nur von der institutionellen Verfasstheit der jeweiligen Praxisfelder ab, sondern ebenso sehr von der dispositionalen Verfassung der Subjekte. Denn unabhängig von der Ausrichtung und Qualität der Resonanzachsen sind Resonanzbeziehungen in der Regel nur und erst dann möglich, wenn die Subjekte dispositional eine resonanzsensible Haltung einnehmen, das heißt, wenn sie bereit und in der Lage sind, sich auf einen resonanten Beziehungsmodus einzulassen. Wie ich dargelegt habe, setzt Resonanz eine mentale und sogar leibliche Öffnung zur Welt hin voraus, welche den Willen und die Fähigkeit impliziert, eine andere (irritierende) Stimme zu hören und sich davon berühren zu lassen. Das aber schließt die Bereitschaft ein, sich *verletzbar* zu machen und vor allem das Wagnis einzugehen, sich zu verwandeln und zu verändern, ohne zu wissen, was das Ergebnis dieser Veränderung sein wird. Resonanz schließt notwendig ein Moment des Kontroll- und damit des Autonomieverlusts ein und birgt so stets die Möglichkeit, sich von einem Anderen überwältigen zu lassen. Eben dies soll mit den Begriffen der Unverfügbarkeit und der Anverwandlung angezeigt werden. *Dispositionale* Resonanz bzw. habituelle Resonanzbereitschaft in diesem Sinne bildet aber nicht oder kaum aus, wer die Welt als abweisend und feindlich und seine eigene Position in ihr als prekär erfährt, denn einer gefährlichen Welt gegenüber sind emotionale Schließung, affektive Abwehr und Kampfbereitschaft angezeigt. Disposi-

---

17 Vgl. etwa Klaus Dörre u.a., *Kapitalismustheorie und Arbeit. Neue Ansätze soziologischer Kritik*, Frankfurt/M. u.a. 2012.

tionale *Entfremdung* in diesem Sinne kann dabei auch das Ergebnis fehlender Selbstwirksamkeitserfahrung sein: Wer aufgrund seiner biographischen Prägungen davon ausgeht, dass er oder sie die Welt und die „Anderen" nicht *erreichen* kann, sondern sich gegen sie durchsetzen oder verteidigen muss, wird es schwer haben, in einen Resonanzmodus zu gelangen. Natürlich impliziert das Kriterium der dispositionalen Resonanz dabei nicht, dass ein Subjekt *immer* und gegenüber jeder Begegnung oder Anrufung resonanzbereit sein müsse: Das Recht auf Resonanzverweigerung ist ein elementares Grundrecht, ohne das weder die Ausbildung einer „eigenen Stimme" noch die Etablierung stabiler Resonanzachsen möglich wäre – und ohne das die auf *Distanzierung der Welt* beruhenden Kulturleistungen etwa der Wissenschaft, der Technik, der Medizin etc. nicht möglich wären.[18]

Problematisch wird die Weltbeziehung jedoch dann, wenn die dispositionale Grundhaltung der Subjekte kontextunabhängig bis in die *Hexis* hinein auf stumme Weltbeziehungen hin angelegt und ausgerichtet ist; wenn der verdinglichende Beziehungsmodus gleichsam zum „Default-Modus" der Weltbeziehung wird. Ebendies aber ist nach meiner Interpretation der Moderne in wachsendem Maße die Folge der mit dem Reproduktionsmodus dynamischer Stabilisierung einhergehenden Steigerungs- und Beschleunigungszwänge in den zentralen Funktionssphären der Gesellschaft: Zeitnot, Prekarität, Angst und Konkurrenzorientierung sowie der Druck zur fortwährenden Selbst- und Prozessoptimierung, zur (messbaren) Effizienzsteigerung und zur strikten Output-Kontrolle erzwingen eine Haltung der systematischen Selbst- und Fremdverdinglichung, welche mit den Resonanzsehnsüchten der Subjekte in grundlegenden Widerspruch gerät. Denn paradoxerweise ist die Moderne kulturell seit der Epoche der Empfindsamkeit und der Romantik zugleich durch eine signifikante Steigerung der Resonanzsensibilität und des Resonanzverlangens geprägt, die sich etwa in den Konzeptionen der romantischen Liebe und der Freundschaft, des Naturverhältnisses, der Kunst, aber auch der Religion und der Politik zeigt. Die „geistesgeschichtliche Lage" der Gegenwart scheint mir daher durch eine gleichzeitige Intensivierung von Resonanzverlangen und Entfremdungserfahrung gekennzeichnet. Dieser Widerspruch tritt in den Institutionen der Pflege ebenso wie im Bildungswesen, in der Wissenschaft, im Naturverhältnis oder in der Politik zutage: Überall kollidiert der Anspruch oder die Hoffnung darauf, einem unverfügbaren

---

18 Zum Recht auf Resonanzverweigerung vgl. S. 741 f., S. 750.

Anderen zu begegnen und sich darauf einlassen zu können, mit den genannten Steigerungsimperativen. Der allenthalben zu beobachtende kulturelle Lösungsversuch für dieses Dilemma besteht dann darin, den dominanten Modus der Reichweitenvergrößerung für die dominanten Sphären des Alltags zu akzeptieren und durch den transitorischen Aufenthalt in „reinen Resonanzoasen" (als welche der Urlaubsort, der Konzertsaal, das Meditationswochenende konzipiert werden) zu kompensieren. Dies allerdings hat zur Folge, dass das Weltverhältnis insgesamt zu einem „stummen" zu werden droht, denn in beiden Beziehungsmodi werden die Resonanzbedingungen unterlaufen: Im dominanten Verdinglichungsmodus fehlt die Affizierung,[19] während es in der Resonanzoase an genuiner Selbstwirksamkeit mangelt: Konzertsaal und Urlaubsort sind gerade dadurch gekennzeichnet, dass sich in ihnen die Welt nicht gestalten lässt. Diese unheilvolle Dichotomisierung lässt sich besonders instruktiv am (spät-)modernen Naturverhältnis beobachten, das von einer markanten, unüberbrückbaren Kluft zwischen einem brutalen Modus der auf Reichweitenvergrößerung und Verfügbarmachung zielenden Landnahme, wie sie sich etwa in den extraktiven Industrien oder in der Massentierhaltung zeigt, und einer zur rezeptiven Romantisierung neigenden Naturästhetik, welche „Natur" zur Kulisse werden lässt (oder zum verwöhnten und anthropomorphisierten Haustier macht), gekennzeichnet ist.

Der daraus resultierende Mangel vor allem an kollektiver Selbstwirksamkeit führt zu einer tiefen Enttäuschung über die Qualität der Weltbeziehung (und damit des Lebens), die sich derzeit vor allem im politischen Protest Bahn bricht: Von den Trump-Wählern über die Brexit-Befürworter bis zu den AFD-Unterstützern eint die Unzufriedenen das Gefühl, sie würden vom politischen Betrieb nicht gehört und nicht gesehen, ihre Stimme sei nicht mehr zu vernehmen, sie seien nicht gemeint und adressiert, sie zählten nicht. Das aber sind in der Tat die Auspizien der Entfremdung – dass dafür dann häufig die *Fremden* verantwortlich gemacht werden und dass das Anliegen, die eigene Stimme wiederzufinden, über den Versuch, das Andere und den Anderen zum Verstummen zu bringen, verfolgt wird, ist allerdings ein gravierender doppelter Attribuierungsfehler des Rechts-

---

19 Darüber hinaus nimmt die Selbstwirksamkeitserfahrung dabei selbst eine instrumentell-verdinglichende, auf Kontrolle hin angelegt Form an, welche Unverfügbarkeit gerade auszuschließen versucht und sich daher von der Erfahrung verbindenden Erreichens unterscheiden lässt (vgl. dazu S. 277-279).

populismus.[20] Er wurzelt auch darin, dass die verdinglichende, kompetitive Schließung gegenüber der Welt zum dominanten Beziehungsmodus der spätmodernen Subjekte geworden ist, die ihr *In-der Welt-Sein* nicht zuletzt dadurch als so prekär erfahren, dass das Bauen von Mauern und das Errichten von Zäunen zum Sinnbild der aktuellen Welthaltung geworden ist. Sie sind Versuche, sich eine Welt vom Leibe zu halten, in der die Stimme des und der Anderen als Bedrohung erscheint und in der Veränderung vor allem als Verletzung erfahren wird. In dieser Lage, so meine Hoffnung, kommt es entscheidend darauf an, die Erinnerung an und die Hoffnung auf ein anderes *In-der-Welt-Sein*, das durch die Beziehungsform des *Hörens und Antwortens* anstelle des *Beherrschens und Verfügens* gekennzeichnet ist, lebendig zu halten.

---

20 Vgl. dazu ausführlich Hartmut Rosa, „Der Versuch einer sklerotischen Gesellschaft, sich die Welt vom Leibe zu halten – und ein Vorschlag zum Neuanfang", in: Karl-Siegbert Rehberg, Franziska Kunz (Hg.), *Pegida: Rechtspopulismus zwischen Fremdenangst und „Wende"-Enttäuschung? Analysen im Überblick*, Bielefeld 2016, S. 289-296.

II
Stellungnahmen

Resonanz. Eine Analyse aus ethischer Perspektive

Hille Haker

Lieber Herr Rosa, da Sie Ihrem Buch „Resonanz" als ein Antwortgeschehen verstehen, will ich darauf mit einem Brief antworten. Erlauben Sie mir also, Sie in dieser Form als Gesprächspartner zu adressieren.

Vom Ort meiner Lektüre, den USA, erscheint mir Ihr Buch als sehr „deutsch", und das meine ich einzig als Beobachtung: Überwiegend deutsch sind Ihre Referenzen zur Soziologie der Moderne, deutsch ist Ihre Perspektive, welche die „Weltbeziehung" von einem einzigen, weitgehend geographisch-kulturellen Standpunkt aus erklärt, und zumindest klischeehaft deutsch ist auch der Hang, aus einem einzigen Begriff heraus die „Welt" verstehbar zu machen. Von meinem Ort aus sieht die „Welt" gewiss anders aus, ergeben sich andere Referenzen und Fragen, aber vor allem der von Ihnen verteidigte deskriptiv-normative Monismus, der andere Perspektiven wie die Anerkennung oder gar Rechte und Pflichten in sich aufzunehmen beansprucht, erscheint mir zweifelhaft. Aber bevor ich zu dieser kritischen Frage komme, lassen Sie mich zunächst erklären, wie ich Ihren Entwurf zu einer Soziologie der Weltbeziehung verstehe.

I Die Kritik der Moderne – Resonanz als Vision

Mit großen Strichen legen Sie eine Analyse der Moderne vor. Wir kannten bereits Ihre Diagnose des Modus der Moderne, die dynamische Stabilität als Strukturimperativ: Steigerung und Beschleunigung, Wachstum und Konkurrenz um die Ressourcen bzw. um die Positionen im sozialen Raum (Bourdieu); Aneignung und Beherrschung bis zur „Kolonialisierung der Lebenswelt" (Habermas) kennzeichnen die Lebens- und Funktionsweise der Moderne. Sie zeigen mit unzähligen Beispielen und Referenzen aus vielen verschiedenen Disziplinen, dass diese Dynamik und Herrschaftsautonomie einen Preis hat, den die Menschen bezahlen, die diese Moderne tragen bzw. die in ihren Strukturen nach einem „gelingenden Leben" streben – ich sage: Menschen, denn *eine* Lehre aus Ihrer Studie ist es, die Abstraktionen, mit denen wir zwangsläufig hantieren, immer wieder neu aufzulösen. Das Subjekt, das Selbst, der/die Andere sind letztlich nämlich tatsächlich nur eins: verletzbare und Glück suchende Menschen. Der Modus der *dynamischen Stabilität*, sagen Sie, entfremdet die Menschen von sich selbst, von anderen, den „Dingen" und insgesamt von der „Welt". Die entzauberte Welt (Weber) ist zugleich eine stumme – und das heißt: eine gleichgültige Welt. Sie entzieht sich in ihrem So-Sein, antwortet nicht, ist „repulsiv". *Stummheit, Widerstand, Versteinerung* – dies sind die Metaphern der auf Verdinglichung beruhenden Beziehungen. Sie sind die Folge des Strukturimperativs der Moderne, welcher das Gelingen des Lebens an die Zurichtung und (Selbst-)Disziplinierung (Foucault), die Herrschaft über die Dinge (und andere) sowie an die Verfügbarkeit über die Beziehung von Selbst, Anderem und Welt bindet. Die Moderne hinterlässt eine *Leere*, weil Menschen, selbst die herrschafts-süchtigen Subjekte der westlichen Moderne, auf eine andere Art von Beziehung drängen – weil sie der Antwort und nicht nur eines Echos bedürfen. Menschen nämlich, so zeigen Sie in immer wieder neu ansetzenden Analyseschritten, benötigen zum guten Leben und zum Gelingen des Lebens Resonanz. Und Resonanz ist, was im Selbst- und Weltverhältnis der Moderne nahezu unmöglich geworden ist; sie ist, auch wenn sie die „primäre Erfahrung" (637 f.) ist, präsent nur noch als Kindheitserinnerung bzw. als momentane Ausnahme zur Regelerfahrung der Entfremdung. Sie sehen bei dieser verkürzten Darstellung, wie Ihr Dualismus wirkt, wie er uns Ihnen in die Arme treibt – wer würde schon gerne in einer Haltung verharren, die Erich Fromm zu Recht Nekrophilie genannt hat und die er mit dem menschlichen Potential zur Destruktivität verbunden hat.[1]

Ihr Buch ist eine Antwort auf die so beschriebene Moderne zu einem Zeitpunkt, an dem kaum jemand mehr an sie glaubt – und deshalb ist es leicht, vielleicht allzu leicht, Ihr Buch als endgültigen Abgesang auf sie zu lesen. Im Unterschied allerdings zu anderen, vor allem postmodernen Theorien, die sich vom normativen Anspruch auf Glück gänzlich verabschieden, und im Unterschied zu Bewegungen (und Theorien), die meinen, der Rückkehr eines ethnischen Volks- oder Nationsverständnisses das Wort reden zu müssen, begreifen Sie die Kritik der Moderne als Voraussetzung einer Wende des Denkens und Handelns *in* der Moderne.

Daher gehen Sie zur ihrer wohl größten Ambition zurück, nämlich zum Anspruch, dass Menschen sich von der vormodernen *diktierten* Weltbeziehung – etwa den normativen Ordnungen der Religion, der Politik und der

---

[1] Erich Fromm, *The Anatomy of Human Destructiveness*, New York 1973.

sozialen Ständeordnung – durch individuelle Autonomie und Freiheit emanzipieren können. Dies erweist sich in Ihrer Diagnose zwar nicht als Schein, wohl aber als mit dem existentiellen und sozialen Bedeutungsverlust erkauft: „Resonanz bleibt das Versprechen der Moderne, Entfremdung aber ist ihre Realität" (624). Aber müsste es nicht genauer heißen: *Freiheit* ist das Versprechen der Moderne, Entfremdung ihre Realität, *weil* die Moderne Freiheit als Autonomie fasst?

Von Beginn an missversteht die auf Autonomie gepolte Moderne die Notwendigkeit des „In der Welt Seins", weil sie das Subjekt ins Zentrum der theoretischen wie auch der praktischen Vernunft stellt, ohne zu berücksichtigen, dass nicht das Subjekt, sondern das „Weltverhältnis" des Menschen über das Gelingen seines Lebens entscheidet. Ihr Neuansatz dezentriert dies Subjekt, ohne es – wie postmoderne Theorien dies getan haben – in der ironischen Haltung der Dekonstruktion aufzulösen. Ihre Textur aus geistesgeschichtlichen Fäden, philosophischen und soziologischen Schattierungen und Strukturen (Resonanzbeziehungen, -sphären und -achsen) verdichtet aber dennoch Ihre kritische Diagnose: Der Autonomieimperativ der Moderne reduziert den Modus der Weltbeziehung weitgehend auf die instrumentelle Vernunft, die alles in sich aufsaugt, wie schon Marx wusste, der mit Entfremdung und Verdinglichung zwei Effekte des aufkommenden Kapitalismus beschrieb. Auch Entfremdung ist noch eine Beziehung, sagen Sie, jedenfalls in der Definition von Rahel Jaeggi, die Sie aufnehmen, aber sie ist eine „Beziehung der Beziehungslosigkeit" oder genauer, eine Beziehung der Repulsion (305). Jaeggis Begriff der Entfremdung markiert nun zwar die Zurichtung der Dinge und Gewalt gegenüber Dingen und anderen, nicht aber die vollkommene Indifferenz und Repulsion, von der Sie zumindest *auch* sprechen. Indifferenz markiert einen „Weltverlust", der noch jenseits des Verlusts von Bedeutsamkeit in Beziehungen liegt. Nur zu leicht schlägt sie in die Empfindung der Machtlosigkeit um: *Nichts machen zu können*, heißt, im eigenen Handeln nichts bewirken zu können. Das Ideal und der Imperativ der Freiheit der Moderne enthielten jedoch genau dies: ein Subjekt als aus sich heraus wirkmächtig zu betrachten, weil es sich durch die Selbstbestimmung im Handeln zugleich selbst realisiert. Ihr Verdikt über die Moderne wiederholt daher nicht einfach die marxistische These der Entfremdung durch Arbeit, sondern es stellt die „Entfremdung" und „Verdinglichung" in den größeren Zusammenhang der „Resonanzvergessenheit", die sich mit zunehmender Kommodifizierung aller Lebensbereiche immer mehr als Resonanzunmöglichkeit erweist: *Herrschaft* über sich selbst, den/die Anderen und die

Welt kann nicht *gelingend* gelebt werden – weder für die, die herrschen noch für die, die beherrscht werden. Wenn die Realität der Moderne Entfremdung im Sinne der Resonanzlosigkeit des Handelns ist, dann stellt sich die Frage, ob die Resonanztheorie den modernen Freiheitsbegriff gänzlich hinter sich lassen muss oder ob er neu, nämlich post-autonom zu fassen ist. Sie entscheiden sich, Resonanzbeziehungen so zu verstehen, dass mit ihnen kein Freiheitsverlust einhergeht – deshalb ist Ihre Theorie eine *moderne* kritische Theorie der Resonanz.

Charles Taylor ist ein wichtiger Gewährsmann für Ihren Blick, nicht nur, weil er zwischen Heidegger und Kritischer Theorie zu vermitteln versucht, sondern auch, weil er das Freiheitsversprechen der Moderne im Horizont des Glücksversprechens (bzw. des Versprechens eines guten Lebens) interpretiert. Sie folgen weder Heidegger in die existentialontologische „Eigentlichkeit", noch Adorno in die „negative Dialektik". Denn: „Um als kritische Kategorie analytisch trennscharf werden zu können, bedarf Entfremdung einer Vorstellung vom Nichtentfremdeten" (300). Wie Taylor dies in seiner Studie zu den *Quellen des Selbst* getan hat, so prüfen Sie verschiedene Idealisierungen, die für eine moderne Vorstellung des Nichtentfremdeten in Frage kommen – ich will sie hier nur benennen: Die menschliche *Natur* erweist sich als genauso unzureichend wie Kants transzendentale *Freiheits*theorie. Sie stellen sich gegen Hegel, der Freiheit nicht als Bedingung und Postulat der praktischen Philosophie, sondern als *Befreiung* in einem intersubjektiven Prozesses der Bildung des Selbst(-bewusstseins) in Konfrontation mit der Welt und anderen Subjekten fasst, sowie als Selbsterkenntnis der Angewiesenheit auf Anerkennung durch andere Subjekte. Heideggers *Authentizität* oder die liberale *Autonomie* als individuelle Selbstbestimmung erweisen sich als ebenso ungeeignet für Sie wie der „*Sinnbegriff*", die *Übereinstimmung von Habitus und Feld* im Sinne Bourdieus, oder die Reformulierung der *Anerkennung* im Sinne Honneths. Einzig die „bezogene Beziehung", das heißt die Antwortbeziehung als *Resonanz* eignet sich als (normative) Kategorie des Nichtentfremdeten.

Resonanz, das heißt die Anverwandlung der Welt, in der das Subjekt von ihr (den „Dingen" der Welt, anderen Subjekten oder Gott als dem „ganz Anderen") affiziert und transformiert wird, wie auch andere, die „Welt" oder Gott nach dieser Lesart durch das Subjekt transformiert werden. Und nur dass Sie wissen: Ich bin ganz damit einverstanden. Die „resonante" Weltanverwandlung schlägt deshalb nicht in systematische Fremd- und Selbstverdinglichung um, weil sie auf der *Gleichursprüng*-

lichkeit von Welt und Subjekt insistiert und die *Unverfügbarkeit* der Beziehung der Resonanz betont: Resonanzbeziehungen haben den Charakter eines Widerfahrnisses, das für Waldenfels' Phänomenologie von zentraler Bedeutung ist.[2] Resonanz vermag die Indifferenz der Entfremdung nur zu durchbrechen, wenn letztere nicht „total" ist. Nur dann kann sie sowohl die Differenz des „Anderen" bestehen lassen als auch verdinglichende Aneignungen integrieren. Den Freiheitsbegriff, der der Resonanztheorie zugrunde liegt, nennen Sie mit einem glücklichen Begriff: Selbstwirksamkeit im Handeln.

Der Begriff der Antwort, den Sie der Phänomenologie Bernhard Waldenfels' entnehmen, verweist nicht nur auf die Abkünftigkeit des Subjekts bzw. auf die wechselseitige Konstitution von Welt und Subjekt, sondern auch auf den Dialog als Modus der Beziehung. Damit stehen Sie in einer Tradition, die in Deutschlands Modernetradition die Frühromantik kennzeichnet; theoretisch situiert zwischen Kant und Hegel, bringt sie philosophisch wie literarisch die Sehnsucht nach Überwindung der in sich selbst eingeschlossenen Subjektivität zum Ausdruck. Novalis, Tieck, Hölderlin, Schlegel und Schleiermacher – sie alle reflektieren auf unterschiedliche Erfahrungsweisen dessen, was Sie als Resonanzerfahrung beschreiben. Dies geschieht in der ästhetischen Erfahrung der Natur, der Erfahrung von Intersubjektivität in der Liebe oder Freundschaft oder der religiösen Erfahrung in der existentiellen „Abhängigkeit". Nicht zufällig experimentieren die Frühromantiker Tieck, Hölderlin oder Novalis oder Bettine von Arnim mit dem *Briefroman*, also einer dialogischen Form der Selbstbildung, während andererseits die *Bildung* des Selbst als Formation und Trans-Formation durch die Weltbegegnung in literarischen Autobiographien generiert wird.[3] Die Frühromantik hält die Balance zwischen Glücksverlangen und Einsicht in die Endlichkeit – und überwindet sie vor allem durch die Sprache, ich bin geneigt zu sagen: als Resonanzmedium. Das Gespräch als Form verweist auf die Suche nach dem, was Taylor Expressivismus nennt. Die Beziehungen der frühromantischen Literatur sind jedoch so intensiv wie flüchtig, was Hegel bekanntlich zur moralischen Weißglut trieb. Ihr wiederholter Verweis auf Karl Phillip Moritz' *Anton*

---

[2] Bernhard Waldenfels, *Phänomenologie der Aufmerksamkeit*, Frankfurt/M. 2015.
[3] Die Relevanz von literarischen Autobiographien in der Moderne habe ich näherhin analysiert in: Hille Haker, *Moralische Identität. Literarische Lebensgeschichten als Medium ethischer Reflexion. Mit einer Interpretation der „Jahrestage" von Uwe Johnson*, Tübingen 1999.

Reiser – die Geschichte eines Kindes, das voll guten Willens sein Glück sucht und doch an den „Verhältnissen" scheitert – ist „romantisch" insofern, als Reiser von einem Glücksversprechen zum nächsten flieht. Aber der Roman ist auch eine Negativfolie der Resonanztheorie. Reisers Erfahrungen der Missachtung sind für Sie Zeugnisse der Entfremdung in einer Welt, die durch und durch „repulsiv" ist – und Moritz zeigt die Folgen von Beziehungslosigkeit, enttäuschter Resonsanzerwartung, Exklusion als Modus und Effekt sozialer Kränkung und, nicht zuletzt, sozialer Vernachlässigung und Armut. Ihr Versuch, der Entfremdung das *Wünschenswerte* der Resonanzbeziehung, nämlich als Fundament und zugleich als Horizont des gelingenden Lebens entgegenzusetzen, steht dieser Tradition sicherlich näher als der Kritischen Philosophie Kants oder Hegels Dialektik. Der Schlüssel zu Ihrem Buch ist der Begriff der Sehnsucht, gepaart mit der Wehmut des Verlorenen. Sehnsucht ist ein romantischer Begriff: Was, wie Sie sagen, namenlos geworden ist, ist „eine spürbare, fühlbare Vision einer anderen Form der Weltbeziehung" (737). Die Sehnsucht danach muss, in unserer Zeit der Spätmoderne, ihren Ausgang nehmen von der „Versteinerung", der Indifferenz als Resonanzlosigkeit der Welt. Hölderlins Gedicht „Hälfte des Lebens", das dem Verstummen, der Kälte oder der Versteinerung ein Bild gibt, ist ein solcher Ausgangspunkt. Was wir Spätmoderne nennen, ist heute in der Gegenwart des „Winters" angekommen, der für Hölderlins Gedicht noch als Zukunft erschien. Deshalb lese ich die Strophen, zeitdiagnostisch, in umgekehrter Reihenfolge:

> Weh mir, wo nehm' ich, wenn
> Es Winter ist, die Blumen, und wo
> Den Sonnenschein,
> Und Schatten der Erde?
> Die Mauern stehn
> Sprachlos und kalt, im Winde
> Klirren die Fahnen.[4]

Die Mauern am Neckar, sie stehen für uns *schon jetzt* „sprachlos und kalt"; diese Mauern aus Sprachlosigkeit und Kälte markieren den Verlust eines positiven Glücksversprechens in der Gegenwart: „Nur dies nicht", scheint die einzige Vorstellung zu sein, die vom Nichtentfremdeten übriggeblieben ist. Glück, sagt Benjamin, der die Frühromantik eingehend stu-

---

4 Friedrich Hölderlin, „Hälfte Des Lebens", in: Ders., *Stuttgarter Ausgabe*, hg. von Friedrich Beißner, Stuttgart 1941.

diert hat und der in den Erfahrungen der Missachtung ein späterer, erwachsener Bruder von *Anton Reiser* ist, ist erfahrbar nur in der Erinnerung, und zwar in der Erinnerung der verpassten Möglichkeiten in der Vergangenheit – in anderen Worten: Glück gibt es nur im melancholischen Blick dessen, der die *Erwartung* oder das *Versprechen* des Glücks in der Gegenwart nicht finden kann. Hölderlin rückwärts lesend, erfahren wir, was die vergangene Gegenwart dem Winter der Sprachlosigkeit und Kälte als Erfahrung entgegen zu halten hätte:

> Mit gelben Birnen hänget
> Und voll mit wilden Rosen
> Das Land in den See,
> Ihr holden Schwäne,
> Und trunken von Küssen
> Tunkt ihr das Haupt
> Ins heilignüchterne Wasser.

Es fällt leicht, dem Gedicht Ihre Begrifflichkeit einzuschreiben: als „eine spürbare, fühlbare Vision einer anderen Form der Weltbeziehung" weckt diese Strophe das Verlangen nach Resonanz, die nicht erfüllt werden kann, wenn die „Dinge" nicht antworten, wenn der „Sommer" des Lebens zum „Winter" geworden ist.

Der Gegenbegriff zur Sehnsucht ist, zumindest für die Frühromantiker, die *Ironie* – die Haltung der Kritik als kontinuierliche Korrektur der Resonanz. Ironie markiert die Einsicht in die Nicht-Übereinstimmung von Selbst und „Welt". Sehnsucht bedeutet, der Entfremdung die Vision der Resonanz einzuschreiben, das Bild des Winters mit dem Bild des Sommers zu überblenden – Ironie bedeutet, der Resonanz die Entfremdung einzuschreiben. Ironie ist Kritik der Entfremdung *und* derjenigen Resonanz, die meint, der Entfremdung entkommen zu können. Aber auch umgekehrt muss dann doch gelten: Solange die Resonanzlosigkeit nicht total ist, erwartet der Mensch wohl noch das „Aufblitzen der Hoffnung auf Anverwandlung und Antwort in einer schweigenden Welt" (321), in Form einer „nur erahnten Gewissheit eines aufhebenden ‚Dennoch'" (322). Und doch ist alles entscheidend, das Gelingen des Lebens als *Dialektik* von Resonanz und Entfremdung zu verstehen (316 ff.). Erst diese macht die Soziologie der Resonanz zu einer *kritischen* Theorie. Ich bin damit ganz einverstanden.

II Resonanz versus Anerkennung und Verantwortung

Lassen Sie mich nun den Blick auf die „horizontale" Resonanzachse verengen. Sie sagen zwar, dass auch Dinge (auf der „diagonalen" Resonanzachse) zum Sprechen gebracht werden können (Benjamin) und das Ich sich von einem „ewigen Du" (Buber) angesprochen wissen kann (auf der vertikalen Achse) – aber diese Formen des *Antwort*geschehens sind Analogformen zur Resonanzbeziehung auf der horizontalen Achse. Für diese intersubjektiven Beziehungen scheint mir, anders als Sie meinen, der Anerkennungsbegriff jedoch unverzichtbar und nicht in die Resonanz integrierbar zu sein. Allerdings, so will ich zeigen, reicht auch der Anerkennungsbegriff nicht aus, um den normativen Gehalt intersubjektiver Beziehungen zu beschreiben. Vielmehr bedürfen *sowohl* die Resonanztheorie *als auch* die Anerkennungstheorie eines weiteren Begriffs, nämlich des Begriffs der Verantwortung, weil nur eine normative Verantwortungsethik (die über die responsorische Verantwortung hinausgeht) eine Rechtfertigungs- bzw. *Rechenschaftspflicht* für Handlungen der Missachtungen und Verletzungen enthält.[5] Diese These will ich hier zumindest in nuce skizzieren – auf ihr basiert mein eigener ethischer Ansatz, der von der Resonanztheorie viel lernen kann und dennoch über sie hinausgehen muss. Vielleicht erscheint Ihnen die Frage nach Anerkennung und Verantwortung als eine akademische Spiegelfechterei. Aber nur aus Perspektive derjenigen, für die die Herrschaftsbeziehungen schon lange kein Überlebenskampf mehr sind, ist eine *ethische* Kritik der Herrschaftsverhältnisse verzichtbar. Um all der anderen willen, um der Unterworfenen, Beherrschten, Verdammten und Beschädigten, das heißt: um der Opfer der modernen Herrschaftsbeziehungen und -strukturen willen, *darf* die ethische Dimension intersubjektiver Beziehungen nicht verwischt werden. Für diese Opfer spricht Maya Angelou in zornigem, stolzem, unzerstörbarem Trotz: „You may write me down in history/with your bitter, twisted lies,/ You may trod me in the very dirt/ but still, like dust, I'll rise." (Still I Rise). So wünsche ich mir, dass Sie meine Kritik lesen: als Ringen um eine Ethik, die denjenigen, die im Staub liegen, Recht gibt in ihrer Anklage (als moralisches Urteil) – und die ihnen das Recht gibt, immer wieder im Akt des

---

5 Vorarbeiten zu einem Buchprojekt finden sich in: Hille Haker, „Vulnerable Agency: A Conceptual and Contextual Analysis", in: Jonathan Rothschild, Matthew Petrusek (Hg.), *Dignity and Conflict: Contemporary Interfaith Dialogue on the Value and Vulnerability of Human Life*, Notre Dame 2018 (im Erscheinen).

Widerstands aufzustehen (als moralisches Recht). Für sie reicht eine Resonanz-Ethik nicht aus.

Jessica Benjamin hat jüngst einen Entwurf für eine Theorie der Intersubjektivität vorgelegt, in der sie einen *anderen* Anerkennungsbegriff verteidigt als denjenigen, den Sie kritisieren.[6] Benjamin ist einerseits der relationalen Psychoanalyse verpflichtet, andererseits aber versucht sie, die normativ-ethische Dimension in der Anerkennung genauer zu fassen. Wechselseitige Anerkennung ist das Prinzip und die Funktion der Beziehung von Selbst und Anderem, in der beide Seiten ständig ko-konstituiert und entsprechend durch die Beziehung transformiert werden. Dennoch löst Benjamin die wechselseitige Anerkennung, die (im Übrigen wie bei Hegel auch!) das *Jenseits* des Kampfes oder Unterwerfungsschemas kennzeichnet, nicht in ein Antwortgeschehen oder Resonanz auf. Im Gegenteil, ausgehend vom Ansatz der relationalen Psychoanalyse charakterisiert sie die Komplexität von Intersubjektivität in vier Elementen, die sie zusammen mit einem nicht sehr glücklich gewählten Begriff das „Dritte" nennt, das im Anerkennungsgeschehen wirksam wird. Resonanz ist *ein* Element unter anderen in ihrem Modell, das insgesamt die wechselseitige Anerkennung als Dynamik und Aufgabe beschreibt. Resonanz beschreibt den Rhythmus, der in der Abstimmung („attunement") der Handelnden aufeinander einen „Einklang" erzeugt. Oft wählt Benjamin das Stillen eines Kindes als eine solche Inter-Aktion, was Handeln in den leiblichen „Basishandlungen" (Danto) und nicht im wissentlich-willentlichen Handeln verankert. Ein zweites Element ist die Differenzierung, Unterscheidung und Widerständigkeit („differentiation"), die Betonung des „ich" und „du" gegenüber dem „wir" – Sie werden in diesen Elementen die Dialektik von Resonanz und Repulsion wiederfinden. Ein drittes Element ist nun aber die *moralische* Anerkennung, insbesondere von Verletzungserfahrungen, als moralisches Urteil. Moralische Verletzungen bezeichnen den Umschlag der intersubjektiv notwendigen Differenzierung zwischen „ich" und „du" in Gesten bzw. Akten der Dominanz und Unterwerfung; sie meinen die Missachtung des Anderen im Sinne des Schemas von „doer and done-to", das dem Hegelschen Kampf auf Leben und Tod entspricht – er kann nur in der Herrschaft des einen und der Knechtschaft des anderen enden. Eine solche *Verletzung* muss moralisch anerkannt werden (Benjamin nennt dies „the moral third"). Erst durch diese moralische Anerkennung

---

6 Jessica Benjamin, *Beyond Doer and Done To: Recognition Theory, Intersubjectivity and the Third*, New York 2017.

von *Unrecht,* unter Umständen auch stellvertretend in der Übernahme der Zeugenschaft, wie dies in der Psychoanalyse der Fall ist, eröffnen sich Möglichkeiten für Korrekturen und Neuanfänge vor allem für Opfer von Gewalt, und das heißt: neue Möglichkeiten der aktiven Anerkennung und nicht nur des Anerkanntwerdens. Ein viertes Element der so gefassten Anerkennungsdynamik ist die reflexive Haltung der Handelnden, die die gelungenen und misslungenen Anerkennungshandlungen selbst etwa in Erzählungen oder Analysen thematisieren und kritisch hinterfragen können. Hier werde ich gleich, gegen Benjamin, den Begriff der Verantwortung einführen, der die wechselseitige Anerkennung in die normative Rechenschaftspflicht überführt. Anerkennung ist nach diesem Modell gerade kein Kampf, sondern ein Abstimmungsprozess; darin geht es nicht um den Wert der Akteure füreinander und nicht um Leistungen des einen für den anderen, die dann „wert-geschätzt" (!) werden. Anerkennung ist kein identitätstheoretischer, sondern ein *handlungstheoretischer* Begriff, wenngleich er auch nicht ohne Aufmerksamkeit für die Identität (Subjektivität und Individualität) des jeweils anderen auszukommen vermag. Nicht nur um Resonanz, auch um Anerkennung in diesem Sinne, so möchte ich sagen, kann man nicht kämpfen (596) – wohl aber kann man, und muss man, um sie *ringen.*

Benjamins Anerkennungstheorie gibt der moralischen Verletzlichkeit (und Verletzung) einen Ort in der Intersubjektivität, den er in der Resonanztheorie nicht hat: Nicht nur erklärt sie den Unterschied zwischen der gewaltsamen Unterwerfung („submission") und Hingabe im Sinne des Sichüberlassens („surrender"), sondern sie zeigt auch Wege auf, wie Erfahrungen der Gewalt durch andere anerkannt und transformiert werden können. Ihr Resonanzbegriff kann zwar die Differenz, die Repulsion, und womöglich auch die Dialektik von Entfremdung und Antwortbeziehung fassen, aber der Resonanzbegriff ist nicht scharf genug, um die *moralischen* Verletzungen durch Herrschaft und Unterwerfung (336 ff.) zu markieren. Weil Sie *einerseits* die Resonanzverweigerung als Recht verteidigen (742), *andererseits* Resonanz als unverfügbar, d.h. als Widerfahrnis fassen, tut sich hier eine Kluft auf, die Sie nicht zu schließen vermögen. Das „Fehlen von Resonanz" ist kein ethischer Begriff und gewiss kein ethisches Kriterium. Womöglich lässt sich, solange man nur aufrecht geht, mit einigen momenthaften Resonanzerfahrungen im Zustand der Entfremdung halbwegs gut leben – aber dies gilt gewiss nicht für diejenigen, die, wie Angelou sagt, in den Dreck *getreten werden* und die ständiger und/oder struktureller Gewalt ausgesetzt sind. Die Ethik, die daraus folgt, besteht daher erstens darauf: Anerkennung integriert die Resonanz, nicht umgekehrt die Resonanz die Anerkennung. Und zweitens, die Anerkennungstheorie bedarf des Begriffs der Verantwortung als Rechenschaft.

Die normative Verantwortung kommt ins Spiel, wenn Anerkennung in den Kampf um Herrschaft und Unterwerfung umschlägt. Denn Akteure sind einander – und prinzipiell allen anderen gegenüber – rechenschafts*pflichtig*. Verantwortung markiert die Achtung des anderen als Pflicht im Anerkennungsgeschehen: Akteure, die miteinander handeln, *schulden* einander Aufmerksamkeit (Waldenfels) und Achtung (Kant), weil nur dies die nicht-unterwerfende Anerkennung ermöglicht. Anerkennung ist daher eine ethische Aufgabe, die über das Widerfahrnis hinausgeht, auch wenn sie den Charakter der *Gabe* nie gänzlich hinter sich lassen wird.[7]

Dennoch weist der normative Verantwortungsbegriff immer wieder zurück auf das Antwortgeschehen – und damit auch auf die Resonanzbeziehungen. Verantwortung ist nicht nur normativ, sondern basiert auch auf starken Wertungen, die zum Beispiel die Sorge für und um den anderen *wünschenswert* im Sinne eines Selbstwerts macht.[8] Entsprechend ist Verantwortung beides: Antwort auf die Erwartungen, Wünsche und Bedürfnisse anderer im Sinne eines Selbstideals sowie Rechenschaft über die Aufmerksamkeit und Achtung gegenüber anderen. Die Ethik der Intersubjektivität braucht beide Seiten, denn Leben gelingt nur in wechselseitigen, wenngleich auch nicht notwendig symmetrischen, Anerkennungsbeziehungen. Als ethisch richtig oder falsch erweist sich das Handeln aber erst in der Verantwortung, die Handelnde *für* sich selbst und für andere übernehmen, und in der Rechenschaft, die sie *gegenüber* sich selbst und Anderen über ihr Handeln abgeben – und ablegen müssen.

---

7 Vgl. zum Zusammenhang von Anerkennung und Gabe Paul Ricoeur, *Wege der Anerkennung* [*Parcours de la reconaissance*, 2004], Frankfurt/M. 2006.
8 Ich habe dies konkreter ausgeführt für eine Ethik der Elternschaft: Hille Haker, *Hauptsache gesund? Ethische Fragen der Pränatal- und Präimplantationsdiagnostik*, München 2011.

Resonanz und gutes Leben

Holmer Steinfath

Hartmut Rosas Soziologie der Weltbeziehungen zielt in ihrem normativen Kern auf eine Theorie des guten Lebens. Diese bleibt dort ein soziologisches Projekt, wo es Rosa um die Benennung allgemeiner sozialer Bedingungen für die Möglichkeit eines guten Lebens und um die Herausarbeitung historisch und kulturell variierender Weltbeziehungen als Formen eines gelingenden oder misslingenden Lebens geht. Aber das soziologische Projekt ist auf eine philosophische Konzeption des guten Lebens angewiesen. Auf dem Weg dazu hat Rosa – prägnant z.B. in seinem Buch *Beschleunigung und Entfremdung* – zunächst Gestalten eines misslingenden Lebens und die gesellschaftlichen Gründe für ihr Aufkommen erkundet. Diese *via negationis* mündet in der Feststellung der Entfremdung. Ein entfremdetes Leben ist die paradigmatische Form für ein schlechtes Leben, in dem unser Glücksstreben frustriert wird. Doch um zu erkennen, was in der Entfremdung fehlt, braucht es ein positives Gegenstück. Genau dieses Gegenstück glaubt Rosa im Phänomen der Resonanz gefunden zu haben. Resonanz sei „das Andere der Entfremdung". Auf dem Buchrücken seines Resonanzbuchs wird dieser Grundsatz zu einer bündigen Gegenwartsdiagnose verdichtet: „Resonanz bleibt das Versprechen der Moderne, Entfremdung aber ist ihre Realität".

Rosas großflächige Analyse von Moderne und Spätmoderne soll mich hier nicht interessieren. Vielmehr möchte ich fragen, ob sich das Konzept der Resonanz für die Theorie des guten Lebens eignet. Mein Urteil fällt gemischt aus. Ich glaube, dass Rosa etwas Wichtiges im Auge hat und es doch nicht recht zu greifen bekommt, weil er dazu tendiert, das Resonanzkonzept zu überfrachten.

Für eine Theorie des guten Lebens ist das Resonanzkonzept vor allem aus strukturellen Gründen attraktiv. Sein Vorzug liegt darin, dass es das gelingende wie auch das misslingende Leben als ein spezifisches *Verhältnis* zur Welt in seinen Sozial-, Selbst- und Dingbezügen zu verstehen erlaubt. Rosa konzipiert Resonanz so als eine Relation zwischen den Relata von Subjekt und (jeweiligem) Objekt, dass diese ganz von der sie verbindenden Relation her zu denken sind. Damit wird ein allgemeines Schema skizziert, mit dem sich Verkürzungen vermeiden lassen, an denen gängige Theorien des guten Lebens kranken.[1]

Die Mehrzahl dieser Theorien hat ein in dem Sinn subjektivistisches Gepräge, dass sie das gute Leben ganz vom Subjekt her begreift, welches dieses Leben führt. Ein einschlägiges Beispiel dafür sind hedonistische Theorien, für die jemand ein gutes Leben führt, wenn er überwiegend lustvolle Erfahrungen macht. Oft wirkt der Hedonismus oberflächlich, weil die von ihm typischerweise in Anschlag gebrachten hedonischen Erlebnisse das Subjekt nicht in seinen emotionalen Tiefenschichten ergreifen. Menschen können Lust erfahren und sich doch innerlich leer fühlen. Dem so verstandenen hedonistischen Subjekt fehlt der rechte Kontakt zur Realität. Deswegen lädt der Hedonismus zu Manipulationen ein. Zählen nur die hedonischen Zustände, wird gleichgültig, wie sie erzeugt werden. Da die Seite der objektiven Realität als solche irrelevant erscheint, wird sekundär, wie die gesuchte Lust und Freude induziert werden. Hedonistische Theorien des guten Lebens sind an der Beziehung zur Welt nur insofern interessiert, als diese die gewünschten hedonischen Zustände verursachen kann. Das ist sicherlich kein „resonantes" Verhältnis zur Welt, wie es Rosa vorschwebt.

Einige Defizite des Hedonismus werden in Wunschtheorien des Guten vermieden. Aber auch diese sind einseitig auf das wünschende Subjekt fixiert. Die Erfüllung unserer Wünsche kann uns unbefriedigt lassen. Und im Verfolgen von Zielen können wir unser eigenes Leben verpassen. Noch die vernünftigst wünschende Person, die sich Rawls' Idee eines rationalen Lebensplans verschreibt, verschließt sich tendenziell gegen die Wirklichkeit, indem sie nicht mehr offen für Überraschungen ist, die alle Pläne über den Haufen werfen. Ähnlich läuft die Orientierung am Ideal der Autonomie, wie Rosa zeigt, Gefahr, den Subjektpol so zu betonen, dass die Wirklichkeit in ihrer Eigenständigkeit nicht genug bedacht wird (vgl. 755 f.). Derjenige, dem alles über die eigene Selbstbestimmung geht, will über die Welt verfügen. Das Verhältnis zur Welt wird so einseitig vom Subjekt her konzipiert.

In der jüngeren Literatur zum guten Leben sind diese Schwierigkeiten durchaus gesehen worden. Die beiden Hauptreaktionen auf die Einseitig-

---

1 Ich verzichte im Folgenden auf Literaturnachweise. Auf die einschlägige Literatur gehe ich u.a. ein in Holmer Steinfath, „Gutes Leben", in: A. Grunwald (Hg.), *Handbuch Technikethik*, Stuttgart 2013, S. 174-178.

keiten subjektivistischer Theorien bleiben jedoch ihrerseits defizitär. Zum einen gibt es in Theorien des guten Lebens eine Renaissance wertobjektivistischer Entwürfe. Sie werden von der Vorstellung getragen, dass ein gutes Leben an der Realisierung von Gütern hängt, die aus einer objektiven – vom Subjekt abgelösten – Perspektive gut oder wertvoll sind. So mag zu einem guten Leben der Umgang mit großer Kunst, das Erleben unberührter Natur oder das Erlangen komplexen Wissens gehören, weil, so der Gedanke, Kunst, Natur und Wissen objektiv gut sind und das Leben eines Menschen dadurch gut wird, dass es an diesen Gütern teilhat. Das Problem an diesem Zugang ist aber nicht nur, dass notorisch strittig ist, welche Güter objektiv wertvoll sind. Vielmehr führt der Objektivismus ähnlich zur Negierung des Subjekts, für das eine je eigene Perspektive auf die Welt konstitutiv ist, wie der hedonistische Utilitarismus, dem es um die Maximierung von Wohlzuständen geht und nicht mehr darum, wie es einem Subjekt mit seinem unvertretbaren Leben geht. Die Einseitigkeit der Subjektfixierung wird hier einfach durch die Einseitigkeit der Objektfixierung ersetzt. Das hat zum anderen zur Ausbildung hybrider Ansätze geführt, die das, was ihnen an subjektivistischen Theorien richtig erscheint, mit den Einsichten zu kombinieren versuchen, die sie in objektivistischen Theorien angelegt sehen. Hybride Ansätze neigen indes dazu, subjektivistische und objektivistische Elemente lediglich zusammenzustücken. Letztlich rührt dies daher, dass Subjekt und Objekt zunächst als getrennt gedacht werden, um dann erst in einem zweiten Schritt irgendwie zusammengebracht oder aufeinander bezogen zu werden.

Genau diese strukturelle Schwäche noch der Hybridansätze verspricht die Resonanztheorie zu beheben. Sie setzt Subjekt und Objekt nicht als getrennte Entitäten an, sondern konzipiert sie als Ausdifferenzierungen einer Relation, in der die Relata das, was sie sind, immer nur durch ihren Bezug auf ihr jeweiliges Gegenüber sind. Die Frage ist allerdings, ob Rosa das fruchtbare allgemeine Schema, an dem er orientiert ist, in einer befriedigenden Weise auszufüllen vermag. In der Philosophie haben sich der Überwindung von Subjekt-Objekt-Dichotomien ja viele Richtungen verschrieben, die sich meist nur im Gegner einig sind.

Eine erste Verständnisschwierigkeit resultiert daraus, dass Rosa seine Resonanztheorie auf mindestens zwei Ebenen ansetzt. Zum einen wird ihr der enorme Anspruch aufgebürdet, die Weise, wie Menschen existieren, insgesamt auf den Begriff zu bringen. Auf dieser Ebene nimmt die Resonanztheorie die Gestalt einer ontologischen Theorie an. Zum anderen erhält die Resonanztheorie eine normative Fassung, mit der ein Maßstab für das Gelingen menschlichen Lebens formuliert werden soll. Auf dieser zweiten Ebene ist die Resonanztheorie explizit als Theorie des guten Lebens konzipiert. Wir haben es hier mit einer Konstruktion zu tun, die Ähnlichkeiten zu Heideggers Daseinsanalyse aufweist.[2] Heidegger erläutert bekanntlich die Grundstruktur des Daseins als „In-der-Welt-Sein" mit den gleichursprünglichen Bezügen zur dinglichen Umwelt, zur Mitwelt und zum eigenen Selbst. Diese Struktur gilt freilich für alles menschliche Leben; Dasein ist immer In-der-Welt-Sein. Davon abzuheben sind die Modi der Eigentlichkeit und der Uneigentlichkeit, die das In-der-Welt-Sein je besonders spezifizieren. Sollte Rosa auch nur von ungefähr ein derartiges zweistufiges Projekt verfolgen, käme er insofern in Schwierigkeiten, als er die ontologische Grundstruktur menschlichen Lebens nur um den Preis noch als „Resonanz" bezeichnen könnte, dass auch die Entfremdung als eine Ausprägung der Resonanz aufzufassen wäre. Werden Resonanz und Entfremdung dagegen, wie es sachlich angemessener wäre, als zwei differente Modi der einen Grundstruktur des Daseins konzipiert, sollte die Grundstruktur nicht den Namen eines ihrer Modi tragen. Rosa vermeidet eine derartige Disambiguierung, weil er mit der Vorstellung liebäugelt, dass das resonante Weltverhältnis das gegenüber dem entfremdeten ursprünglichere ist und so dieses von jenem irgendwie abgeleitet werden kann. Das liefe jedoch erstens auf einen fragwürdigen Essentialismus hinaus und wird zweitens faktisch dementiert, indem Rosa unter dem Titel der „Dialektik von Resonanz und Entfremdung" (316 ff.) überraschenderweise eher die Entfremdung als Bedingung der Möglichkeit von Resonanz deutet als umgekehrt. Da ich unsicher bin, wie Rosa hier genau die Verhältnisse sieht[3], möchte ich die von mir „ontologisch" genannte Ebene auf sich beruhen lassen und mich auf die Ebene konzentrieren, auf der die Resonanztheorie als Theorie des guten Lebens zum Einsatz kommt.

---

2 Martin Heidegger, *Sein und Zeit*, Tübingen [14]1977.
3 An Merleau-Ponty anschließend heißt es auf S. 66: „Folgt man dieser Vorstellung einer der Trennung von Subjekt und Objekt vorausgehenden Grundbezogenheit als dem Urgrund für Weltpräsenz und subjektive Erfahrung, dann erscheint Resonanz nicht als etwas, das sich erst zwischen einem seiner selbst bewusst gewordenen Subjekt und einer ‚fertigen' Welt herausbildet, sondern als deren Anfangsgeschehen." In diese Richtung lassen sich auch die Analysen von Kapitel II lesen. So wird verständlich, warum Rosa Resonanz als „primäre" Weltbeziehung bezeichnet. Ein anderes Bild ergibt sich dagegen, wenn man Formen „positiver" und „negativer" Resonanz (bzw. „Repulsion") als gleichursprünglich ansetzt.

Auch auf dieser Ebene entsteht jedoch gleich ein mehrfacher Klärungsbedarf. Schaut man sich verbreitete Theorien vom guten Leben an, so kann man – quer zu den schon genannten Ansätzen – grob zwei Familien unterscheiden. Die einen beschreiben das gute Leben insofern additiv, als sie es daran ablesen, wie viel oder wie häufig es Platz bietet für etwas, was das Leben gut macht. Im Hedonismus etwa ist entscheidend das Übergewicht erfreulicher Erlebnisse über unerfreuliche, in Wunschtheorien zählt, wie weit einem alles nach Wunsch und Wille gelingt, in Güterlehren hängt die Güte eines Lebens von Art und Anzahl der realisierten Güter ab. Die anderen Ansätze könnte man als „holistisch" bezeichnen; sie sind an der Form interessiert, die ein gutes Leben annehmen muss. Als Beispiele dafür können die Vorstellungen genommen werden, dass ein gutes Leben ein vernunftgeleitetes sein muss oder eines, in dem man im Einklang mit sich ist. Obwohl man beide Theoriefamilien auch mischen kann, sind holistische Konzeptionen vorzuziehen, weil nur sie dem Umstand Rechnung tragen, dass wir ein Leben führen und dieses als einheitlichen Prozess und nicht lediglich als eine Ansammlung von Episoden bewerten wollen.

Was nun die Resonanztheorie betrifft, so würde man angesichts ihres beschriebenen strukturellen Potentials erwarten, dass sie eine holistische Konzeption ausformuliert. Vieles von dem, was Rosa darlegt, spricht jedoch eher für eine additive Deutung.[4] Ein gutes Leben ist für Rosa kein dauerhaft resonantes, sondern eines, das genügend Resonanzerfahrungen ermöglicht. Das führt dann auch zu dem irritierenden Bild, dass ein gutes Leben am Ende nicht durch die Resonanz ausgezeichnet ist, sondern durch den Wechsel von Resonanz und Entfremdung. Nicht nur ein Zuwenig an Resonanz, sondern auch ein Zuviel davon soll vermieden werden. Irritierend ist dieses Bild schon allein deshalb, weil Resonanz doch den Maßstab für ein gelingendes Leben abgeben sollte und als das Andere der Entfremdung eingeführt wurde. Auch empfähle es sich, den Begriff der Entfremdung für negative Erfahrungen zu reservieren, von denen es nie zu wenig geben kann. Tut man dies nicht, muss man wie Rosa den Preis zahlen, dass der Begriff der Entfremdung entweder mehrdeutig oder so ausgeweitet wird, dass er alle Trennschärfe verliert. Letzteres ist beispielsweise dann der Fall, wenn man wie Rosa jeden instrumentellen Umgang, also

---

4 Einen eher holistischen Zug bekommt seine Theorie dagegen durch das Konzept der „dispositionalen Resonanz", wie auch durch die Berücksichtigung von „Resonanzachsen".

z.B. auch den rettenden Eingriff des Chirurgen (vgl. 122), als entfremdetes (wiewohl oft nötiges und begrüßenswertes) Tun deklariert.

Doch warum schlägt Rosa überhaupt diesen Pfad ein? Warum versucht er ein gelingendes Leben nicht entschiedener als ein Leben zu begreifen, das als Ganzes durch Resonanz ausgezeichnet ist? Ich kann mir dies eigentlich nur damit erklären, dass er, gegen seine erklärte Absicht, Resonanz auch im Sinne eines Gleichklangs deutet. Die Resonanzmetapher selbst verführt zu einer solchen Deutung, weil verschiedene Resonanzkörper gleich gestimmt sein müssen, um überhaupt Resonanzschwingungen erzeugen zu können und am Ende des Schwingungsprozesses die Körper im Gleichklang schwingen.[5] Auch scheint mir Rosa unterschwellig mit Sehnsüchten zu spielen, die entgegen seinem expliziten Resonanzkonzept eine nicht mehr reflexiv vermittelte Unmittelbarkeit in starken Einheitserfahrungen imaginieren. Als Testfall für eine in dieser Weise unfreundliche Lektüre und zugleich für die Reichweite von Rosas Resonanztheorie könnte Hannah Arendts politisches Ideal einer geteilten Welt dienen. Indem Rosa an diesen Weltbegriff als Beispiel für die gemeinte Resonanz anschließt (368 f.), bekräftigt er seine Ablehnung einer Deutung von Resonanz im Sinn unvermittelter Einheit. Arendt hat ihr Weltverständnis indes entschieden gegen die Erfahrung der Brüderlichkeit abgegrenzt, wie sie im Akt der Erhebung der Entrechteten für einen Moment Realität werden kann.[6] Der Rausch der Brüderlichkeit und ungebrochener Solidarität ist Arendt zutiefst suspekt gewesen. Aber möchte auch Rosa die Erfahrung emphatischer Brüderlichkeit schon als solche verwerfen? Eher dürfte er geneigt sein, die Brüderlichkeit als eine Variante von Resonanz aufzufassen und nur ihr Überhandnehmen zu fürchten, weil diese totalitär werden könnte. Sollte diese Vermutung zutreffen, würde sich Rosa vor eine unbehagliche Alternative gestellt sehen. Entweder nämlich verlöre der Resonanzbegriff an Distinktion, wenn er sowohl Arendts Welt als auch den Rausch der Brüderlichkeit umfassen würde, oder Rosa müsste eingestehen, starke Einheitserfahrungen und die Sehnsucht nach ihnen nicht mehr

---

5 Um den Gleichklang aus seinem Resonanzkonzept auszuschließen, sieht sich Rosa gezwungen, zwischen „Response-Resonanz" und „Synchronresonanz" (siehe Aufsatz in diesem Band, S. 11) zu unterscheiden, was schon deshalb unglücklich ist, weil die zeitliche Struktur gelingender Weltbeziehungen im Resonanzbuch an Synchronisationsleistungen gebunden wird (S. 55).

6 Hannah Arendt, *Von der Menschlichkeit in finsteren Zeiten. Rede über Lessing*, München 1960.

mit dem Begriff der Resonanz erfassen zu können.[7] Da man solche Erfahrungen kaum als Entfremdung wird verstehen können, würde damit der Erklärungsanspruch der Resonanztheorie empfindlich geschwächt werden.

Nun ist es unzweifelhaft etwas unfair, einem Autor eine Interpretation seines Zentralkonzepts unterzuschieben, gegen die er sich ausdrücklich und wiederholt verwahrt. Schauen wir uns deswegen die offizielle Lesart von Resonanz an. Rosa versteht Resonanz nicht einfach als eine Relation zwischen zwei Relata, sondern als eine bidirektionale Relation des wechselseitigen Hörens und Antwortens. Jeder, dem an einer Überwindung der Einseitigkeiten verbreiteter Theorien vom guten Leben liegt, wird diesem Vorschlag viel abgewinnen können. Zwar mag man darüber streiten, ob die wechselseitige Responsibilität, die Rosa umkreist, gut mit der Resonanzmetapher eingefangen wird. Aber das ist letztlich ein Streit um Worte. In der Sache führt Rosas Vorschlag weiter und er verdiente es, vertieft zu werden. Nur wären auch dafür erst einige Hindernisse zu beseitigen.

Eine Schwierigkeit erwächst daraus, dass das reziproke Verhältnis von Hören und Antworten zunächst einmal auf nur einen Bereich unseres In-der-Welt-Seins zugeschnitten ist, nämlich auf unsere Sozialbeziehungen zu anderen. In diesem Feld sind Rosas allgemeine Beschreibungen von Resonanz phänomenal aufschließend. Wird Resonanz als ein „In-Beziehung-Treten zweier Seiten [...], die [...] mit je eigener Stimme sprechen"[8] bestimmt, so trifft das im Wortsinn auf einen Dialog zwischen Menschen zu, die sich wechselseitig in ihrer Eigenständigkeit respektieren und doch einander so offen begegnen, dass sie sich im und durch das Gespräch verändern. Nicht zufällig veranschaulicht Rosa diesen Vorgang an einer dialogischen Begegnung, in der die Diskutanten weder von vornherein einer Meinung sind noch sich gegenseitig beschimpfen. Ersteres wäre für Rosa ein Exempel „reiner Konsonanz", Letzteres Manifestation von „radikaler Dissonanz", während Resonanz ein Geschehen bezeichnen soll, das sich zwischen diesen Polen bewegt. Das Gesprächsbeispiel macht auch deutlich, wie es im Geschehen der Resonanz zu einer Transformation der Beteiligten kommen kann, denn aus jedem echten Gespräch geht eine neue

---

7   Für Letzteres spricht die klare Absage an jede „Sehnsucht nach Fusion" (S. 743), wie sie der Faschismus zu bedienen versucht (vgl. S. 370 f.). Andererseits soll Resonanz nicht von der Ausbildung einer eigenständigen Persönlichkeit abhängen, sondern schon das vorgeburtliche Leben kennzeichnen (S. 86 ff.).
8   Hartmut Rosa, *Resonanz als Schüsselbegriff der Sozialtheorie*, in diesem Band S. 21.

Sicht hervor, die sich mit keiner der Überzeugungen deckt, mit der die Partner in das Gespräch gegangen sind.

Doch wie lässt sich die so erläuterte Resonanzbeziehung auf die anderen beiden Seiten des Weltverhältnisses, auf unsere Beziehung zu uns selbst und auf die Beziehung zu den Dingen übertragen? Zum Selbstverhältnis sagt Rosa dort recht wenig, wo es über die Beziehung zum eigenen Körper hinausgeht. Die resonanztheoretische Auslegung des Selbstverhältnisses könnte an Vorstellungen von einem Befreunden mit sich selbst anknüpfen, die seit Platon das Nachdenken über das gute Leben begleitet haben. Freilich hat schon die Rede von einer „Freundschaft mit sich selbst" einen metaphorischen Zug. Rosas Beschreibungen könnten jedoch helfen, gängige Vorstellungen von einer Übereinstimmung mit sich selbst dahingehend zu nuancieren, dass auch ein gelungenes Selbstverhältnis nicht als eines reiner Konsonanz gedacht wird.

Am vielleicht interessantesten ist der Versuch, das Resonanzparadigma noch für unseren Umgang mit der nicht sozialen Welt fruchtbar zu machen. Die Gefahr, ins Esoterische abzugleiten, ist hier besonders groß, denn die Dinge sind ja keine Subjekte, die hören und antworten können. Man kann den Resonanzbegriff jedoch als Problemanzeige nutzen, die dazu auffordert, nach Mustern eines anderen, nicht instrumentellen Umgangs mit Weltausschnitten jenseits des Sozialen zu suchen. Auf der Seite des Subjekts verlangt dies nach Einstellungen, die den Dingen ein Eigenleben zugestehen. Rosa gelingen diesbezüglich immer wieder treffende Beschreibungen einer Anverwandlung von Welt, die diese nicht überwältigt, sondern sie in ihrem Eigensinn respektiert. Die größere Herausforderung besteht indessen darin, passende Beschreibungen auch für die Seite des Objekts zu finden, von dem wir uns „berühren" lassen sollen. Dafür wäre ein theoretischer Ansatz zu entwickeln, der einerseits die Dinge als eingespannt in das Gefüge des In-der-Welt-Seins, in dem sie immer schon in Korrespondenz mit dem Subjekt stehen, zu begreifen erlaubt und andererseits die Dimension ihrer Unverfügbarkeit nicht zum Verschwinden bringt.

Nehmen wir aber einmal an, dass sich die Resonanztheorie so vertiefen ließe, dass sie eine wesentliche Möglichkeit unserer Beziehungen zu anderen, zu uns selbst und zu den Dingen zu erhellen vermöchte.[9] Dann wäre immer noch zu fragen, wieso wir damit eine Theorie des guten Lebens in Händen halten sollten. Bisher haben wir die Resonanztheorie ja nur als einen Weg thematisiert, das strukturelle Defizit herkömmlicher Theorien

---

9 Aus Platzgründen übergehe ich die „vertikale" Resonanz zur Welt als Ganzes.

des guten Lebens zu beheben. Aber was könnte es substantiell rechtfertigen, resonante Weltverhältnisse als konstitutiv für ein gutes Leben zu verstehen? Rosa selbst rechtfertigt den normativen Anspruch der Resonanztheorie mit der Sehnsucht, die Menschen nach Resonanz hätten (293 f.). Doch wonach sich Menschen sehnen ist nicht ausgemacht. Im Bereich der Politik etwa würde die Herstellung von Resonanz im von Rosa gemeinten Sinn Formen der Partizipation nahelegen, die viele als schlicht zu anstrengend empfinden könnten. Deswegen sehnen sich ja nicht wenige eher nach dem starken Mann als nach echter Demokratie. Statt auf Sehnsüchte zu setzen, lässt sich besser mit tatsächlichen Erfahrungen von Glück arbeiten.

In diesem Zusammenhang sind die Arbeiten von Daniel Haybron von Bedeutung.[10] Aufschlussreich ist vor allem, dass Haybron als wichtigste Dimension des Glücks etwas heraushebt, was er „attunement" nennt und vielleicht mit „Aufgehobensein" übersetzt werden kann. Wer in diesem Sinn glücklich sei, fühle sich im eigenen Leben „zu Hause". Haybron gibt keine Definition von „attunement", liefert aber eine Reihe erhellender Umschreibungen. Als wesentliche Aspekte des gemeinten Glücks werden ein Zustand innerer Ruhe, Sicherheit und Zuversicht sowie Offenheit gegenüber der Welt angeführt. Diese weitgehend emotionalen Aspekte gingen mit einem Gefühl der Kontinuität oder der richtigen Passung zwischen Selbst und Welt einher. Erhellend ist auch, was in Haybrons Augen dem Glück des „attunement" entgegensteht. Genannt werden Angst und Beunruhigung („anxiety"), Stress und Druck („compression"). Letzteres bewirke unter anderem das Gefühl der eigenen Nichtigkeit. All dies sind Umschreibungen, die im Positiven ziemlich genau dem entsprechen, was Rosa mit „Resonanz" im Blick hat und die im Negativen Syndrome treffen, die Rosa jedenfalls auch als Folgen von „Beschleunigung" diagnostiziert. Vor dem Hintergrund von Haybrons Glückskonzeption lassen sich so viele Erfahrungen, die Rosa als Resonanzerfahrungen deutet, als Erfahrungen einer zentralen Form von Glück lesen. Das würde rechtfertigen, dass die Resonanztheorie als Theorie des guten Lebens auftritt.

Gleichwohl sind Einschränkungen zu machen. Zwei sind besonders wichtig. Zum einen ist für Haybron „attunement" nur eine Dimension des Glücks, allerdings die Kerndimension. Daneben gibt es andere Dimensionen und es wäre zu prüfen, wieweit sie sich resonanztheoretisch rekon-

---

10 Ich beziehe mich im Folgenden auf Daniel M. Haybron, *The Pursuit of Unhappiness*, New York 2008, bes. Kap. 6.4.

struieren lassen. Als weitere Dimension thematisiert Haybron z.B. das vitale Engagiertsein im eigenen Leben. Während er das „attunement" und sein Gegenteil stimmungstheoretisch auf der Achse „tranquility-anxiety" verortet, weist er das „engagement" mit seinem Gegensatz der Achse „exuberance-depression" zu. Die Details sollen mich hier nicht weiter beschäftigen. Ich verweise auf Haybrons Beobachtungen nur, um die Notwendigkeit weiterer Differenzierungen anzumahnen. So verweist Rosa des Öfteren auf Depressionserfahrungen als paradigmatische Erfahrungen von Entfremdung und ausbleibender Resonanz. Aber diese Erfahrungen sind phänomenal anders geartet als Erfahrungen des Gestresstseins und des Leistungsdrucks. Bei einer weiteren Ausarbeitung der Resonanztheorie müsste deswegen darauf geachtet werden, dass distinkte Formen von Glück wie Unglück nicht vorschnell miteinander vermengt werden. Auch könnte es Varianten des Glücks geben, die nur noch mit Gewalt unter den Resonanzbegriff zu bringen sind. Resonanz soll, wie uns Rosa einschärft, nicht Verschmelzung sein; aber gibt es nicht auch ein Glück der Verschmelzung und der Selbstaufgabe? Und Resonanz soll gewiss nicht einfach Ausübung von Macht sein; aber gibt es nicht auch ein Glück rücksichtsloser Machtdemonstration?

Zum anderen trennt Haybron zwischen Glück und gutem Leben. Auch hier können Details beiseite bleiben. Das zentrale Motiv für die Trennung sind die altbekannten Spannungen, die es zwischen Glück und Moral geben kann. Muss ein glückliches Leben auch ein moralisch gutes sein? Und kann ein moralisch gutes Leben nicht mit Unglück bezahlt werden? Diese Fragen treiben die philosophischen Theorien zum guten Leben seit der Antike um. Hilft uns die Resonanztheorie bei ihrer Beantwortung? Kann sie beanspruchen, nicht nur eine Theorie des Glücks (oder zumindest einer Form von Glück), sondern eines umfassend guten Lebens zu sein, das auch ein moralisch gutes und gerechtes ist?

Zur eingangs angesprochenen Tendenz, das Resonanzkonzept zu überfrachten, gehört das, was Rosa den „normativen Monismus" (749) dieses Konzepts nennt. Gemeint ist damit die Auffassung, dass Resonanz den einzigen Maßstab für ein gelingendes Leben darstellt. Das impliziert, dass die Resonanztheorie nicht eine Theorie der Moral oder der Gerechtigkeit ergänzen, sondern diese subsumieren soll. Dieser hohe Anspruch steht ein wenig quer zu Rosas schon angeführter These, dass ein gutes Leben kein rein resonantes sein kann, sondern vom Wechsel von Resonanz und Entfremdung lebt. Wäre das gute Leben reine Resonanz, wäre auch schwer zu begreifen, warum Rosa in der Schlussbetrachtung seines Resonanzbuchs plötzlich mit einem „Grundrecht auf Resonanzverweigerung" (742) aufwartet. Aber das ernstere Problem ist das Verhältnis von Resonanz und Gerechtigkeit (um Moral einmal darauf zu verkürzen). Soweit ich sehe, beansprucht Rosa nicht, dieses Verhältnis vollkommen ausgeleuchtet zu haben. Indessen ist bei ihm doch die starke Neigung zu spüren, Gerechtigkeitsprobleme auf Resonanzmängel zurückzuführen. So meint er, dass sich Fragen der Gerechtigkeit gegenüber künftigen Generationen nur stellen, wenn wir uns nicht mehr eingebettet in eine Geschichte fühlen, in der wir uns als ein Glied in einer Kette von Generationen begreifen, die eine historische Gemeinschaft bilden (713). Und der Umgang mit Flüchtlingen würde für Rosa, wie es scheint, keine tiefen Konflikte mehr gebären, würden wir uns ihnen gegenüber in eine Kultur des Zuhörens und Antwortens einüben (vgl. 325). Rosa trifft mit solchen Bemerkungen durchaus einen wichtigen Punkt, nämlich die Blindheit vorwaltender Gerechtigkeitstheorien gegenüber der Frage nach der eigentlichen Motivation für gerechtes Handeln. Trotzdem verkürzen seine Bemerkungen ihrerseits wichtige Seiten der Gerechtigkeit. Die bei Rosa anklingende Kritik von Theorien der Gerechtigkeit nimmt Motive von Marx auf, der speziell in der Institution grundlegender Rechte eine Zementierung individualistischer Besitzansprüche sah, die einer Aufhebung des zentralen Gegensatzes von Individuum und Gemeinschaft entgegenstünde. Den Flirt mit dieser Kritik halte ich für gefährlich. Sie leistet einer Vorstellung von Moral und Politik Vorschub, die diese nicht mehr als Sphären der Vermittlung notwendig divergierender Interessen begreift. Pierre Rosanvallon hat dies zum Anlass genommen, dem utopischen Marxismus vorzuhalten, auf eine „dreifache Auslöschung des Politischen, des Ökonomischen und des Psychologischen" hinzuarbeiten.[11] Rosa könnte einen entsprechenden Vorwurf gegen ihn erneut mit dem Hinweis abwehren, dass sein Resonanzkonzept gerade nicht auf Harmonisierung setzt, sondern die Mitte zwischen „radikaler Dissonanz" und „reiner Konsonanz" sucht. Aber dann müsste er auch die Möglichkeit von Resonanzkonflikten einräumen. Unser Aufgehobensein im „Resonanzhafen" der Familie kann auf Kosten unserer Solidarität mit größeren Gemeinschaften gehen, unsere resonante Identifikation mit bestimmten Tätigkeiten und Projekten kann zur Vernachlässigung unserer Schuldigkeit gegenüber den Projekten anderer führen, Menschen können den Verlust eines vertrauten Lebens und von Heimat durch die Ankunft von Fremden und rasche gesellschaftliche Umbrüche fürchten, die Zerstö-

---

11 Pierre Rosanvallon, *Die Gesellschaft der Gleichen*, Hamburg 2013, S. 146.

rung von Natur und damit eines Raums für eigene Resonanzerfahrungen könnte unumgänglich sein, um den Hunger zu stillen. Alle diese Konflikte bedürfen der Vermittlung, und es ist nicht zu erkennen, dass dafür wieder Resonanz als „Metakriterium" (749) fungieren kann.

Ich komme so zu dem wenig spektakulären Schluss, dass die Resonanztheorie in ihren besten Teilen eine Theorie des guten Lebens bereichern kann, dass sie aber nicht selbst die eine umfassende Theorie des guten Lebens liefert. Vielleicht verdankt sich dieser nüchterne Befund dem von Rosa gebrandmarkten Versuch, den Resonanzbegriff „philosophisch festzunageln" (761). Aber der dem entgegengesetzte Appell an die „eigentümliche Faszinationskraft" (ebd.) des Begriffs kann die Arbeit am Begriff nicht ersetzen.

„Gute" und „schlechte" Resonanzen?
Ein Vorschlag zur Erweiterung von Harmut Rosas Resonanztheorie

Hilge Landweer

I Die These

Hartmut Rosa unternimmt in seinem Buch *Resonanz. Eine Soziologie der Weltbeziehungen* den Versuch, mit dem Begriff „Resonanz" eine Gegenkategorie zum Begriff der Entfremdung zu entwickeln, die sehr unterschiedliche Phänomene beschreiben, aber auch einen normativen Gehalt haben soll. Eine solche „Großkategorie" ist sozialphilosophisch von Vorteil; sie fasst heterogene Phänomene in origineller Weise zusammen. In der Unverfügbarkeit der Resonanz scheint das „richtige" oder gute (gelingende) Leben im „falschen" auf. In diesen nicht-entfremdeten Glücksmomenten ist Resonanz evident, nachvollziehbar und vor allem: spürbar. Dieser groß angelegte Entwurf ist erst einmal zu würdigen.

Rosas kritische Gesellschaftstheorie ist zutiefst phänomenologisch inspiriert. Resonanzfähigkeit ist leiblich verankert; sie stellt die Offenheit des Subjekts für die Welt her bzw. ermöglicht allererst so etwas wie subjektive Erfahrung und das Entstehen von empfindungsfähigen Subjekten, die Sachverhalte und etwas als etwas (Objekte) wahrnehmen sowie miteinander in Kontakt treten und tätig sein können. Rosa bringt es im Anschluss an Merleau-Ponty, Waldenfels und Schmitz auf die knappe Formel: „keine Welt ohne Leib, aber auch kein Leib ohne Welt" (145). Weltbeziehungen sind „zunächst existenziell und leiblich fundiert und gestiftet" (68).

Meine folgende Skizze wird zeigen, dass es nicht ohne Weiteres möglich ist, einen Begriff von Resonanz zu entwickeln, welcher der sie fundierenden Leiblichkeit Rechnung trägt, dabei aber *zugleich* auch normativ sein soll, wie Rosa beansprucht. Ein Grund hierfür liegt darin, dass er eine wichtige Form leiblicher Resonanz ignoriert und dadurch einen Begriff entwickelt, der nicht alle Phänomene trifft. Rosa geht von einer zweipoligen Resonanzbeziehung aus: zwei Pole geben wechselseitig Impulse und verwandeln sich dadurch einander an. Daneben gibt es aber auch *einpolige* leibliche Interaktionen, bei denen die Resonanz erst sekundär zwischen den Individuen stattfindet, primär aber auf einen einzigen Impuls hin, der von etwas außerhalb der Beteiligten ausgeht und so erst eine Resonanzbeziehung zwischen ihnen stiftet.[1] Nur wenn diese *einpolige* Form leiblicher Resonanz in ihrer Besonderheit ernst genommen wird, kann die Faszination eines bestimmten Typus von Resonanz erklärt werden, nämlich die von einer Gruppe oder Masse, die auf eine Sache oder eine Person hin ausgerichtet ist und deren Individuen sich dadurch in ihren Bewegungen zeitweilig synchronisieren – beispielsweise bei Demonstrationen, wenn skandiert, marschiert oder gesungen wird.[2] Folgt man meiner These und ist die Unterscheidung von einpoliger und zweipoliger Resonanz sachhaltig, so muss – und dies ist meine zweite These – Rosas normativer Resonanzbegriff auf diskursive Resonanz eingeschränkt werden, wie ich im Folgenden zeigen möchte. Normativität verlangt zudem – drittens – einen Begriff des Unrechts, um ein erweitertes Instrumentarium zur Verfügung zu haben, das sowohl die Verführungskraft etwa des Nationalsozialismus zu beschreiben als auch dessen Unannehmbares zu kritisieren erlaubt.[3] Das kann hier aber nur angedeutet werden.

II Bedeutungsschichten im Resonanzbegriff

Paradigma für Resonanz ist bei Rosa die direkte Begegnung. In der Geschichte der Philosophie hat es viele Versuche gegeben, Resonanzen von Personen begrifflich zu erfassen – beginnend mit der aristotelischen Rhe-

---

1 Der Sache nach knüpfe ich dabei an Hermann Schmitz an, der „antagonistische" (in meiner Terminologie: zweipolige) und „solidarische Einleibung" (einpolige leibliche Interaktion) unterscheidet, z.B. in Ders., *Die Wahrnehmung. System der Philosophie III, Teil 5.*, Bonn, 2. Aufl. 1989, § 242 a, S. 95 ff.
2 Viele Theoretikerinnen und Theoretiker, die sich mit Massenphänomenen beschäftigen, ordnen diese Form, die aber zumeist nicht genauer bestimmt wird, vor allem rechtspopulistischen Bewegungen zu. Zur Kritik der Forschungen über Massenphänomene vgl. Gerhard Thonhauser, *The Myth of the Madness of Crowds: Phenomenology and Mass Psychology*, Vortrag Freie Universität Berlin, 17.2.2018.
3 Der „negative" Unrechtsbegriff erschließt erst das, was wir unter „Gerechtigkeit" verstehen (vgl. Fabian Bernhardt, Hilge Landweer, „Sphären der Verletzlichkeit. Recht und Emotion", in: Dies. (Hg.), *Recht und Emotion II*, Freiburg/Br. u.a. 2017, S. 13-43). Zu Recht kritisiert Rosa eine Fixierung der Debatte um Gerechtigkeit auf Verteilungsgerechtigkeit und Ressourcen. Das heißt aber nicht, dass der Unrechtsbegriff verzichtbar wäre oder ganz in Rosas Begriff der Repulsion aufginge.

torik, von den äußerst vielschichtigen Analysen von „sympathy" in der schottischen Moralphilosophie des 18. Jahrhunderts über die frühe Phänomenologie mit ihren Untersuchungen zu mitgefühlten, geteilten und gemeinsamen Gefühlen bis hin zu Hermann Schmitz' Phänomenologie der Atmosphären und der leiblichen Kommunikation und Waldenfels' Theorie der Antwortfähigkeit. Was diese durchaus unterschiedlichen Perspektiven eint, ist die Annahme, dass wechselseitiges Affizieren etwas ist, das wie das Atmen immer schon stattfindet. Es kann allenfalls blockiert, aber nur sehr begrenzt verhindert werden. So kann etwa nach David Hume das spontane Mitfühlen mit z.B. der Freude eines Anderen an seinem Eigentum durch einen Vergleich mit der eigenen deutlich schlechteren Lage in ein entgegengesetztes Gefühl, etwa in Neid, umschlagen.

Insofern ist Resonanz auch im Lichte dieser Theorien unverfügbar, aber die Begründung dafür scheint eine andere zu sein als die aus Rosas Sicht, der sie eher als eine seltene Erfahrung versteht, die sich von den entfremdeten Weltbeziehungen deutlich abhebt. Seine Beispiele legen allerdings teilweise das Gegenteil nahe und stimmen dann mit den zuvor genannten Resonanztheorien überein. Auch nach diesen Theorien geschieht Resonanz unabhängig vom Willen der Subjekte; sie findet aber anders als bei Rosa gewissermaßen „organisch" immer schon statt, modifiziert vielleicht wie bei Hume durch das sie umkehrende Vergleichsprinzip oder andere Bedingungen. Jedenfalls aber kann Resonanz als Grundmodus menschlicher Weltbeziehungen gelten. Rosa sieht diesen Grundmodus gestört durch die Folgen der kapitalistischen Steigerungsimperative und entwickelt seine Entfremdungskritik auf dieser Grundlage; die Welt verstummt immer mehr. Das alles erscheint mir höchst einleuchtend.

Allerdings kann Rosa erstens deskriptiv nicht der leiblichen Ähnlichkeit von Gemeinschaftserlebnissen wie Musizieren im Orchester, Besuchen im Fußballstadion und Marschieren mit wehenden Fahnen (und ihrem Unterschied zu eher „dialogischen" Resonanzerlebnissen wie Liebe oder Arbeit an einem Werkstück) gerecht werden. Zweitens beansprucht Rosa, immanent resonanztheoretische Kriterien für die Kritik problematischer Resonanzverhältnisse zu entwickeln, etwa rechtspopulistisch initiierter Gemeinschaftserlebnisse. Das gelingt ihm aber nicht überzeugend, da er sein Instrumentarium für diese Kritik einseitig bestimmt und zurechtbiegt. Bevor ich einen ergänzenden Vorschlag mache, der beide Probleme zu lösen verspricht, seien zunächst die einzelnen Schichten in Rosas Resonanzbegriff „aufgedröselt".

Es lassen sich, so meine These, genau genommen drei unterschiedliche Bedeutungsgehalte in Rosas Resonanzbegriff unterscheiden, deren Verhältnis zueinander klärungsbedürftig ist. Die erste Variante bezeichnet die eingangs skizzierte basale leibliche Resonanz (ich nenne sie den phänomenologisch-deskriptiven Begriff), die zweite Bedeutungsnuance bestimmt Resonanz allgemein als Antwortbeziehung, wobei das Erfordernis des Antwortens als normativer Maßstab verstanden werden kann (der normativ-dialogische Begriff). Drittens hat Rosas Auffassung von Resonanz darüber hinaus eine allgemeinere und noch deutlicher normative Dimension insofern, als er im Resonanzverlangen ein allgemeines Bedürfnis nach einem gelingenden Leben identifiziert, das zur Kritik der bestehenden Verhältnisse geeignet ist (der normativ-sozialtheoretische Begriff). Rosa geht davon aus, dass die unterschiedlichen Phänomene, um die es ihm geht, ebenso wie die normativen Aspekte durch einen einzigen Begriff erfasst werden können.

Rosa bestimmt die immer schon stattfindende leibliche Resonanz nicht weiter, führt aber viele Beispiele dafür an. Er scheint davon auszugehen, dass dieser Grundmodus menschlicher Weltbeziehungen vollkommen abgedeckt wird durch das, was er als einzigen Resonanzbegriff im Anschluss u.a. an Waldenfels wie folgt formuliert: „Resonanz ist keine Echo- sondern eine Antwortbeziehung; sie setzt voraus, dass beide Seiten *mit eigener Stimme* sprechen, und dies ist nur dort möglich, wo starke Wertungen berührt werden. Resonanz impliziert ein Moment konstitutiver Unverfügbarkeit" (298, Hervorhebung von Rosa). Dabei ist Resonanz ebenso abzugrenzen von widerspruchsfreier Konsonanz wie von extremer Dissonanz, die in Repulsion umschlagen kann und dann, so verstehe ich Rosa, als Entfremdung erfahren wird. Ein gewisses Maß an Nichtübereinstimmung gehört aber jedenfalls zu Rosas Resonanzbegriff.

Diese Bestimmung ist zwar zunächst noch deskriptiv gemeint, enthält aber bereits implizit die Vorstellung einer „guten", da responsiven Resonanz, die von einer „schlechten", identitären Echobeziehung zu unterscheiden ist. Als normativ kann bei der Bestimmung der Antwortbeziehung die starke Betonung der eigenen Stimme und die Wechselseitigkeit der Beziehung angesehen werden, die voraussetzt, dass beide Seiten starke Impulse für die Resonanzbeziehung geben (ich nenne das die *zweipolige* leibliche Interaktion im Sinne der basalen leiblichen Resonanz). Eine solch starke Gegenseitigkeit trifft aber, wie eingangs skizziert, nicht auf alle Formen von basaler leiblicher Resonanz zu.

III Nationalsozialistische Resonanzen?

Rosa baut eine falsche Dualität von *entweder* (guter) Resonanz- *oder* (schlechter) Echobeziehung auf. Im Zusammenhang mit dem Nationalsozialismus spricht er zwar davon, „wie schmal der Grat ist zwischen der hier verteidigten Vorstellung einer *Widerspruch* nicht nur zulassenden, sondern geradezu erfordernden *Antwortkonzeption* und einem identitären *Echo-Konzept* von Resonanz" (370, Hervorhebung von Rosa). Die nationalsozialistische Bewegung habe die Resonanzsehnsucht der Menschen gewissermaßen missbraucht. Sie habe die Welt buchstäblich zum Tönen und Schwingen gebracht und mit Liedern, Fackeln, Umzügen, in Massenversammlungen und feierlichen Beschwörungen ein „gewaltiges Resonanzspektakel" inszeniert (ebd.). Im Folgenden wird dann aber der „schmale Grat" von Rosa doch zu einer unüberwindlichen Kluft um- und ausgebaut. Da der Nationalsozialismus auf einem „paradigmatisch entfremdeten Weltverhältnis" (371) beruhte, handelte es sich nach Rosa in Wirklichkeit um eine Resonanzpathologie; die inszenierten Resonanzrituale waren „als Oasen in einer zutiefst repulsiven Welt" angelegt (ebd.).

So richtig und notwendig es ist, immer wieder daran zu erinnern, dass die nationalsozialistischen Resonanz-Praktiken in eine darwinistisch-feindliche Ideologie (und Praxis!) des Rassenkampfes eingebettet waren, so begrifflich problematisch und in der Beschreibung irreführend scheint es mir, hier von einer „Scheinresonanz" (ebd.) zu sprechen. Hier vermengt Rosa verschiedene nationalsozialistische Diskurse wie die rassistische Ideologie, die Praktiken wie die rassistischen Verfolgungen und Morde vorbereitete und rechtfertigte, mit der Resonanz selbst, um diese als Scheinresonanz disqualifizieren zu können. Dagegen scheint mir der Gewinn einer resonanztheoretischen Perspektive gerade darin zu bestehen, dass sie eine Differenz zu Ideologie und Diskurs benennt, nämlich die *leiblichen* Interaktionen zwischen Anwesenden, die bei Resonanz mit starken Gefühlen und Wertungen verbunden sind und gesellschaftlich dominante Diskurse bestärken, ihnen aber auch widersprechen können. In anderen Worten: Rosa scheint mir keine wirklich resonanztheoretische Erklärung oder auch nur Beschreibung des Nationalsozialismus zu liefern. Ließe sich aus seiner Sicht nicht gerade sagen, durch die nationalsozialistische Inszenierung von Massenresonanzen und das Wecken von bestimmten (pseudo-)historischen Resonanzen mit der Geschichte, etwa dem Stolz auf das deutsche „Erbe", sei eine Situation erzeugt worden, die gerade durch die positive emotionale Grundierung zuließ, dass viele der in diese

Situation Involvierten die feindselige und repulsive Einbettung der verschiedenen Resonanzen nicht ernst nahmen, ausblendeten und ignorierten, während sie anderen durchaus entgegenkam? Rosas Befund: „Die Politik der Nazis stiftete keine Antwortbeziehung zur Welt, sondern inszenierte nur eine Echokammer für eine imaginierte Volksgemeinschaft" (ebd.). Dies scheint mir im Kern zwar richtig, aber verkürzt. Denn Rosa vermag nicht zu erklären, warum „Echokammern" immer wieder aufgesucht werden, was genau sie ausmacht und inwiefern auch „Echokammern" auf einer Resonanz im basalen leiblichen Sinne beruhen, die von vielen Betroffenen als durchaus positive und auch intensive Erfahrung erlebt werden können.

IV Einpolige leibliche Resonanz

Der Grund für den Erfolg des NS-„Resonanzspektakels" hängt, so meine These, damit zusammen, dass es neben der *zweipoligen* leiblichen Interaktion, die Rosa als alleinige Bestimmung auch der basalen leiblichen Weltbeziehung anzusehen scheint, noch eine andere Art von leiblicher Kommunikation gibt, die jeder kennt und die ebenfalls als eine äußerst positive Erfahrung erlebt werden kann. Ich meine damit eine leibliche Interaktion zwischen Anwesenden, bei der die leiblichen Impulse von einer einzigen Quelle ausgehen, die viele Anwesende im selben Bezogensein auf diese Quelle sich synchron aufeinander einschwingen lässt. Ich nenne das trotz der (möglichen) Vielzahl der Beteiligten[4] eine *einpolige* leibliche Interaktion, weil dabei das Gemeinschaftsgefühl nicht durch jene Wechselseitigkeit durch Impulse von *zwei* Seiten entsteht, auf die sich Rosa in seiner Bestimmung von Resonanz festlegt. Stattdessen richten sich in der einpoligen Resonanz alle Beteiligten an dieser einen Quelle zumeist unwillkürlich, manchmal auch bewusst aus. Erst aus der Orientierung an diesem *einen* Pol entsteht Synchronizität, in der die Interagierenden sich dann auch wechselseitig wahrnehmen. Dabei muss die Impulsquelle bei der *einpoligen* leiblichen Interaktion nicht unbedingt eine Person sein, sondern es kann sich beispielsweise auch um eine Partitur, um eine gemeinsame Aufgabe, die unter Anwesenden in Angriff genommen wird, oder um etwas anderes handeln, wenn es nur als einzige Quelle die leiblichen Interaktionen der Beteiligten vorgibt.

---

4 Es müssen mindestens zwei sein, die auf einen gemeinsamen Impuls antworten und sich dabei gegenseitig wahrnehmen.

Das beste Bild für diese Form der leiblichen Resonanz sind die Musizierenden in einem Orchester, das sich durch die Dirigentin von einem Werk bestimmen lässt, oder auch – ein weniger bildungsbürgerliches Beispiel – schlicht gemeinsam Singende, die in leiblicher Resonanz auf ein Lied verbunden sind. Ebenso gehören die leiblichen Interaktionen der Zuschauerinnen bei einem Fußballspiel, die Wellen produzieren, oder die Fußballmannschaft selbst, deren Spielerinnen in ihren Bewegungsaktionen gemeinsam auf das Erzielen von Toren ausgerichtet sind, zur einpoligen leiblichen Resonanz.

Es soll hier nicht unterschlagen werden, dass Public Viewing, Gesang und generell Musik in bemerkenswert vielen unterschiedlichen Facetten zu Rosas bevorzugten Beispielen gehören und er sie alle im Sinne seines (zweiten) Resonanzbegriffs interpretiert. Die genannten Phänomene scheinen aber nicht dazu zu passen, Resonanz als Antwortbeziehung aufzufassen, bei der „beide Seiten mit eigener Stimme sprechen" (298), denn die sich mitbewegenden Zuschauer „sprechen" nur in einem trivialen Sinne mit eigener Stimme zu der Mannschaft oder zueinander; die eigene Stimme geht beim Singen wie beim Schreien im Stadion im gemeinsamen Klang auf. Es kommt dabei in erster Linie gerade nicht auf Individualität an, sondern auf das gemeinsame Tun, zu dem alle Personen *als Individuen* selbstverständlich beitragen. Entsprechendes gilt für Orchestermusiker, die ja nicht unisono spielen, sondern durchaus „eigene" Beiträge leisten, aber eben nicht in beliebiger individuell freier Gestaltung, sondern aufeinander abgestimmt. Das, was die Freude dieser Resonanz ausmacht, ist gerade nicht die Freude am Sich-wechselseitig-widersprechen oder auch nur *primär* an der Differenz (die sekundär durchaus gegeben sein kann), sondern die Freude an diesem synchron gemeinsam Musizieren in unterschiedlichen Stimmen.

Selbstverständlich kommen gerade bei komplexeren leiblichen Interaktionen wie bei einem musikalischen Zusammenspiel mit verschiedenen Stimmen Mischformen von einpoliger und zweipoliger leiblicher Resonanz vor. So können innerhalb des einpoligen Rahmens, den beispielsweise ein musikalisches Werk vorgibt, durchaus auch wechselseitige, aufeinander antwortende Resonanzen stattfinden: Ein Instrument antwortet auf ein anderes, eine Melodie kann fragen oder antworten. Doch scheint mir auch hier die Unterscheidung der beiden verschiedenen Typen leiblicher Resonanz analytisch für die Beschreibung hilfreich zu sein. Nützlich ist sie außerdem insofern, als sie klarmacht, dass jene Resonanzsehnsucht, von der Rosa spricht und die eine wesentliche Voraussetzung dafür ist, überhaupt einen normativen Resonanzbegriff zu entwickeln, sich eben nicht nur auf jene wechselseitige (in meiner Terminologie: *zwei*polige) Resonanz bezieht, die Rosa definiert, sondern auch auf das Bedürfnis nach einem *ein*poligen leiblichen Aufeinander-Bezogensein.

In seinem Buch weist Rosa wiederholt darauf hin, dass es ein „Recht" darauf gebe, sich Resonanzerlebnissen zu verweigern. Dies ist auch aus meiner Sicht zentral für alle Formen von Resonanz; aus allen kann jederzeit „ausgestiegen" werden (insofern würde ich eher von einer prinzipiellen Möglichkeit zur Resonanzverweigerung sprechen als von einem „Recht"). Das heißt aber im Umkehrschluss nicht etwa, dass alle Formen leiblicher Resonanz so zu charakterisieren sind, wie Rosa das tut, nämlich dadurch, dass beide Seiten mit eigener Stimme sprechen.

Es ist nicht zuletzt eine Sache der Interpretation, was man als „Seite" oder „Stimme" im Prozess der Resonanz identifiziert. Rosa beschreibt beim Chorsingen die Resonanz der Sängerinnen und Sänger untereinander, die Tiefenresonanz zwischen Körper und mentaler Befindlichkeit sowie die Ausbildung eines kollektiv geteilten gemeinsamen Resonanzraums, hier einer Kirche oder eines Konzertsaals (111 f.). Was Rosa bezeichnenderweise nicht nennt, ist die Resonanz des gesamten Chors mit der Dirigentin bzw. mit der vorgegebenen Melodie, von der die erfahrbare Resonanz wesentlich abhängt: Würde jede Sängerin tatsächlich, wie Rosa aufgrund seiner Definition von Resonanz meinen muss, mit *eigener* Stimme in dem Sinne sprechen, dass sie auf andere frei antworten würde, so handelte es sich gerade nicht mehr um ein vorgegebenes gemeinsames Lied. Auch ein solch gesungenes Gespräch (ein gewissermaßen gänzlich freies Duett) könnte zweifellos eine gelungene geteilte Erfahrung ausmachen, es hätte aber einen ganz anderen Charakter als das gemeinsame Singen, denn es würde sich dann um *zwei*polige leibliche Interaktion handeln, da die Resonanz in diesem Fall nicht von *einem* Impuls, dem Lied oder Werk, ausgehen würde. Die charakteristische Synchronisation im gemeinsamen Muszieren würde dabei verloren gehen.

Aber könnte man die einpolige Beziehung zum Werk nicht doch mit Rosas Antwortbegriff der Resonanz angemessen beschreiben? Ist es nicht so, dass das gemeinsam gesungene Lied sich für jede der Beteiligten ändert dadurch, dass es gemeinsam gesungen wird? „Antwortet" nicht jede Sängerin mit eigener Stimme auf das Lied, verwandelt es sich dadurch an und erfüllt damit ein wesentliches Charakteristikum von Rosas (zweitem) Resonanzbegriff? Zweifellos ließe sich das aus der Sicht der Einzelnen so beschreiben. In diesem Fall würde Rosas Resonanzbegriff als Oberbegriff für die beiden verschiedenen Formen der leiblichen Interaktion anzusehen sein; ich hätte lediglich zwei neue Unterkategorien für den allgemeinen Resonanzbegriff vorgeschlagen. Man könnte leibliche Resonanz durch meine Unterscheidung etwas genauer beschreiben.

So einfach ist es aber nicht. Denn erstens ist es fraglich, ob man mit Rosas Antwortbegriff der Resonanz wirklich nicht nur für die zweipolige, sondern auch für die einpolige Resonanz das Entscheidende beschreibt, da er die Synchronizität des leiblichen Agierens der Beteiligten nicht in den Blick nehmen kann. Stattdessen thematisiert er bei Phänomenen, die zur einpoligen Resonanz gehören (Chor, Public Viewing) entweder die individuelle Achse zwischen Einzelleib und Impuls (hier: dem musikalischen Werk oder dem Fußballspiel), ohne die Resonanz mit den anderen zu berücksichtigen, oder aber er muss die Interaktion der Singenden untereinander als Antwortbeziehung verstehen, was zweifellos nicht dem Phänomen entspricht. Zweitens scheint mir ein weiteres Problem in Rosas Abwertung mancher Typen einpoliger Resonanz zu liegen, wenn sie in politisch problematischen Kontexten wie etwa dem Nationalsozialismus auftreten. Sie werden als „Echobeziehung" aufgefasst und der „guten" Resonanz gegenübergestellt, die Widerspruch herausfordert, ja sogar verlangt.[5]

V Kritik des methodischen Individualismus

An dieser Stelle erweist es sich als irreführend, dass Rosa als Paradigma für seinen Resonanzbegriff das persönliche Gespräch und, eine noch stärkere Annahme, länger währende persönliche Beziehungen wie Freundschaften oder Liebe gewählt hat. Denn genau diese Art von Resonanz, die Widerspruch[6] verlangt, kann es tatsächlich nur in kooperativen menschli-

---

5 „Dadurch geht am Ende sogar die *eigene* Stimme verloren, denn totalitäre oder faschistische Gemeinschaften beruhen auf der Sehnsucht nach *Fusion*, nach der Auflösung des Eigenen in der Gemeinschaft. Resonanz ist dagegen ein *Dialog* zwischen zwei oder mehreren eigenständigen Entitäten; ein Dialog, der Widerspruch nicht nur erlaubt, sondern sogar verlangt" (S. 743, Hervorhebungen von Rosa). Es mag zwar tiefenpsychologisch zutreffen, dass es sich hier um Verschmelzungssehnsüchte handelt, aber das hat mit den zu beschreibenden Resonanzen nichts zu tun.
6 „Resonanz [...] enthält, ja sie erfordert Dissonanzen im Sinne von *Widerspruch*" (S. 743, Hervorhebung von Rosa). An vielen anderen Stellen spricht Rosa eher von Widerständigkeit, was zwar schwächer, aber sehr interpretationsbedürftig ist: Was kann als erwünschter Widerstand, was muss als tendenziell feindselige Repulsion gelten? Dies eindeutig voneinander abzugrenzen, erscheint – anders als in Rosas plastischen Beispielen – in vielen Fällen schwierig.

chen Beziehungen geben, d.h. sie ist auf die, in Rosas Terminologie, horizontale Resonanzachse beschränkt. In der leiblichen Resonanz eines Einzelnen mit Material, die zur diagonalen Resonanzachse gehört, kann sich der zu bearbeitende Stoff vielleicht noch als widerständig erweisen, aber die Resonanz einer Gruppe *gemeinsam* Musizierender mit einem Werk (bei Rosa vertikale Resonanz) lässt sich mittels Widerspruch oder Widerstand nicht angemessen beschreiben – und die leiblichen Interaktionen, die Massenphänomene ausmachen, auch nicht.

Die Vernachlässigung der einpoligen leiblichen Resonanz bei Rosa steht in Zusammenhang mit einem Residuum eines methodischen Individualismus, dem er mit seiner Resonanztheorie zwar gerade entgegentreten will, dann aber doch nicht entkommen kann, weil sein Resonanzbegriff am Paradigma des Gesprächs zwischen zwei Individuen und damit von Mikrointeraktionen orientiert bleibt. Politische Bewegungen und andere Massenphänomene lassen sich aber nicht mittels dieses Modells analysieren, zumindest nicht primär. Das verführt dazu, Klischees über rechte Bewegungen zu reproduzieren,[7] ohne die Potenziale der Resonanztheorie wirklich auszuschöpfen.

Es dürfte wohl kaum in erster Linie die Repression gewesen sein, welche die Massenorganisationen des Nationalsozialismus für viele so attraktiv gemacht hat. Rosa diffamiert im selben Atemzug, mit dem er die große Resonanzsehnsucht anerkennt, das Bedürfnis nach Gemeinsamkeitserfahrung, bei der es tatsächlich nicht in erster Linie um Widerspruch geht. Es ist exakt dasselbe leibliche Bedürfnis, so meine These, das Menschen in Fußballstadien, Konzertsäle, auf gemeinsame Wanderungen oder auch in Massenorganisationen und auf rechte oder linke Demonstrationen treibt: Gemeinsam „resoniert" es sich deutlich intensiver als allein. Wenn man wie Rosa diesem Bedürfnis eine Beschwörung der Wichtigkeit von Widerspruch entgegensetzt, so handelt es sich dabei um eine intellektualistische

---

7 Diese Ablehnung bestimmter Formen von Resonanz findet sich auch in anderen Theorien; bei Rosa allerdings ist der Ausdruck „Synchronisation" und auch Synchronresonanz nicht eindeutig negativ besetzt. Die negative Bewertung von Masseninteraktionen sind vielleicht am deutlichsten bei Max Scheler, der die betreffenden Phänomene als „Ansteckung" versteht, auf die bloße Nachahmung der Gefühle anderer zurückführt und diese in seiner Sicht nicht wirklich eigenen Gefühle dem eigentlichen Miteinanderfühlen gegenüberstellt. Vgl. Max Scheler, *Wesen und Formen der Sympathie*, in: Gesammelte Werke Bd. 7, Bonn 2005, bes. 19 – 29. Kritisch dazu Hilge Landweer, „Mass Emotion and Shared Feelings. A New Concept of Embodiment", in: Hans Feger u.a. (Hg.), *Embodiment. Phenomenology East/West* (Yearbook for Eastern and Western Philosophy), Berlin u.a. 2017, S. 104-117.

Verkennung der wesentlichen Eigenschaften von einpoliger leiblicher Interaktion.

Die gängige Befürchtung, bei Massenphänomenen ginge die Individualität verloren, eingeschmolzen gleichsam in der Gemeinschaft, erweist sich empirisch als durchaus strittig, vielleicht sogar als ganz falsch.[8] Dennoch unterstellte die lange Tradition der Auseinandersetzung mit Massenereignissen seit Gustave Le Bon, diese führten zu einer Auflösung von Individualität und zu Fusion.[9] Ob die kritische Sicht auf die Massen wie bei Le Bon eher bürgerlich-elitär oder wie bei Rosa eher linksliberal motiviert ist, scheint für das Ergebnis letztlich gleichgültig. Vielversprechender als solch eine normativ eingefärbte Sichtweise könnte es sein, zunächst eine Unterscheidung zwischen einpoliger und zweipoliger leiblicher Interaktion zu treffen und auf dieser Grundlage verschiedene Resonanzphänomene – etwa in Gruppen, spontan entstehenden Massen sowie rechten und linken politischen Bewegungen – deskriptiv zu untersuchen. Gerade wenn man einen normativen Gegenbegriff zu Entfremdung gewinnen und dabei vom Erleben ausgehen will, sollte nicht ein wichtiger Typus des Resonanzerlebens ausgeklammert und von vornherein unter den Verdacht der „Echobeziehung" gestellt werden.

VI Normative Konsequenzen

Lässt sich der normative Gehalt des Resonanzbegriffs unter dieser Voraussetzung überhaupt retten? Ich denke ja, da die Normativität bei Rosa u.a. in der Unverfügbarkeit der Resonanz liegt. Erfahrungen von Resonanz könnten als notwendige Bedingung für eine Entfremdungskritik aus resonanztheoretischer Perspektive gelten, aber nicht als hinreichende. Denn für eine wirkliche Kritik entfremdeter Weltbeziehungen bedarf es einer Auseinandersetzung auf diskursiver Ebene. Die kritische Auseinandersetzung sollte ihrerseits in Resonanzbeziehungen stattfinden, in denen beide Seiten mit eigener Stimme sprechen – hier, für die horizontale Resonanzachse zwischen Personen, scheint mir Rosas zweite Bedeutungsvariante am Platz, aber eben nicht zur Bestimmung der basalen leiblichen Interaktion.

---

8 Vgl. Clark McPhail, *The Myth of the Maddening Crowd*, New York 1991.
9 Vgl. Gustave Le Bon, *Psychologie der Massen*. Aus dem Französischen von Rudolf Eisler, 2. Aufl. Leipzig 1912. Nachdruck Köln 2016. Kritisch dazu Thonhauser, *The Myth of the Madness of Crowds* (wie in Anm. 2).

Um ihr kritisches Potenzial vollends entfalten zu können, müsste Rosas Resonanztheorie nicht bloß auf die Verbesserung und Förderung von Resonanzbeziehungen abzielen, sondern bräuchte – das kann ich hier nur noch andeuten – als zweites Standbein neben einem Begriff explizit diskursiver Resonanz ein Konzept von Unrecht, das mit Ideologie- und Herrschaftskritik zu verbinden wäre. Anders als die erlebte Entfremdung wird Unrecht nicht nur in eigener Sache erfahren: Über das Unrecht, das Migranten zugefügt wird, kann ich mich auch dann empören, wenn ich selbst nicht unmittelbar betroffen bin. Die Erfahrung von Unrecht ist, so meine These, die zweite notwendige Bedingung für eine Kritik von Entfremdung und damit für Normativität; wie Entfremdung bedarf sie der Rechtfertigung in einem diskursiven Raum. Ebenso wie Resonanz ist aber auch das Erleben von Unrecht gefühlsbasiert, fundiert in Unrechtsgefühlen wie Empörung, Schuldgefühlen, Scham und Sich-gedemütigt-fühlen, und findet in Beziehungen statt, die aber nicht resonant, sondern repulsiv sind. Diese Perspektive ist in Rosas Theorie bereits angelegt, insofern er herausarbeitet, dass sein Resonanzbegriff den Begriff der Entfremdung, die verstummten und repulsiven Weltverhältnisse, voraussetzt. Aber nicht jede Entfremdungserfahrung, wie etwa die, welche Rosa als notwendig für die Entwicklung der Wissenschaften beschreibt, impliziert notwendigerweise ein Unrecht, und nicht jedes erfahrene Unrecht ist mit Entfremdung verbunden, etwa wenn es andere betrifft. Deshalb ist der Begriff des Unrechts unverzichtbar für jede Sozialtheorie.

Rosas normativ positive Auffassung von Resonanz als Antwortbeziehung, die ich oben als „normativ-dialogischen" Begriff bezeichnet habe, sollte also, bezogen auf die horizontale Resonanzachse, um eine deutlich diskursive Dimension erweitert werden, um ihr Kritikpotenzial entfalten zu können. Diesem normativen Resonanzbegriff muss aber, so mein Vorschlag, als zweite normative Säule ein Begriff des Unrechts zur Seite gestellt werden; erst der (gefühlsbasierte, aber rational zu begründende) Diskurs, nicht „schlechte" oder „gute" Resonanzen, kann politisch und gesellschaftstheoretisch Orientierung geben.

Die Frage der Normativität hängt eng mit Rosas methodologischer Entscheidung zusammen, von der Erlebensperspektive (Erste-Person-Perspektive) auszugehen. Warum, so könnte man fragen, hat die Soziologie bisher keine Resonanzbeziehungen untersucht? Weil sie bisher größtenteils dogmatisch auf die Dritte-Person-Perspektive, auf den Außenblick auf soziale Verhältnisse, festgelegt war, insofern sie beanspruchte, die Strukturen des sozialen Lebens objektiv zu beschreiben. Resonanzforschung dagegen verlangt als Ausgangspunkt, dass man methodisch die Perspektive der ersten und der zweiten Person einnimmt. Lässt sich Resonanz überhaupt aus der Dritte-Person-Perspektive beschreiben? Wohl kaum, zumindest nicht jene raren Glücksmomente unverfügbarer Resonanz. Insofern Rosas Theorie verallgemeinert, ist sie zwar gezwungen, ihre Sicht in objektivierender Sprache zu formulieren, aber sie geht dennoch von einer geteilten Erlebensdimension aus: von der Nachvollziehbarkeit dessen, was sie behauptet, im Erleben der Leserinnen und Leser.

Das gibt Raum für Subjektivität, aber diese Stärke ist zugleich auch eine Schwäche: Es ist schwierig, die Verbindung zu den „objektiven" Strukturen herzustellen; Erste- und Dritte-Person-Perspektive sind nicht aufeinander reduzierbar. Die Erlebensdimension von rechtspopulistischen oder rechtsextremen Bewegungen zu berücksichtigen, stellt methodisch und methodologisch eine große Herausforderung dar – eine Herausforderung, auf die nicht mit einer Verurteilung einer basalen Form der Resonanz geantwortet werden sollte, weil dies die Phänomene verkennt. Methodisch gilt es zu reflektieren, dass buchstäblich jede Art von Resonanz, auch wenn ihr Auftreten unverfügbar ist, dennoch in Dispositive der Macht eingefügt ist. Das Resonanzerleben ist real, aber ebenso real sind die politischen Mächte, die es ermöglichen und hervorbringen. Der dieser Annahme zugrundeliegende Foucaultsche Machtbegriff ist freilich ein anderer als der, welcher das Entfremdungsparadigma prägt.

Der Resonanzbegriff erlaubt überhaupt erst einmal, zwischen einem systemischen Blick („Struktur", „Produktionsverhältnisse", „kapitalistische Ökonomie", „Diskurs", „Dispositiv", „Macht") und dem Erleben (Resonanz, Indifferenz und Repulsion) zu wechseln. Zu den unverfügbaren Resonanzen gehört aber neben der zweipoligen auch die einpolige leibliche Interaktion, die nicht mit Echobeziehungen verwechselt werden darf und – auch dies kann hier nur angedeutet werden – wie alle Resonanzen nur um den Preis erstarrter Strukturen auf Dauer gestellt werden kann (sie wäre dann mit Zwang verbunden, was dem Resonanzbegriff widerspricht).

Ich schlage also erstens vor, deskriptiv Rosas (normativ überfrachteten) zweipoligen Resonanzbegriff um einen einpoligen zu erweitern, um die leibliche Dimension von Gemeinschaftserlebnissen angemessen beschreiben zu können. Zweitens schlage ich vor, die Resonanztheorie um ein weiteres normatives Kriterium zu ergänzen, um bestimmte Formen von Resonanz kritisieren zu können: um den Begriff des Unrechts, das im Gefühl erfahren wird, dessen Verallgemeinerbarkeit aber diskursiv gerechtfertigt – und das heißt: gemeinsam in Resonanzbeziehungen geprüft – werden muss.

The Ethical Implications of Resonance Theory

Charles Taylor

Everybody claims to be critical, but those who espouse to title „critical theory" are generally on the political Left. So it might help to look at the values that have generally animated the political Left in our (Western) culture. I want to look at these in the light on three major issues, the response to which contributes to defining political (and moral) theories. In each of these crucial domains, the traditions of the political Left tend to fall with greater weight on one side rather than the other.

First, these traditions tend to find their moral sources principally in *agency*. This is true of the sources of socialism, for instance Rousseau and Marx; but also of these of Liberalism, such as Locke and Mill. The principal good is, or at least presupposes freedom. The free agent changes the world, finding the operative intentions in the self. Political action should take people from a phase where they are dominated by others, or in other ways their agency has been pre-empted, and takes us to a freedom which is effective self-action (*Selbsttätigkeit*).

Starting with the sources of liberalism, Locke tells us that we are being exploited, put upon, by élites who claim that certain ideas are innate, there in everyone, hence given by God, hence not to be challenged. This stance then morphs into a basic notion of Enlightenment: people too easily just accept things on authority, where we ought to work them out for ourselves.

At first, this recovery of agency is seen as called for by each individual, and then hopefully achieved by the united action of these individuals. But with Rousseau, we get a new twist. We too easily fall into mutual dependence, in which masters and slaves deprave each other. Becoming full free agents requires a collective act where we put our whole relationship on a new footing; we see freedom, that is, real agency, as residing in the collective, properly ordered; the proper ordering is around the general will.¹

Marx inherits this, but sees (thanks to Hegel and others) how totally inadequate Rousseau's account of human development is. We can't just stop anywhere, throw off the past, and establish our society on the new, proper relationship. We evolve the conditions for this through history, which involves many transitions, which humans pass through only barely sensing, if that, that these are the right steps to take. Finally the proletariat, created by capitalism, takes control of its *condition en pleine connaissance de cause*.

Before that crucial stage, agency is alienated, in a series of different ways, running from religious alienation right through to the alienation of labour under capitalism. But this is only one possible way of giving meaning to this crucial term „alienation"; one possible resonance of this term in our lives. The image in the Marxist tradition takes off from, say, the way I might alienate a property by selling it or giving it away; or it might be alienated from me by seizure, expropriation. The capitalist, operating in the system, alienates the worker's own labour in something like this sense.

But the word also suggests something very different to many people. Alienation may be a condition in which one cannot but feel alien in the world we live in; or this world cannot but feel alien to us. We are not „at home" in this world. „Alienation" here is not due to the expropriation of an activity; it rather consists in an unavoidable (in these circumstances) feature of experience. This world doesn't „speak to" us; or doesn't „answer" our attempts to find meaning. This experience can only be overcome by changing the circumstances (or perhaps our way of relating to these).

So two rather different experiences are covered by this word. But one could, of course, find a place for both meanings in one's theory; and for instance argue that people suffer experiential alienation, because they are undergoing expropriation of some crucial capacity or dimension of agency.

---

1 The republican or civic humanist tradition, to which Rousseau belongs, obviously gives supreme importance to a certain kind of agency, that of the citizen. At its highest, this kind of agency wins glory and a lasting fame. But the new re-writing of this tradition by Philip Pettit and Quentin Skinner, which redefines the value of republican citizen relations in terms of the negative freedom of non-domination, stresses even more unfettered agency at the expense of notions of the good life.

Such a combination theory may have some truth, but I want to raise this other type of alienation in order to explore the possibility that what is wrong with our world may not exclusively consist in the frustration or capture of *agency*. Undoubtedly, this is part of what goes wrong, and thus what critical theory has to diagnose. But I don't think it accounts for our whole wretched condition, even under advanced capitalism.[2]

So what gets left out? Before embarking on an attempt to answer this, I want to bring out two ways in which the wretched condition of contemporary society can be identified. One focuses on the ways in which such conditions can be imposed on some by others: for instance, the way in which the huge incomes of the 1% allow them to jigger the political system so as to ensure that inequalities grow. This involves denying people proper health care, decent housing, etc. But this critique does not challenge the hypothesis, shared by many on the Left, that the life lived by the 1% can be perfectly satisfying and morally acceptable – if they only did not use the power this confers to deprive others. Here the focus is on (mostly) distributive justice.

The second approach follows Rousseau and Marx (and also some religious critiques) in claiming that there is something wrong with élite life in these circumstances; quite apart from the harm to non-élites that these economic relations enable, the relations themselves are not properly human relations, not the highest human potential. Even highly successful fund managers are deprived of something. With this distinction in the background, let me try to answer the question: what is wrong with our existing society beyond its injustice and its capture of non-élite agency?

Well, for one, a really good society needs something more than equality, and an absence of exploitation/deprivation of some by others. Of course, it most emphatically requires these. But it also needs a widespread capacity to see what human life means to others. Think of the way that some of our essential social institutions, of health care, education, social work, can fail in their purpose, even inflict harm, through a lack of attention or even comprehension of the real felt needs of those in their care. And this lack of comprehension may afflict even those who are administering the care. They can become ossified by bureaucratic rules and regulations which fail to help, or even harm their supposed beneficiaries.

---

[2] For a subtle and perspicuous discussion of the different facets of alienation, see Rahel Jaeggi, *Entfremdung. Zur Aktualität eines sozialphilosophischen Problems*, Berlin 2016.

Or they may simply be blinded by the culture of their profession to certain crucial needs. I remember when the movement began to offer palliative care to terminal patients for whom no cure could be found. It turned out that many doctors just did not see the desire that many of their terminal patients had to have someone to talk to about their predicament. They were understandably focused on the goal of curing patients, and many were too concentrated on this to pick up the signals from the patients that could not any more be helped in this way. The palliative care movement tried to step in the breach.

From the positive side, think of what an inspiration it can be to come across some really imaginative and innovative hospital ward, or school, where this kind of openness and attention is present, and people can communicate their needs. What both these experiences show is the importance of the ability or desire to reach beyond one's comfort zone, or zone of familiarity, to be open to lives and experiences outside these. And of course, when we come to societies which are in fact multicultural, whatever the policies adopted, the need for this kind of openness is even more evident, particularly if our society contains strong reactions, and even movements which are militating for exclusion, and strong political movements are tempted to ride to power on such reactions, as we see to our horror today.

We are carried here beyond agency. My agency may be involved if I decide that I want to become more open, and set out to educate myself; but the actual condition of openness is a capacity to discern and be touched by the previously unfamiliar. It involves letting yourself be reached, be acted on, by the lives of others. Of course, to repeat, I can set out to receive training in becoming this kind of person, but the achieved state is in the domain of „passion" rather than action, a matter of *pathein*, rather than *prattein*.

How do people become capable or incapable of this kind of openness? Well, one way of increasing it could be to inaugurate programmes to educate people in openness (here the activist is speaking again). But in fact, how open people become in their lives is the result of a host of different life-experiences. We are all born and brought up narrow to some degree – that is, we are all short of ideal openness; or even of the kind of openness we need to make a success of today's democratic societies in the present conditions of global migration. But however brought up, we can all have experiences: meeting someone, responding to acts of exclusion, and so on, which make us more open. And there can be negative experiences which push us in the other direction. Jihadis and Islamophobes are in a stance of objective collusion to maximize the negative ones.

But however we and our societies evolve in this regard, what we need here is not primarily a condition of *agency*; however we might act to enhance it, it is in the dimension of receptivity, the capacity to experience. It is a condition of what we might call *patiency*; except that the concept „patient" has already been invested with too many meanings to avoid misunderstandings. But philosophically, we have to draw the conclusion that the over-focus of critical theories on the health and pathologies of agency, is (a) unjustified, and (b) may contribute to a blindness to the importance of „patiency".

II

We can demonstrate the importance of the kind of openness discussed above if we look at a crucial problem of contemporary democracy. Our Western[3] democracies are now in danger of being destroyed by what are often called „populist" movements. This seems paradoxical, because by definition such movements appeal to the „people", and claim to defend them against élite rule. And aren't appeals of this kind essential to democracy? I believe this paradox can be dissolved by a closer examination.

First, modern democracy is constitutionally vulnerable to critique. What exactly does it mean, that the people rule? It's clear in the case of a strong authoritarian leader, like Napoleon or Hitler. But the demos? It did seem clear in the case of Athens, for instance, because the whole people (or all those able to attend the *ekklesia*) voted on crucial measures. But that's impossible today; and would have been even then if the franchise had been like ours. (The population of Athens was probably 100,000, maybe more). We might also give a pass to those other candidates for „real" democracy, the smaller Swiss cantons.

But in most contemporary democracies, the people only rule via a complex system of representatives, with the addition of checks and balances (which are key to modern democracy and the rule of law). And one can always question whether the system *really* works as advertised.

---

3 I speak mainly of Western democracies, although there are strong analogues to such destructive movements in other parts of the world, e.g., Erdogan's Turkey, Modi's India, etc.

Secondly, Modern democracy, unlike the ancient Greek variety, is universalist. Everyone is meant to be included. Modern charters are full of non-discrimination clauses. And there is often great controversy concerning whether they are really honoured.

Thirdly, I would like to claim that democracy as it is lived and understood today (I might say, „imagined", in Benedict Anderson's sense) is a „telic" concept; that is, really rule by a demos in which everyone counts is understood as a not fully realized goal. It is something we move towards (hopefully), but frequently in fact we find ourselves slipping away from.

In recent history, what the French call „Les 30 glorieuses" (1945-75) were a period in which it was felt that we were moving towards; our situation since the 1980s is one where there is a general sense that we are sliding away.

For a whole host of reasons, there are always forces which tend to move us away from our telos: the rich, the politically powerful, the leaders of bureaucracies, the owners of media, have disproportionate potential to control things, and are standingly tempted to use it. And when they do, different factors compound to accelerate and aggravate the movement. Since the Thatcher–Reagan era, the relaxation of various egalitarian measures (decline of progressive taxation, shrinking of income redistribution) has greatly increased inequalities of income and wealth; and this in turn is reflected in increased clout for the rich, which in turn makes it politically harder to challenge neo-liberalism, and so opens a downward spiral. Élite clout also means that non-élites become discouraged, and thus vote less, which entrenches élite power, which in turn depresses turn-out, and threatens further downward movement, and so on. So popular challenges to élites are of the essence of democracy as a telic concept; then why do we condemn „populism"?

There are in fact three reasons: the first and most obvious one is that such movements – Trump's campaign, the Front National, Brexit, the AfD, Geert Wilders – violate the universalism which defines modern democracy; they exclude certain classes of people: non-members of a favoured ethnic group, recent immigrants, members of „strange" religions, etc.

A second reason to hold out, and challenge the legitimacy of this concept, could be grounded in democracy's implicit telos. Populist movements offer measures which will not improve the lives of those whom they recruit. Trump is not going to help people in the rust belt. These movements generally fuse two kinds of dissatisfaction: socio-economic decline or stasis, on one hand, and suspicion or fear of outsiders on the other. They blame the first on the second (or the coddling of the second by „liberal" élites). But there is a certain fraudulence implicit in this appeal. Exclusion of the „bad" elements won't bring back the good old Fordist days. „Populism" will probably make things worse. (Trump won't get you a job, but he'll take away your health insurance, and give further tax breaks to the super-rich).

A third reason – which risks being more and more forgotten today – is that democracy is not just majority rule. A democratic society is a deliberative unit, in which a real exchange of ideas, programmes, affinities and aspirations can take place. There must be decisions, and ideally they will reflect majority opinion of the moment when they are taken, but the deliberative unit will go on encompassing the whole people. The minority can't simply be treated as an enemy to be suppressed; common membership has to go on being felt as a bond between all citizens (368). This doesn't just happen by itself; it needs to be cherished, nourished in spite of fierce debates over crucial issues, and multiple conflicts of interest. The tone and manner of the debates and political struggles have to acknowledge and continually re-affirm this common bond. And here is where populist rhetoric, branding their opponents as traitors, is at its most destructive. The more so in that it tends to rouse the same kind of rhetoric among the „liberal élites", dismissing their opponents as „deplorables", ignoramuses, „rednecks". In a functioning democracy, the whole political unit has to be from time to time the locus of all-encompassing resonance, beyond the differences of party, interest, aspiration.

How does one combat this kind of destructive „populism"? What are called „Liberal élites", who generally subscribe to some degree to neoliberalism (and thus generally failed to see the imperative need to accompany globalization with redistribution to the losers) generally rely on some notion of universalism as the fruit of reason alone. They castigate would-be populist voters as irrational and backward; and when this does not work, repeat the charges at higher and higher decibel levels. The evidence is that this backfires. Trump gained a lot of ground by just repeating: „I'm not politically correct", with the implication: „these élites despise you".

You can't win this battle by appealing to what you think ought to be axiomatic. You can only counter by somehow creating an over-arching identity which can bind (some, never alas all) people with strong liberal identities (often from the targeted minorities) with those who are tempted by populism. There are strong common interests (both suffer from neo-liberal policies; both suffer from a sense of failing citizen efficacy); but there are also common reference points of identity. Identities are complex. The people cheering Trump have many other references in their self-identity. Some can be the basis of solidarities.

Rhetoric is crucial: No more dismissing the adversary's voters as „rednecks" or „deplorables". On the contrary, we need a sympathetic understanding what drives them, and also of the connections between different facets of their motivation, which can be too easily analysed into a multiplicity of unconnected factors. To take the US case: I mentioned the loss of citizen efficacy, and the need for its recovery. But this is a facet of a more general sense of diminished efficacy.

A man's (this gendered term still applies in many *milieux*) efficacy is measured not only by his political clout, but also by his ability to feed his family by his work. This is essential to his dignity. Michael Sandel makes the point that the obscenely astronomical „bonuses" on Wall Street, alongside the fact that people on Main Street were losing their jobs, were seen as a statement by élites in government and finance that work has no value for them, no dignity in their eyes. The obvious contrast in rewards arouses strong indignation – which paradoxically and maddeningly has helped produce the solid Republican majority. But this assault to male dignity (felt as such by lots of men, even though women also lost jobs) connects to one facet of identity, which many men, and the women who shared this view, saw as slighted.

This raises difficult questions of rhetorical appeal for the Left. Many of the aspects of Republican (and Trumpian) electoral appeal are pretty ugly: the real Man who wants to be able to provide for his family through his work may also bridle at the idea that he can't own a gun. And then he may also be disturbed by feminism and/or by gays coming out, demanding recognition. And he may think that the old-time religion and morality is essential to a good society. And he may buy into the idea that the line marching towards the American dream puts some people ahead of others. There are connections here, which the Left has to tease apart.

We have to appeal to the ex-worker who feels degraded because he cannot operate as (the sole or principal) breadwinner, without buying into all aspects of this identity. But above all, we have to communicate that we „feel his pain" (to recur to [Bill] Clintonese). And there is real pain here. It is possible in fact to feel how devastating this kind of assault on someone's identity can be, without sharing or endorsing all aspects of the (necessarily complex) identity. This is not just a matter of choosing a rhetoric, but of being the kind of person who can carry this message across. The impact of Bernie Sanders shows this. Impeccably liberal though he be, he was not identified as part of the „Liberal élite".

In general, maintaining a non-exclusive democracy in an age of growing diversity involves the continuing redefinition of a citizen identity that can bring everyone together. We have to create new solidarities where none existed or the old ones have been eroded. You have to draw maximally on the kind of openness I described in the Introductory section. Political efficacy on the Left requires more than machismo and manipulation, which is meant to create a sense of „can do" or omnipotence around the leader.

III

A rather different way in which the neglect of „patiency" can distort our critical theory lies in the bias of the agency focus towards rationality of a particular kind, the kind which opposes reason to the emotions. Here is another crucial issue area: the place of reasoning in moral/political thought.

How can our basic values or principles be grounded? Can they be shown to be valid by a mode of reasoning which need make no appeal to feeling? Or on the other side, are they purely based on a kind of feeling? We can recognize here the familiar opposition of Hume versus Kant. Or (what seems to me the correct view) do they originate in strongly felt intuitions (e.g., that human life as such must be respected), which can then be elaborated and defended by various modes of reasoning?

Now it is clear that the openness I described above involves an education of feeling, an ability to experience sympathy, an ability to connect with others. As Paolo Costa explains in his interesting paper „Why Critical Theory Needs a Theory of the Emotions" (particularly the last section: „A Transformational Concept of Reason"), our exploration and clearer definition of the „space of reasons" cannot proceed without careful and critical attention to how we feel about various predicaments that we encounter in our lives and those of others.

This is a message which meets some resistance in the traditions of Critical Theory. In the original Marxist theory, this took the form of a self-distancing from moral reactions. In defining what socialism was and how to get there, one should examine the actual capitalist system and how it can auto-destruct (with a little help from the First International). Following one's moral reactions, the strong feelings we have about exploitation and the imposition of gratuitous suffering, can only lead to „utopian" schemes which guarantee failure. From that time on, we on the Left have concentrated on a purely „rational" (in this privative, non-emotional sense) analysis of the working of capitalist society (and we're still trying). This is justified enough (although we can't forget that it is „irrational" to exclude a priori felt emotions as part of the *explanans* of economic behaviour). But it must not make us lose sight of the role of our emotions in helping us define the society we would want to build.

And the idea that „pure" reason suffices to define the good society surfaces again in our day in a common view of the second Critical Theory, that built around discourse ethics and/or other derivatives of Kantian ethics. These would have us believe that we can establish our universal obligations to all humans by „reason" alone, without reference to the powerful feelings which the dignity of each and every human being arouses in us. The Neo-Kantian formulae vary, between say, Habermas on one hand, and Scanlon, or Korsgaard on the other. But they all have this feature that this universalist ethical basis can be shown to be an inescapable (moral) commitment, regardless of our (ethical) notions of the good life.[4]

I think that in fact all of these arguments fail; or rather that they seem right to those who accept them because they are already moved by this ideal of a universal human dignity. But I also think that this ideal of „pure" reason contributes to the bias which impoverishes Critical Theory, which consists of ignoring the dimension of „patiency" in defining the transformations we want to bring about. By contrast, the resonance theory which Hartmut has been defining brings to the fore the way in which our moral life originates in strongly felt intuitions, of a demand on us to which we are called to respond. To respond adequately is to experience a deep resonance in our lives.

To invoke the image that Hartmut introduces, that of the „Stimmgabel" (tuning fork), in any relation of resonance between two objects, there will be one in which the vibrations originate, which then propagate to the other. In a fulfilled moral life, we might be tempted to see the demands as originating in the agent, who would then be the „Stimmgabel". But this reading tends to occlude the phenomenology, wherein our moral commitments are lived originally as demands made on us. As Hartmut puts it, tal-

---

4 I have argued this at some length in *The Language Animal*, Harvard 2016, chapter 6, section 3.

king about strong evaluations: „Indem diese Wertungen, sich auf etwas beziehen, die als *schlechtin* wichtig erscheint, ist die Wertquelle stets *in der Welt* angesiedelt" (228).

IV

A third crucial dimension of issues concerns the relation between human agency and the non-human world. Should this agency be guided principally, or exclusively, by the requirements of instrumental rationality? Or do we also have to strive for attunement to this world?

It is at this point that my stance towards Critical Theory overlaps considerably with (and has been greatly influence by) Hartmut's theory of Resonance. The choice I have outlined in this third dimension can be put in the terms of his recent magnum opus: do we strive exclusively for „Weltaneignung" or also reserve a place for „Weltanverwandlung"?

It is not just that the phenomena of resonance involve the „patiency" dimension, in the sense that an exclusive focus on agency can never do full justice to them. It is also that the focus on resonance, once one distinguishes (as Hartmut does) its different dimensions or „axes", offers an excellent perspective from which to identify and analyse the different lacks and maladies of late capitalist society which prevent us from living full lives.

It is understandable that the strong emphasis on agency, which is characteristic of Western modernity makes it easy for us to drive ahead with projects to remake the world guided by an instrumental reason which is all the more powerful because it is informed with the impressive and ever-growing findings of modern science. This kind of remaking frequently calls for an objectification of our surroundings, by which I mean a bracketing, or utter ignoring of all meanings of things other than the instrumental. And this can mean the loss of vital meanings, which we need to live fuller lives. The drive to control the world can end up making it „stumm", as Hartmut puts it, that is, silencing it, so that it no longer speaks to us (278-279). It can generate alienation, of the second kind mentioned above, where our relations to our world, profession, family, etc., have become indifferent, meaningless, or even negative (305).

The over-riding concern for control can not only make us ready to sacrifice much that we cannot afford to neglect, but can even make us blind to the sources of meaning we are repressing and negating. One of the great contributions of Hartmut's theory expounded in this book is that it helps us to map the sources and dimensions of resonance which are essential to the good life, from the needs of the body, as an „eigenständige Inspirationsquelle oder Klangkörper" (176), to our relations to nature, to society, to others, and also to the sources of strong evaluation, however these are understood. One of his goals is to distinguish the different „Resonanzachsen", horizontal (to others and society), vertical (to the world as a totality, including the sources of strong evaluation), and „diagonal" (to the world of things) (331).

But Hartmut's theory is also a sociology. He is not only offering us a language in which we can criticize the wrong decisions we frequently make about what is important in our lives. We also have to be aware of the constraints which can force us to live lives which are alienating and which silence resonance. A crucial theme here is his theory of social acceleration, a process which makes demands which we experience as beyond individual control, and which requires us to function against the rhythms of the body, or outside the time rhythms of meaningful creative action; and which is a prime source of burn-out in our world (180).

V

In another paper, which some of you have seen, I have tried to trace our contemporary sense of what Hartmut has called the axes of resonance of the vertical dimension to the Romantic movement.[5] The powerful sense of reconnection with the cosmos which we find in the poetry of Hölderlin and Wordsworth yields an experience which convinces us of its importance for the good life (or at least makes this claim). I argued in that paper that this sense cannot be dismissed as merely „subjective" or „psychological", that the claim to being central to the good life has to be taken seriously.

But for many this origin is seen as a disqualification, because the Romantic movement itself is often dismissed as the purveyor of facile illusions. The origin of this dismissive stance is to be found in the post-Enlightenment dissociation of the three „transcendentals", the True, the Good and the Beautiful, which was a central dogma of Western civilization before the modern period (and for many people, also after). The Romantics were rather reacting to a deeper split which arises out of certain

---

5 See „Resonance and the Romantic Era", in: *The Good Life and Beyond Growth. New Perspectives*, ed. by Hartmut Rosa, Christoph Henning, London 2017, chapter 4.

facets of the Enlightenment. Those trends which made modern mechanistic science, stemming from Galileo, *the* road to knowledge threatened to dislodge first the beautiful (now understood as the „aesthetic") and later even the morally good from their high normative status, relegating them to the subjective reactions of individuals. From this relegation, normativity could be saved either by counting (what is morally good is what fulfils the greatest number of people's desires), or through a priori reason (only universal maxims can be acted on).

A main line of Romantic thinking was concerned rather with restoring the link between the three, admittedly on a more fragile basis. To take a different and anti-Romantic stance to the dissociation of the three, we might look at Flaubert. In describing the limited, stupid and illusion-drenched human world, (for instance in *Madame Bovary*), he claims truth and also „beauty" (for his portrayal, not the reality); but most emphatically not goodness. We can understand the claim to truth, but whence that to beauty? Platonically, we could understand the claim to the Good if the portrayal made the true human potential shine through the failed life of the protagonist. But Flaubert's message seems to be that this person cannot do better; she is insensitive to real beauty, the beauty in her portrayal. Indeed, the beauty cannot be in the living, but only in the (disengaged) portrayal.

So wherein consists the beauty? In the art with which the situation is rendered. We can take, for instance, the famous scene where her lover seduces her, and their conversation runs in parallel to the public function outside. What is remarkable here is the entire way in which the real nature of their relation is revealed indirectly in this juxtaposition, contrasting with their blindness. Their real, illusion-filled relation to their world and human potential is rendered in this – poetic – juxtaposition of images. This is the beauty in the novel.

And it is true that there is genuine art in the fashioning of this portrayal. But why beauty? I think we might explain the experience underlying this claim through the power of art to transpose what we usually experience as a disturbing, distressing, even frightening, reality and to present it as an independent order we can contemplate unperturbed; rather like the Aristotelian concept of tragedy, where the frightening and distressing destruction of the flawed hero can be presented purged of pity and fear – presented as an independent order, which is just the way things are. Art lifts us to a realm of such unperturbed contemplation. Something analogous is what Flaubert achieves in this novel in relation to the way of the human world, captured as just the way things are with flawed humanity, a portrayal which releases us from the distress and pity we might experience through involuntary sympathy with ordinary human beings.[6]

Something similar is brought about by Zola in *L'Assommoir*; the distancing from these disturbing happenings is achieved and rendered through some beautiful passages, of streets, of fog and lights, of the large apartment building which almost plays the role of a character in the story. But the distancing effect is now rationalized as „naturalism", a scientific grasp of the way things are in the terrible conditions or working class life. Art is in the service of science. We have a picture of appalling human destruction, an important component of which is self-destruction. But this objectified world can call for another sort of engagement, the commitment to policies which would do away with the conditions which produce such destruction. Sympathy is not the issue, even though we cannot but feel such sympathy for Gervaise.

If we look at Flaubert in these terms, then his oeuvre offers in fact two quite different kinds of beauty: the deflationary but purgatorial[7] scenes (*Madame Bovary*, or *L'Éducation Sentimentale*), on the one hand; and the archaic scenes of high and violent deeds in striking décor (*Salammbô*), on the other.

It goes without saying that only the second form has any relation to Romanticism. In the first, the Romantic is rather identified with Emma Bovary's contemptible and tawdry illusions. (Contrast this with another kind of distancing through art: the way that Baudelaire lifts us out of spleen, the all-invasive paralyzing force of acedia, through the music of words-and-images. Here there is a transfiguration of the ugly into a new kind of beauty.)

What light does this discussion of Flaubert cast on the Romantic art of reconnection, and the resonance this reveals? It is clear that Flaubert inaugurates a new relationship between truth and beauty. Beauty is linked to truth, but it is the (utterly deflationary) portrayal of the truth, not the reality itself. (Leave aside the archaic high deeds sort of beauty, which was perhaps conceived as mere fantasy by Flaubert, for all his claims to meticulous scholarship). On this new, post-Romantic relation to beauty, we are on a path which reaches some of its most powerful expressions in the 20th century – for instance, in the works of Samuel Beckett.

---

6 Michel Winock, *Gustave Flaubert*, Cambridge MA 2016.
7 The deflationary is a necessary but not sufficient condition for the purgatorial.

The Romantic tradition by contrast is on to a vindication of some analogue of the original Platonic relation: the goodness and beauty reside in reality itself, not in its portrayal. The joy stems from the recovery of what seemed a precious but endangered connection.

And indeed, these two relations between truth and beauty coexist and cannot but be in relation, in a state of mutual interaction, in modern culture, and sometimes in the same writers. Beckett's sources in rich Joycean language, his alleged love of Hölderlin (Henrich) bespeak this (sometimes underground) connection – as though only the descent into maximum disconnection can legitimate a return to ontic beauty.

Die Resonanz spricht nicht.
Anmerkungen zur monistischen
Weltbeziehungssoziologie von Hartmut Rosa

Michael Kühnlein

Wenn man dem intimen Kenner des Weltgeistes Glauben schenken mag, dass Philosophie nichts anderes sei als „ihre Zeit in Gedanken gefasst" (Hegel), dann hat der Jenaer Soziologe Hartmut Rosa mit seinem Buch über *Resonanz* den Nerv unserer Zeit exemplarisch auf den Begriff gebracht. Und dass diese Philosophie nicht mehr als Philosophie, sondern als eine Soziologie der Weltbeziehung auftritt, sagt auch etwas darüber aus, wie die Philosophen sonst ihre Zeit verstehen. Rosa jedenfalls hält sich nicht lange mit der analytischen Prosa einer nachmetaphysischen Formenlehre auf, mit der Evaluierung von universalistischen Prozeduren und Verfahren oder mit der gerechten Unterscheidung von Ethik und Moral; vielmehr treibt ihn die existenzielle Frage um, wie gelingendes Leben unter Bedingungen der Entfremdung soziologisch sichtbar gemacht werden kann. Denn eine Antwort darauf muss die Moderne aufgrund der immanenten systemischen Beschleunigungsverhältnisse schuldig bleiben; in ihrem gegenwärtigen Steigerungs- und Wachstumsrepertoire taucht die Frage nach dem Guten nämlich nur noch als Ressourcenproblem auf.[1]

Diese feinnervige soziologische Beobachtung Rosas lässt sich ohne Weiteres auch auf die akademische Philosophie im engeren Sinne übertragen: Gerade deontologische Moraltheorien haben für ihre universalistischen Weltreichweitenvergrößerungsprogramme immer wieder Friktionen im Subjekthorizont in Kauf genommen, die die handelnden Individuen in

---

1 Rosa fasst dieses formative Überbietungselement der Moderne unter dem Begriff der „dynamischen Stabilisierung" zusammen (vgl. S. 671-690). Darunter versteht er so etwas wie eine konstitutive Unruhe der gesellschaftlichen Ordnung, in der sich alle relevanten Funktionssysteme nur noch durch Steigerung reproduzieren lassen.

„Elementarteilchen" (Houellebecq) atomisieren[2] – mit der Folge, dass die Narrative guten Lebens unter dem Aneignungsdruck habitueller Selbststeigerungsformen ihren erzählenden Draht in die Welt hinein haben abreißen lassen müssen. Geschichten werden „gemacht", aber nicht mehr sinnvoll „erlebt". Im Blick auf diesen pessimistischen Befund stellt Rosa daher seine zentrale Überlegung einleitend voran: „Es ist die Ausgangsthese dieses Buches, dass die Privatisierung der Frage nach dem guten Leben dazu geführt hat, dass jene Frage selbst im gesellschaftlichen Diskurs nahezu tabuisiert wurde" (18).

Diese Tabuisierung des Guten hat nun gleich in zwei zusammenhängenden Entwicklungsschüben die Welt in die „Unlesbarkeit"[3] gestürzt: Zum einen begünstigt sie eine auf Beschleunigung setzende relationale Verzweckung des Guten, vor deren „leeren und sinnlosen" Steigerungsdynamiken bereits Aristoteles um der Wahrung des Höchsten willen warnte (freilich ohne da noch die Wettbewerbsbedingungen der Moderne zu kennen); zum anderen wird durch die Tabuisierung des „Gelingens" die Reflexionsstruktur des Guten so amorph, dass zwischen „erfüllenden" und bloß nur beschleunigten Lebensformen nicht mehr sinnvoll unterschieden werden kann. So bleibt fern jeder Ideologiekritik alles Nicht-Identische doch nur den ökonomischen Erhaltungssätzen der Steigerung verpflichtet.[4] Unter diesen Optimierungszwängen einer auf permanente Welteroberung ausgerichteten Strategie des Aneignens, Beherrschens und Verfügbarmachens hat sich Rosa zufolge die Frage nach dem Guten sukzessive invisibilisiert. Zurückgeblieben ist allerdings ein tiefes Unbehagen an der eskalatorischen Steigerungskompetenz der Moderne, die Rosa auch als eine „Grundangst" (599) unserer Zeit identifiziert. Er macht hier nämlich eine für die Stimmung der Moderne bezeichnende Dialektik aus, eine Furcht vor dem infiniten Regress von ökonomisch-zweckrationalen, wissenschaftlich-technischen, politisch-sozialen und institutionell-administra-

---

2 Exemplarisch mag man hier an die deontologischen Theorien von Kant oder Habermas denken, in denen die moralische Pflicht zur Weltvergrößerung über die Ethik der Selbstverwandlung triumphiert hat.
3 Rosa greift hier eine bekannte Formulierung von Hans Blumenberg auf (in: *Die Lesbarkeit der Welt*, Frankfurt/M. 1979); vgl. dazu auch die Passagen bei Rosa: S. 699-706.
4 „Da uns individuell und kulturell keine Gestalt gelingenden Lebens mehr vor Augen steht, verfügen wir auch über kein Instrumentarium, das uns bestimmen hilft, welche sozialen Kontextbedingungen möglicherweise die Realisierung eines gelingenden Lebens untergraben können [...]" (S. 19).

tiven Wachstumsprogrammen, die in ihren Bemühungen um eine kontrollierte Vermehrung der Güter gerade den Mehrwert des Guten in Selbst, Welt und Natur verfehlen:

> Diese besteht in der Wahrnehmung, dass die gleichsam wissenschaftlich, technisch und politisch attackierte Welt vor unserem Zugriff systematisch zurückzuweichen scheint; dass mit jeder Reichweitenvergrößerung der Horizont des Nicht-Erreichbaren und Nicht-Verfügbaren immer weiter anwächst und dass uns zugleich die verfügbar gemachte Welt gleichsam die Antwort verweigert, dass sie stumm zu werden droht. [...] Mit der spektakulären Ausdehnung der instrumentellen Reichweite scheint die Vernichtung und Entwertung der Welt einherzugehen.[5]

Es sind nun vor allem diese Erfahrungen des Nicht-Identischen, die nach Rosa die Selbstwahrnehmung der modernen Kultur prägen. Ihr Fortschrittszauber gilt längst als verflogen, und an die Stelle einer „fröhlichen Wissenschaft" hat sich die apokalyptische Furcht vor stummen, toten Weltwänden eingenistet, zwischen denen sich die reflexiv-instrumentelle Vernunft wie in einem labyrinthischen Albtraum aus leeren Räumen bewegt.[6] In dieser Grundangst vor der „unheimlichen Stille" (Beckett) sieht Rosa die Werke der literarischen Moderne (besonders in Romantik und Expressionismus) mit denen der Philosophie und Soziologie des 20. Jahrhunderts motivisch auf das Engste miteinander verknüpft: Autoren wie Kafka, Proust oder Joyce haben die existenzielle Grenzsituation der menschlichen „Unbehaustheit" immer wieder neu ausgelotet;[7] und in den besten literarischen, soziologischen und philosophischen Traditionen kritischer Responsivität blitzten immer wieder alternative Modi einer wandelbaren Weltbeziehung bzw. eines erlösenden Gegenglücks auf, die die Dialektik der Entfremdung zumindest augenblickshaft in das transformierende Licht ästhetischer (Schiller), charismatischer (Weber), auratischer (Benjamin), mimetischer (Adorno) oder verständigungsorientierter Existenzweisen (Habermas) zu rücken wussten (vgl. 523-598).

---

5 So Hartmut Rosa in seinem Eröffnungsbeitrag „Resonanz als Schlüsselbegriff der Sozialtheorie".
6 Dieses Angsttrauma der Moderne bezeichnet Rosa auch als genuine „Furcht vor dem Verlust der Welt als einem antwortenden, der Erfahrung zugänglichen Gegenüber", genauer: als eine „Furcht vor dem Weltverstummen" (S. 19).
7 Zum Phänotyp des Unbehausten aus religionsphilosophischer Sicht: Michael Kühnlein, *Wer hat Angst vor Gott? Über Religion und Politik im postfaktischen Zeitalter*, Ditzingen 2017, Teil I.

I

Diese von Rosa rekonstruierte „Tunnelgeschichte" (596) der Moderne muss man nun im Blick haben, um überhaupt erst den Anspruch ermessen zu können, den Rosa mit seiner Soziologie der Weltbeziehung verfolgt.[8] Denn sie tritt nicht mit viel weniger als mit dem Selbstbewusstsein an, jedwede bekannte Form der Gesellschaftskritik in eine Theorie des „normativen Monismus" (749) überführen zu können. Der Begriff der Resonanz avanciert somit bei Rosa zum „Metakriterium des gelingenden Lebens" schlechthin (ebd.). Monomanisch durchdringt er dabei alle praktischen, analytischen und normativen Kontexte des Sozialen und wächst so zu einem Superlativ des Verstehens heran, der sich gleichermaßen für die phänomenologische Beschreibung handlungstheoretischer Grundmuster als auch für die kritische Analyse entfremdeter Weltverhältnisse eignet, um dann in einem letzten „aufhebenden" Schritt den normativen Zielhorizont seiner selbst zu bestimmen. So leiten sich die Erfordernisse einer soziologischen Theorie der Resonanz für Rosa im Wesentlichen von der Aufgabe ab, „das Konzept einer nichtverdinglichten Existenzweise zu entwickeln, welche die angedeuteten und erhofften Potentiale" gelingender Weltbeziehungen „auf konsistente Weise zu bergen oder gar in sich aufzuheben vermag. Dies zu leisten ist der Anspruch und das Ziel der in diesem Buch entwickelten Resonanztheorie" (597 f.).

Rosas Soziologie der Weltbeziehung ist also dispositionale Phänomenologie, strukturelle Gesellschaftskritik und normative Theorie der Moderne in einem. Dieser systematisch umfassende Ansatz einer selbst noch diverse Anerkennungs-, Rechtfertigungs- oder Verständigungsverhältnisse integrierenden und evaluierenden Theorie des Guten ist in der gegenwärtigen Philosophie und Soziologie nahezu konkurrenzlos. Und wollte man historische Vorbilder bemühen, dann müsste man schon sehr weit in die Vergangenheit zurückschauen, um vielleicht mit Hegels *Phänomenologie*

---

8 „Meine These ist es, dass es im Leben auf die Qualität der Weltbeziehung ankommt, das heißt auf die Art und Weise, in der wir als Subjekte Welt erfahren und in der wir zur Welt Stellung nehmen; auf die Qualität der Weltaneignung. Weil die Modi der Welterfahrung und Weltaneignung aber niemals einfach individuell bestimmt werden, sondern immer sozioökonomisch und soziokulturell vermittelt sind, nenne ich das Vorhaben eine Soziologie der Weltbeziehung. Die zentrale Frage, was ein gutes von einem weniger guten Leben unterscheidet, lässt sich dann übersetzen in die Frage nach dem Unterschied zwischen gelingenden und misslingenden Weltbeziehungen." (S. 19 f.).

des Geistes ein ebenbürtiges (Jenaer) Systemprogramm identifizieren zu können.[9] Doch das, was Hegels spekulative Logik – unter den zeitlosehernen Gesetzen begrifflicher Notwendigkeit stehend – den Vernunftrelationen zwischen Subjekt und Welt, zwischen Individuum und Gesellschaft an Mehrwert und Spontaneität nimmt, will Rosa auf das Beziehungsmodell der Resonanz übertragen. Nicht mehr die dialektische Rückkehr zu sich selbst, sondern die gegenseitige Affizierung und Verwandlung soll dabei im Vordergrund von gelingenden Lebensmodellen stehen. Insofern stellt Rosa der triadisch-teleologischen Endkonzeption von Hegels Geschichtsauffassung ein Kontra-Narrativ entgegen, deren supererogatorische Logik von permanenten dialektischen Aufbruchs- und Wechselverhältnissen bestimmt wird. Denn nicht das Ende, sondern der *Anfang* ist in einer Soziologie der Weltbeziehung entscheidend. In wenigstens fünf Elementen zeigt Rosa dabei die semantisch überbordende Polyvalenz des von ihm verwendeten Resonanzbegriffs auf:

1) *Affizierung* im Sinne der Fähigkeit und Erfahrung eines „Berührtwerdens" durch ein Anderes, ohne durch dieses Andere dominiert oder fremdbestimmt zu werden.
2) *Selbstwirksamkeit* im Sinne der Fähigkeit und Erfahrung, ein Anderes zu berühren oder zu erreichen, ohne über dieses zu verfügen.
3) *Wechselseitige Anverwandlung* nicht im Sinne einer Aneignung, einer Einverleibung oder einer Nostrifizierung, sondern im Sinne einer Selbst-Transformation (in ein sich eröffnendes Gemeinsames hin).
4) *Unverfügbarkeit* in einem doppelten Sinn: Zum einen lässt sich Resonanz nicht und niemals erzwingen (und ebenso wenig absolut ausschließen), weshalb sie in ihrem Auftreten, ihrer Intensität und ihrer Dauer nicht kontrollierbar ist – und zum anderen [...] lässt sich niemals vorhersagen, was das Ergebnis der Transformation sein wird. Eine Resonanzbeziehung ist grundsätzlich ergebnisoffen. [...]
5) Ein *entgegenkommender Resonanzraum* im Sinne resonanzaffiner Kontextbedingungen: Das Zustandekommen der Resonanzbeziehung hängt nicht nur von der Art und Beschaffenheit der beteiligten Körper oder Entitäten ab [...],

---

9 Schließlich rühmt auch Rosa das spekulative Denken Hegels dafür, dass es auf exemplarische Weise Identität und Negativität in einen konsequenten begrifflichen Zusammenhang bringen konnte, ohne dem falschen Prophetentum einfacher und harmonistischer Lösungen anheimzufallen (vgl. S. 352).

sondern auch von der Qualität eines entgegenkommenden Resonanzraumes […].[10]

Wenn man sich also anschickt, Hartmut Rosas Soziologie der Weltbeziehung zu kritisieren, dann tut man gut daran, sich zunächst der intellektuellen Komplexität und rhetorischen Beweglichkeit seines Anliegens bewusst zu werden. Da es Rosa virtuos versteht, in der Qualifizierung des Resonanzverlangens behände zwischen phänomenologischen Beobachtungen, strukturellen Analysen und normativen Antworten hin und her zu wechseln, muss man sich als Kritiker genauestens darüber klar werden, auf welcher Ebene man seine Kritik zu platzieren gedenkt. Daher möchte ich mich im Folgenden ausschließlich auf die „sozialphilosophischen" (281) Legierungen in Rosas Resonanzethik konzentrieren. Meine These ist dabei, dass der von Rosa selbst veranlagte normative Zusammenhang von Resonanz und Monismus methodisch-kritisch zu kurz greift und dadurch die Rolle der Interpretation in einer außeralltäglichen Erfahrungsethik des guten Lebens sukzessive marginalisiert wird.

II

Wer wie Rosa die Kategorie der Resonanz normativ-monistisch auszulegen gedenkt, muss sich fragen lassen, inwieweit eine Sozial- und Gesellschaftstheorie noch eine *kritische* sein kann, wenn sie nur über ein *einziges* Superkriterium verfügt. In einer Fußnote streift Rosa ansatzweise diese Problematik, lässt aber eine Antwort darüber offen, ob nicht wenigstens auf normativ-struktureller Ebene ein „perspektivischer Dualismus" (749) begrifflich notwendig sein könnte. Dass es sich dabei nicht um eine theoretische Bagatelle handelt, lässt sich an folgender Überlegung deutlich machen: Wenn Resonanz unsere Welt- und Sozialbeziehungen immer schon primär „umgreifen" (Jaspers) soll, dann ist ein Gegenbegriff nur denkbar im Modus der bestimmten Negation; doch bleibt dieser als Negation von Resonanz unweigerlich auf Resonanz bezogen. Diese Selbstreferenzialität wird bei Rosa an keiner Stelle seines Werkes durchbrochen; sie findet sich wieder in der Beschreibung von Entfremdungserfahrungen („Resonanzverweigerung"), im Erlernen von Kulturtechniken („Reson-

---

10 Hartmut Rosa, „Für eine affirmative Revolution – Eine Antwort auf meine Kritiker_innen", in: Christian Helge Peters, Peter Schulz (Hg.), *Resonanzen und Dissonanzen. Hartmut Rosas kritische Theorie in der Diskussion*, Bielefeld 2017, S. 311-330; hier: S. 315 f. (Hervorhebungen von MK); in seinem Buch: S. 281-298.

anzunterbrechung") und in der prozesshaften Ausformung eines resonanten Selbst („Resonanzdämpfung").[11]

Dieser sozial-hermeneutische Monismus Rosas verschließt sich allerdings gegen jene Dimensionen des Denkens, die, anders etwa als eine Soziologie der Weltbeziehung, von vornherein den totalisierenden Resonanzbezug als existenziales Apriori des In-der-Welt-Seins *umgehen* möchten. Ich denke hier vor allem an den philosophisch-literarischen Existenzialismus von Sartre und Camus. Ihre Thematisierung des Absurden eröffnet noch einen ganz anderen Blick auf die Welt als jene von der Resonanztheorie favorisierte, die für sich diese Herausforderung in die Negativität einer „stummen Weltbeziehung" (449) übersetzt. In der Perspektive einer solchen Resonanzsoziologie wartet das Schweigen der Welt (bei Sartre ist es das „laute Summen") nur noch auf den Taktstock gebenden Einsatz des romantischen Dirigenten – ganz so, wie es in den berühmten Zeilen von Eichendorff heißt: „Schläft ein Lied in allen Dingen, / Die da träumen fort und fort, / Und die Welt hebt an zu singen, / Triffst du nur das Zauberwort." Doch damit vereinnahmt die Weltbeziehungssoziologie, was der Existenzialismus längst preisgegeben hat: Das Absurde ist nämlich ohne Grund und Frist zu denken; es steht in der Evidenz seiner unaufhebbaren Faktizität. Wer in diesen Kosmos eintritt, tritt in eine riesige Echokammer ein, die alles auf uns selbst zurückwirft. „Vibrationen" zwischen Subjekt und Welt gleichen unter diesen Bedingungen des Absurden also eher trügerischen Selbstbespiegelungen, denn das absolut Widersinnige lässt sich *eo ipso* nicht transformieren.

Und genau an diese Radikalität des Denkens reicht Rosas Resonanztheorie nicht heran: Sie ist auf „Anverwandlung" und „gegenseitige Affizierung" in einer ontologisch rufenden und hörenden Wirklichkeit aus, doch in diesem Resonanzhunger „ist das Absurde nicht mehr die Evidenz, die der Mensch feststellt, ohne in sie einzuwilligen. Der Kampf ist dann vermieden. Der Mensch integriert das Absurde und lässt damit sein eigentliches Wesen verschwinden, das Gegensatz, Zerrissenheit und Ent-

---

11 In diesem Zusammenhang will ich darauf hinweisen, dass Rosa der Versuchung widersteht, aus der sozio-ontologischen Priorisierung der Weltbeziehung ein Plädoyer für eine Art von Dauerresonanz abzuleiten; vielmehr wird Resonanz bei ihm nur im dialektischen Widerschein der Differenz sichtbar. Absolut gesehen ist sie nämlich kein Gegenstand möglicher Erfahrung, da wir nur endliche Wesen sind. Allenfalls Gott wäre von Seinem unendlichen Standpunkt aus in der Lage, die resonante Kraft in allem Wirklichen zu sehen. Er wäre aus theologischer Sicht das Beziehungswunder schlechthin.

zweiung ist. Dieser Sprung ist ein Ausweichen".[12] Dass also, was Camus im Blick auf die Flucht in den Gottesbegriff als einen „philosophischen Selbstmord"[13] bezeichnet hat, lässt sich *mutatis mutandis* auch auf Rosas Soziologie der Weltbeziehung übertragen. Revolte, nicht dialogische Resonanz, verlangt die *conditio absurda* von uns ab. Nur in diesem einsamen Aufbegehren gegen die antinomische Struktur unserer Existenz sind authentische Erfahrungen der Selbstüberschreitung möglich. Phänotypisch tritt also an die Stelle des romantischen Resonanzgenies à la Eichendorff der erhabene, würdevolle und vor allem: „*glücklich*" scheiternde Sisyphos.[14]

Der Hinweis auf die absolute Negativität existenzphilosophischen Denkens lässt zudem phänomenologisch-strukturelle Verengungen in Rosas Resonanz-Konzept deutlich werden. Denn gerade die christliche Existenzhermeneutik, wie sie u.a. von Augustinus, Pascal und Kierkegaard entwickelt worden ist, gibt sich gewissermaßen als die „Nachtseite" einer Soziologie der Weltbeziehung zu erkennen: In ihrem Innerlichkeitsfanal schrumpfen nämlich die von Rosa so großzügig skizzierten „horizontalen", „diagonalen" und „vertikalen" Resonanzachsen der Moderne zusammen (vgl. Teil 2) und ziehen sich in die welt- und beziehungslose Apotheose des Selbst zurück. „Resonanz" entsteht hier nur noch aus der *inneren* Dialektik der Selbst-Verzweiflung, die in letzter Konsequenz auf einen autonomen Selbst-Verzicht hinausläuft. Entsprechend spielt die Welt keine Rolle mehr. Denn um das Ganze von Welt „umgreifen" zu können, müssen wir, wie bei Kierkegaard, von Gott her auf uns zugehen. Aber damit verändert sich zugleich auch eine Phänomenologie der Resonanz: In ihr sind nicht mehr „Affizierung", „Selbstwirksamkeit", „Anverwandlung", „Unverfügbarkeit" oder ein stimulierender „Resonanzraum" entscheidend, sondern nur noch der Glaube, der aus der Faktizität von Verzweiflung und Selbstverfehlung, von existenzieller Uneigentlichkeit und Unbegreiflichkeit – und schließlich: aus der Härte einer widersprüchlichen Entität – herausführt.

---

12 Albert Camus, *Der Mythos von Sisyphos. Ein Versuch über das Absurde* [1942], Hamburg 1999, S. 50 f.
13 Ebd., S. 57.
14 Ebd., S. 159 f. Diese Erfahrungen der Selbst-Resonanz sind nicht mit den „hypostasierten Individualteleologien" (S. 43) ihrer Authentizitätsanhänger zu verwechseln; vielmehr stiften sie bei Camus horizontale Transzendenzerfahrungen der Solidarität im Angesicht eines absurd-hermetischen Universums.

Nun kann ich verstehen, dass eine „helle" Resonanztheorie des guten Lebens von ihrer „dunklen" Seite nichts wissen will und weder mit dem kränklichen, sich selbst kasteienden Pascal noch mit dem schwermütigen und in der Liebe unerfüllt bleibenden Kierkegaard Allianzen in der Theorie eingehen möchte; doch jenseits aller kritischen Absetzbewegungen lässt sich festhalten, dass Resonanz sich eben auch anders denken lässt als nur in Begriffen einer dialogischen Heiligung des Lebens. So gibt es eindringliche biographische Zeugnisse, die selbst in Zeiten tiefster Welt-Verlassenheit und an den unwirklichsten Orten des Nicht-Seins souveräne, tief bewegende Resonanzerfahrungen zu artikulieren wissen. So schrieb Helmuth James Moltke in seinem letzten Brief an seine Frau (am Tag der Hinrichtung am 23. Januar 1945) Folgendes: „Ich bin nicht unruhig oder friedlos. Nein, kein bisschen. Ich bin ganz bereit und entschlossen, mich Gottes Fügung nicht nur gezwungen, sondern willig und freudig anzuvertrauen und zu wissen, dass er auch unser, auch Dein, mein Liebstes, Bestes will." Und Alfred Delp trat dem Gefängnispfarrer am 2. Februar 1945 mit den letzten Worten entgegen: „In wenigen Minuten werde ich mehr wissen als Sie." Diese Beispiele können belegen, dass Resonanz auch dort entstehen kann, wo *allein* die Hoffnung, gehört zu werden, nicht verschwindet.

III

In Bezug auf Rosas Sprachlosigkeit gegenüber existenzphilosophischen Solitärkonzeptionen lässt sich zudem die Frage nach dem Verhältnis von Phänomenologie und Normativität in einer monistischen Weltbeziehungssoziologie genauer stellen. Für Rosa gilt zunächst einmal, dass sich beide Perspektiven, die deskriptive und die normative, nicht sinnvoll voneinander trennen lassen; vielmehr müsse man in der Resonanz beides „zugleich begreifen" (747). Denn aus der Vorgängigkeit sozial-resonanter Weltsphären lasse sich ohne Weiteres eine Tiefenstruktur menschlichen Handelns entwickeln, die „motiviert ist von der Sehnsucht und der Suche nach Resonanz sowie von der Angst davor, einer kalten, feindlichen Welt ausgesetzt zu sein". „Leben" wäre in diesem Sinne „Suche nach Resonanz und Streben nach der Vermeidung von dauerhafter Entfremdung" (747 f.).

Dieser Doppelcharakter der Resonanztheorie ist allerdings aus legitimitätstheoretischer Sicht nicht unproblematisch. Denn in dieser Perspektive hat es den Anschein, als ob die *richtige* Deutung der Resonanz aus der bloßen Resonanz selbst heraus erwächst – ohne auf das normative Vermittlungsrepertoire einer intersubjektiv geteilten Sprache extra angewiesen zu sein, die diese Erfahrungen erst für einen nachvollziehbar und begreiflich macht. Mit anderen Worten: Das Verhältnis zwischen einer intimen, resonanten Erfahrung und ihrer allgemeinen Kommunizierbarkeit bleibt bei Rosa ebenso ungeklärt wie die Frage nach der Integrierbarkeit der Resonanztheorie in den Alltag.[15] Doch damit geraten schlussendlich auch die Ebenen der phänomenologischen Deskription und die der normativen Analyse in einen strukturellen Widerspruch: Wenn nämlich Resonanz Unverfügbarkeit impliziert – und d.h. für Rosa, dass sie sich niemals erzwingen, niemals kontrollieren, niemals ausschließen lässt und immer ergebnisoffen ist – dann gibt es eben *keinen* guten Grund mehr, „schlechte Resonanz zu verweigern" (742).[16] Rosa sieht das explizit anders, doch damit sitzt er einem monistischen Fehlschluss auf: Ohne weitere moralische Wertmaßstäbe ist die Resonanzerfahrung an sich weder gut noch schlecht, weder empathisch noch unterdrückend, weder selbstüberschreitend noch entfremdend; vielmehr ist ohne gelingende Interpretation und begriffliche Verstetigung alle Resonanz nichts.

IV

Beschließen möchte ich meine Kurz-Intervention mit zwei grundsätzlichen Lektüre-Eindrücken: Zum einen bin ich tief beindruckt von der systematischen Reichweite einer Soziologie der Weltbeziehung, die sich traut, die von der Philosophie so hasenfüßig behandelten Fragen des guten Lebens wieder aufzunehmen und so den Aufgaben einer kritischen Gesellschaftstheorie im besten Sinne des Wortes nachzukommen. Es schmerzt, dass ausgerechnet die Soziologie ihre philosophische Geschwisterdisziplin erst wieder an die gedankliche Vornehmheit solcher radikalen Fragestellungen erinnern muss. Gleichwohl vermag mich Rosas Antwort nicht zur Gänze überzeugen: Denn so, wie die moderne eskalatorische Steigerungskompetenz nicht mehr zwischen einem ressourcenfixierten und einem ge-

---

15 Dieses Defizit macht sich auch an dem Umstand bemerkbar, dass Rosa in seinem Buch Fragen der Veralltäglichung und Routinisierung einer Resonanzethik z.B. durch eine Ethik der Lebensführung völlig ausblendet, so als ob nur das für sich isolierte Momentum in den Erzählungen eines gelingenden Lebens Bestand haben könnte.
16 In ihrer radikalen Kontingenz ist Resonanz also normativ unempfindlich. Wie soll sie sich dann aber gleichzeitig als ein „Metakriterium des gelingenden Lebens" (S. 749) ausweisen können?

lingenden Leben unterscheiden kann, so steht auch eine Resonanzethik in Gefahr, nicht mehr zwischen echten und moralisch entfremdenden Weltbeziehungen unterscheiden zu können, wenn sie sich einzig und allein der Resonanz anvertraut. Gelingendes Leben kann auch darin bestehen, gerade dort seine Pflicht zu tun, wo man der Resonanz zu misstrauen beginnt.

Über Wissenschaftsmacht und konzeptionelle blinde Passagiere.
Eine afrikawissenschaftlich-misstrauische Lektüre Hartmut Rosas Resonanz

Rose Marie Beck

Mit seinem Entwurf über die "Möglichkeit eines anderen In-der-Welt-Seins" (82 f.) erhebt Hartmut Rosa einen doppelten Anspruch. Zum einen, dass der Begriff der Resonanz genügend heuristisches und kategoriales Potential für eine neuartige Sicht auf die Welt bereitstellt, zum anderen, dass damit der Wurf einer soziologischen Großtheorie in der Tradition der Kritischen Theorie gelingt, aus deren normativen Perspektive handlungsleitende Schlussfolgerungen für eine sich in radikaler Entfremdung befindlichen Gesellschaft gezogen werden können. An beiden Ansprüchen muss sich die *Resonanz* also messen lassen. Bereits zeigt die lebhafte Rezeption des Buches in zahlreichen Rezensionen und Reaktionen aus der deutschsprachigen Soziologie ebenso wie Hartmut Rosas Antworten darauf,[1] dass einige Missverständnisse auszuräumen und konzeptionelle Unschärfen zu justieren sind. Was kann ich als Afrikawissenschaftlerin zu diesen Debatten beitragen?

Die wissenschaftliche Neugier möchte vielleicht durch die Anwendung der Resonanz auf afrikanische Fallbeispiele befriedigt und dadurch zumindest empirisch validiert werden. Hartmut Rosa öffnet diese Perspektive, wenn er schreibt, dass sich „[e]rst durch den Dialog mit anderen, außereuropäischen Traditionen [...] ein Sinn für die Vielfalt, Varianz und Kontin-

---

1 Vgl. z.B. Christian Helge Peters, Peter Schulz (Hg.), *Resonanzen und Dissonanzen. Hartmut Rosas kritische Theorie in der Diskussion*, Bielefeld 2017. Im angelsächsischen Raum ist Rosas Resonanz bisher kaum rezipiert worden. Zur Resonanz auf Englisch vgl. Hartmut Rosa, „Dynamic Stabilization, the Triple A. Approach to the Good Life, and the Resonance Conception", *Questions de Communication* 31/1 (2017), S. 437-456; Hartmut Rosa, Klaus Dörre, Stephan Lessenich, „Appropriation, Activation and Acceleration: The Escalatory Logics of Capitalist Modernity and the Crises of Dynamic Stabilization", *Theory, Culture and Society* 34/1 (2017), S. 53-73.

genz möglicher Resonanzachsen gewinnen [lässt]; nur dadurch lassen sich aber auch die blinden – oder besser: taubstummen – Flecke westlicher Verdinglichungsverhältnisse erkennen" (753). Obwohl unbestreitbar auch die afrikanischen Gesellschaften weltweit von massiver Entfremdung gekennzeichnet sind, und obwohl die Frage nach dem Guten Leben in Afrika als auch in der Wissenschaft über Afrika noch systematisch zu stellen ist,[2] und obwohl sich zweifellos Beispiele für ein „anderes In-der-Welt-Sein" finden ließen, habe ich mich gegen diesen Weg entschieden. Stattdessen werde ich erstens argumentieren, warum die Resonanz im Zusammenhang mit der modernen Verflechtung von Wissenschaft und Macht politisch gelesen werden muss. Zweitens präzisiere ich die Frage, ob und inwieweit Resonanz aufgrund ihrer deutschen, bildungsbürgerlichen kulturellen Spezifik, die in vielen illustrativen Beispielen Ausdruck findet, konzeptionelle „blinde Passagiere" mit sich führt. Beide Fragen zielen auf eine Einschätzung ab, was mit einer Anwendung der Resonanztheorie auf beispielsweise Afrika gewonnen werden kann. Anstatt also Afrika durch die Augen der Resonanz zu lesen, lese ich die Resonanz durch die Augen Afrikas.

Dieser Satz ist so prägnant wie ungenau: Anstatt Afrika durch die Augen der Resonanz zu lesen und damit Afrika als Resultat kolonialer Wissenschaften zu reproduzieren, lese ich als deutsche Afrikawissenschaftlerin die Resonanz durch die Augen der Afrikawissenschaften. Die naive Anwendung von aus der westlichen Episteme geborenen und mit der Macht der Wissenschaft versehenen Begriffen kommt der Reifizierung bestehender Machtverhältnisse gleich, gegen die sich eine immer größer werdende Gruppe afrikanischer und afrikawissenschaftlicher Intellektueller wendet. In den Afrikawissenschaften hat sich erneut die Debatte über die Fundamente ihrer Wissensproduktion und -ordnungen im hegemonialen politisch-wissenschaftlichen Projekt der Moderne erhoben.[3] Im Sinne

---

2 Vgl. z.B. Achille Mbembe, „Africa in Theory", in: Brian Goldstone, Juan Obarrio (Hg.), *African Futures: Essays on Crisis, Emergence, and Possibility*, Chicago 2016, S. 211-230.

3 Exemplarisch z.B. Elísio Macamo, „Before We Start. Science and Power in the Constitution of Africa", in: Maano Ramutsindela, Giorgio Miescher, Melanie Boehi (Hg.), *The Politics of Nature and Science in Southern Africa*, Basel 2016, S. 323-334; Mbembe, „Africa in Theory"; Adebayo Olukoshi, „African Scholars and African Studies", *Development in Practice* 16/6 (2006), S. 533-544; Thandika Mkandawire, „The Social Sciences in Africa: Breaking Local Barriers and Negotiating International Presence", *African Studies Review* 40/2 (1997), S. 15-36; Paul Tiyambe Zeleza, „The Politics of Historical and Social Science Research in Africa", *Journal of Southern African Studies* 28/1 (2002), S. 9-23.

der Resonanz könnte man dies als vielstimmigen Versuch verstehen, von der Wissenschaft endlich eine Transformation und Anverwandlung einzufordern; anders gesagt, afrikanische Wissenschaftler beanspruchen stimmgewaltig die Einschreibung Afrikas in die Welt. Dies zeigt sich beispielsweise im höchst eloquenten und bis zur Obszönität empörten Vokabular bei Achille Mbembe[4] oder Joseph Tonda,[5] die in ihrem Begehren nach dem Ausgang aus der von radikaler Entfremdung des Subjektes gekennzeichneten postkolonialen Erfahrung vom Versuch motiviert sind, sich aus der strukturellen Selbstwirksamkeitslosigkeit zu befreien. Unbestreitbar sind die Beziehungen zwischen dem „Globalen Norden" und dem „Globalen Süden" entfremdet. Von Affizierung, Selbstwirksamkeit, wechselseitiger Anverwandlung kann keine Rede sein, geschweige denn von einem entgegenkommenden Resonanzraum. Dies gilt auch für das Verhältnis der Wissenschaften des Nordens und des Südens.

I Wissenschaft und Macht – Wissenschaftsmacht

Die Resonanz durch die Augen der Afrikawissenschaften zu sehen, bedeutet, sie durch die Augen der Verflechtung von Wissenschaft und Macht zu sehen: „the issue is not the relationship between scientific knowledge, on the one hand, and power, on the other. The issue is scientific power, i.e. the power to speak truth".[6] Die Verflechtung von Wissenschaft, Macht und Politik wird zwar in den Afrikawissenschaften besonders sichtbar, sie ist aber keinesfalls auf sie zu beschränken. Vielmehr ist diese Verflechtung in der Moderne selbst begründet, in deren Interesse die Wissenschaft agiert. In Rückgriff auf Bruno Latour[7] fasse ich Moderne als Apparat auf,[8] dessen Aufgabe es ist, die kategoriale, auf einer scharfen Grenzziehung zwischen Natur und Kultur beruhende Neuordnung der Welt seit der Aufklärung mit ihren spezifischen onto-epistemischen und moralisch-politisch aufgeladenen Bedeutungen fortwährend ebenso hervorzubringen wie dy-

---

4 Achille Mbembe, „Provisional Notes on the Postcolony", *Africa: Journal of the International African Institute* 62/1 (1992), S. 3-37; Ders., *Ausgang aus der langen Nacht. Versuch über ein entkolonisiertes Afrika* [*Sortir de la grande nuit. Essai sur l'Afrique décolonisée*], Berlin 2016.
5 Joseph Tonda, *L'impérialisme postcolonial. Critique de la Société des Éblouissements*, Paris 2015.
6 Macamo, „Before We Start", S. 330.
7 Bruno Latour, *We Have Never Been Modern*. Cambridge, MA, 1993.
8 Karen Barad, *Meeting the Universe Halfways. Quantum Physics and the Entanglement of Matter and Meaning*, Durham u.a. 2007.

namisch zu stabilisieren. Teil dieser Stabilisierung ist die durch die Institution Wissenschaft legitimierte Re/produktion von Machtverhältnissen im Dienste moderner Gesellschaftsordnungen, deren besonderes – und zu oft ausgeblendetes[9] – Merkmal ihre globale Reichweite ist.

Aus afrikawissenschaftlicher Perspektive hat sich Wissenschaft im Dienste des hegemonialen Projekts der Moderne, zeitgemäß im Imperialismus und (Post-)Kolonialismus, mit Politik verbündet. Diese Debatte ist hinlänglich in den beteiligten Disziplinen[10] geführt und im Feld postkolonialer und dekolonialer Theorien weiter entwickelt worden. Valentine Mudimbes wegweisende Monographie zur Erfindung Afrikas legt dar, dass Afrika als Konstrukt, als das wissenschaftlich legitimierte Artefakt eines Willens zur Macht verstanden werden muss.[11] „Wahres" Wissen über Afrika ist deswegen unmöglich, weil die epistemologischen Grundlagen, die Afrika konstituieren, dieselben sind, die seine Stimme(n) zum Schweigen gebracht haben. Anders gesagt, da die Wissenschaft ein Afrika Europas konstituiert hat, kann dieselbe Wissenschaft kein „wahres" Wissen über Afrika produzieren.

Aus der Komplexität dieser Debatten lassen sich wenigstens drei für die Afrikawissenschaften wichtige Aspekte herausstellen. Erstens, eine spezifische Macht der Wissenschaftler, die es ihnen erlaubt, als „unbeobachtete Beobachter"[12] die Erfahrungen des „Anderen" im Feld mit ihrem je kulturellen, disziplinären und wissenschaftstheoretischen Hintergrund auszublenden, zu überschreiben, zu vernichten, und ihren eigenen wissenschaftlichen wie auch politischen Motiven zu unterwerfen. Die Alltagsrea-

---

9 Auffallend so beispielsweise in Debatten um das bedingungslose Grundeinkommen, die sich in der Regel auf lokale oder nationale Kontexte beschränken. In Zeiten globaler Verflechtungen bedeutet diese Beschränkung nichts Anderes als die Schaffung scheinbar postkapitalistischer Enklaven, die eine weitere Ausblendung des „Lumpenproletariats" aus ihrem Blickfeld bedeutet. Denkt man die Idee eines bedingungslosen Grundeinkommens für alle, also für sechs Milliarden Menschen, konsequent weiter, wird rasch deutlich, welch wirtschaftlicher, sozialer und politischer Revolutionen dies bedürfte. Bisher existieren nicht einmal verlässliche Berechnungen dazu, welches globale Wirtschaftsaufkommen notwendig wäre, um alle Menschen zu dessen Nutznießern machen zu können.
10 Im Wesentlichen in den regionalwissenschaftlich ausgerichteten Geschichtswissenschaften, in der Ethnologie, den Literaturwissenschaften, weniger in den Philologien und der Linguistik.
11 Valentin Y. Mudimbe, *The Invention of Africa. Gnosis, Philosophy and the Order of Knowledge*, Bloomington u.a. 1988; Macamo, „Before We Start", S. 325.
12 Andreas Reckwitz, *Unscharfe Grenzen. Perspektiven der Kultursoziologie.* Bielefeld 2008, S. 37.

lität des Feldes wird durch den wissenschaftlichen Prozess der Wissensproduktion in eine Wahrheit umgeformt, die (mindestens) für die Akteure des Feldes nicht mehr wiedererkennbar ist, in der sich die Akteure selbst nicht wiedererkennen, die aber mit der Legitimation der Institution Wissenschaft versehen in Wirtschaft, Politik und Gesellschaft entsprechend Folgen zeitigt. Wahr ist nicht, was im Alltag wahr oder real ist, sondern was die Wissenschaft als wahr spricht. Dadurch wird, zweitens, der Anschluss wissenschaftlicher Ergebnisse an mehr oder weniger offen hegemoniale Interessen von Kolonialadministrationen, heute auch nationaler und internationaler Institutionen möglich, die nach wie vor von Modernisierungstheorien und damit normativ geprägt sind. Wissenschaftliche Macht, die Macht Wahrheit zu definieren, ist in diesem Zusammenhang „the power to define what Africa's problems are and to claim the supremacy of the solutions that science suggests while, at the same time, undermining local problem definitions and solutions".[13] Drittens tragen so die (post-)kolonialen Wissenschaften – das sind alle Wissenschaften –, willentlich oder nicht, zur dynamischen Stabilisierung der Moderne bei; wobei Moderne hier Kapitalismus ebenso meint wie strukturbildende Kategorien wie Rasse, Geschlecht, Alter und Spezies.

Die regionalwissenschaftliche Forschung reagiert auf diese Verflechtung mit einem grundsätzlichen Misstrauen gegen, aber auch einem eingeschränkten Verständnis von Wissenschaft. Dies drückt sich in einer konfliktreichen Debatte um die Rolle de*r Wissenschaftler*in, der Empirie und wissenschaftlicher Methoden im Prozess der Wissensproduktion aus. Die Forschung stellt in der Regel die Empirie zentral, das Feld und seine Akteure „die Realität". Deren möglichst präzise und vertiefte ethnographische Kenntnis, so das Ziel und die Hoffnung, vermag dem hegemonialen Blick standzuhalten, das eurozentrische Bild zurechtzurücken, Wahrheitsansprüche zu korrigieren, im besten Fall gänzlich neues Wissen zu generieren. Davon leitet sich auch ein besonderer Anspruch an die Forscher*in ab, der davon ausgeht, dass die Kenntnis der „eigenen" Gesellschaft einen privilegierten Zugang zum Feld und dessen Stimmen eröffne und die Produktion wissenschaftlicher Wahrheit erst ermögliche. Trotz seines antihegemonialen Gestus, aus dem dieser Anspruch seine Legitimation generiert, ist er Ausdruck der (post-)kolonialen Erfahrung und darin gefangen. Sozialwissenschaftliche und ethnographische Methoden nehmen gleichermaßen die Funktion als Kontrollinstanz und Validierungsinstrument zwi-

13 Macamo, „Before We Start", S. 331.

schen Feld und Forscher ein, sofern sie nicht in einer arbeitsteiligen oder konsultifizierten Sozialwissenschaft als faktengenerierende Maschinerie eingesetzt werden.[14]

II Zur formierenden Performanz von Begriffen

Dieses Misstrauen richtet sich in besonderem Maße gegen Begriffe und Konzepte, weil sie Bedingung des wissenschaftlichen Machtapparates und des Mandats sind, wahrheitsgetreu über Afrika sprechen zu können.[15] Dieses Misstrauen muss sich daher auch auf Resonanz richten. Die Beschäftigung mit Afrika (bzw. den Kolonien) seit dem 19. Jahrhundert hatte einen bedeutenden Einfluss auf die Gründung und Entwicklung der Sozial- und Geisteswissenschaften und ihrer Kategorien. Daher bedarf eine kritische Perspektive der Hinwendung zur normativen und formativen Performanz von Begriffen. Wir kommen generell nicht ohne Begriffe und Konzepte aus; sie sind Dreh- und Angelpunkt wissenschaftlicher Erkenntnis in der Gegenstandskonstitution ebenso wie als heuristische Instrumente und damit die Grundlage für die Möglichkeit von Wissen überhaupt. Die Beschäftigung mit Rosas Resonanz gibt mir die Möglichkeit zu einer Begriffsdiskussion, die innerhalb der Afrikawissenschaften zu wenig geführt wird. In einer Zeit, in der die Wissenschaft ihre Überzeugungskraft verloren zu haben scheint, in der die Kriterien und Modelle zur Bewertung von Begriffen unsicherer werden, in der Europa zunehmend „provinzialisiert" wird (Chakrabarty), stellt sich die Frage nach unseren Instrumenten der Erkenntnis dringlicher. Begriffe, so mein Zugang, sind daraufhin zu prü-

---

14 Zur Problematik von Auftragsforschung (consultancies) vgl. Mahmood Mamdani, *Scholars in the Marketplace: The Dilemmas of Neo-Liberal Reform at Makerere University, 1989-2005*. Cape Town 2009; Ders., *The Importance of Research in a University: Keynote Address*, Vortrag, Makerere University Research and Innovations Dissemination Conference, Kampala, Uganda, 2011, zuletzt gesehen am 30.11.2017, https://www.pambazuka.org/resources/importance-research-university. Zur intellektuellen Arbeitsteilung zwischen akademisch abgewerteten afrikanischen Wissenschaftlern als „Jäger und Sammler" von Primärdaten und den anspruchsvolleren konzeptuellen Tätigkeiten der Wissenschaftler*innen des Nordens in der Produktion der Beschreibung der conditio humana vgl. Raewyn Connell, „Northern Theory: The Political Geography of General Social Theory", *Theory & Society* 35 (2006), S. 237-264; Paulin Houtondji, *African Philosopy: Myth and Reality*. Bloomington 1983; Zeleza, „The Politics of Historical and Social Science Research in Africa"; Mkandawire, „The Social Sciences in Africa".
15 „[S]cientific knowledge and power relations conflate into a mandate conferred upon science to speak truthfully about Africa" (Macamo, „Before We Start", S. 324).

fen, wie diese das Verhältnis von Gegenstand und Wissen vermitteln, welche konzeptionellen blinden Passagiere mitfahren und welche kulturspezifischen Trimmer durch ihre unkontrollierte Beladung unbemerkt den Kurs der Wissensproduktion mitbestimmen.

Afrika ist, so schreibt Mbembe, „the purveyor of some of the most perplexing and at times fertile concepts without which the face of modern criticism would be utterly different".[16] Die intensive Beschäftigung mit dem Feld hat in unzähligen Beispielen zur Weiterentwicklung, Klärung oder gar Neuschöpfung von Begriffen geführt. Hendrik Vigh, beispielshaft herausgegriffen, schreibt vor dem Hintergrund der Beobachtung höchst fluider, turbulenter, täglich sich wandelnder Lebensumstände junger Menschen in Guinea-Bissau über Navigation als Metapher für soziale Orientierung.[17] Er zeigt, dass Bourdieus einflussreicher Begriff des Feldes implizit Stabilität als Folie braucht, um die Bewegung auf dem Feld wahrnehmen zu können:

> The game metaphor brings forth an image of people interacting with each other on a field rather than having to interact with each other and the field. The metaphors of 'game' and 'field', in other words, build on an idea of underlying permanence or very slow socio-political change, in itself illustrated in the languid character of habitus as history turned into nature [...]. It underplays the experience of, for example, speed, flux or turbulence [...].[18]

Er schlägt stattdessen den Begriff des „seascape" vor, weil dieser dyamische, bewegliche, multidimensionale und dichte Topographien unterschiedlicher Texturen zu erfassen vermag, in denen sich der Navigator in einem ständigen Dialog mit Handlungsanleitungen (plots), Möglichkeiten und Praktiken befindet.[19] In diesem Beispiel wird nicht nur ein neuer Begriff eingeführt, sondern auch postuliert, dass die Stabilität des Bourdieu'schen Feldes aus der historisch kontingenten Erfahrung Westeuropas in das Konzept selbst übergegangen ist.

Das stimmt vielleicht nicht ganz, denn die Idee von Figur und Grund findet sich nicht bloß bei Bourdieu, sondern auch in der Philosophie oder der Psychologie. Die Anstrengung, den Grund (oder das Feld) stabil zu halten, ermöglicht, dass er aus der Wahrnehmung und damit aus der Ana-

---

16 Mbembe, „Africa in Theory", S. 211.
17 Hendrik Vigh, „Motion Squared. A Second Look at the Concept of Social Navigation", *Anthropological Theory* 9/4 (2009), S. 419-438.
18 Vigh, „Motion Squared", S. 428.
19 Ebd., S. 430.

lyse verschwindet und zum Container werden kann.[20] Auch Hartmut Rosa bedient sich dieser Denkfigur, wenn er schreibt, „resonante und in diesem letzteren Sinne ‚stumme' Weltverhältnisse bedingen sich konzeptuell wechselseitig, weil Resonanz zwischen zwei Entitäten nur möglich ist vor dem Hintergrund einer *nicht* resonierenden, ‚schweigenden' Umgebung".[21] Wie Vigh nachweist, gibt es Gesellschaften, denen es nicht vergönnt ist, Teile ihrer Lebenswelten als stabile Hintergrundgeräusche auszublenden. Was aber, wenn es Gesellschaften gibt, die nicht in Kippfiguren denken und wahrnehmen, wenn also Resonanz keiner schweigenden Umgebung bedarf? Wie tiefgreifend würde damit die Resonanztheorie verändert werden müssen?

III Blinde Passagiere in der Resonanz

Aus afrikawissenschaftlicher Perspektive manifestiert sich die kulturelle Situiertheit des Resonanzbegriffs bereits eingangs des Buches mit den sechs illustrativen Erzählungen, die Rosa selbst „idealtypisch" nennt (28), und deren Protagonisten Gustav und Vincent, Anna und Hannah, Adrian und Dorian heißen. Sie definieren in komprimierter und die Intuition ansprechender Form den konzeptionellen Rahmen, innerhalb dessen Rosa Resonanz als „Art und Weise des ‚In-die-Welt-Gestelltseins'" (30) zwischen Welterfahrung und Weltaneignung absteckt (33): auf der einen Seite Ressourcenmaximierung (Gustav), Weltbeherrschung und Reichweitenvergrößerung (Adrian), sowie entfremdete Welterfahrung (Hannah), zusammengefasst also Beschleunigung und Entfremdung. Auf der anderen Seite Prozessorientierung (Vincent), Weltaneignung durch Anverwandlung (Dorian) und die gelungene, resonante Weltbeziehung (Anna) (34). Aufgrund ihrer Namen, ihrer Berufe (Staatsanwalt, Lehrer, Künstler) und Freizeitbeschäftigungen (Börse, Musik, Verein, Sport) sind die Protagonisten einer gebildeten deutschen Mittelschicht zuzuordnen. Diese Subjekte, davon kann man ausgehen, leben außerdem in stabilen politischen Verhältnissen, sind Nutznießer des Sozialstaates und besitzen volle Bürgerrechte – im Gegensatz zum Ausnahmezustand des (Flüchtlings-)Lagers. Sie sind qua Subjektstatus bereits mit dem Potential der Stimme ausgestat-

---

20 Dieser Vorgang wird bei Latour auch als „blackboxing" bezeichnet: Bruno Latour, *Eine neue Soziologie für eine neue Gesellschaft*, Frankfurt/M. 2010.
21 Harmut Rosa, *Resonanz als Schlüsselbegriff der Sozialtheorie*, in diesem Band S. 19, Hervorhebung im Original.

tet, sie können sprechen – im Gegensatz zum Subalternen „der nicht sprechen kann" (Spivak) bzw. nicht gehört wird.[22]

Ähnlich wie ethnographische Vignetten rufen diese Geschichten eine „emotionale Identifikation und Verständnis" hervor,[23] doch basieren die sechs Illustrationen auf Stereotypen, denen die ethnographische Tiefe und kontextuelle Dichte fehlt. In afrikawissenschaftlicher Lesart gründet der Eingangspunkt nicht auf methodisch erhobener Empirie, sondern leitet aus Stereotypen Idealtypen ab, die das Wissensobjekt fortan definieren. Die kulturelle Verfasstheit des so konstituierten Wissensobjektes fließt daher in das Konzept der Resonanz selbst ein und ist untrennbar damit verbunden. Dabei ist unklar, welche Auswirkungen dies hat, nicht nur weil die Empirie (noch) fehlt, sondern auch weil zu viele Variablen – Klasse, Beruf, Geschlecht, (Staats-)Bürgerschaft, Stabilität der Verhältnisse – geladen sind, deren Einfluss bei exakterem Blick die Komplexität des Resonanzbegriff erhöhen und daher in seiner empirischen Anwendung instabil machen: Wie lässt sich der konzeptionelle Überschuss, der durch diese Intuitionspumpe befördert wird, auffangen? Wie sowohl die Resonanztheorie als auch deren Rezeption belegt, ist die Ausbuchstabierung der Begriffskomponenten zweifellos essentiell. Eine empirische Umsetzung vergleichender Forschung in einem afrikanischen Kontext würde aus meiner Sicht bei den Resonanzachsen ansetzen müssen, weil eine gezielte Auswahl möglicher Subjekte auf der Grundlage der idealtypischen Figuren nicht möglich ist. Damit geht aber der Fokus auf das Subjekt, das durch Resonanz ko-konstitutiv mit der Welt hervorgebracht wird (62 f.), (zunächst) verloren. Diese Einsicht hat verschiedene Konsequenzen. Zum einen wird damit eine heuristische Öffnung möglich, den nicht nur bei Rosa problematischen Begriff des modernen Subjekts[24] zu umgehen und vielleicht eine lokalisierte Auffassung davon herauszuarbeiten. Jedoch ist mit einer solchen Forschung vielleicht auch eine grundlegendere Veränderung des Begriffs der Resonanz, des Subjektes und der Welt verbunden,

---

22 Rose Marie Beck, „Schweigen als Praxis – Praktiken des Schweigens", in: Michael Dobstadt, Christian Fandrych, Renate Riedner (Hg.), *Linguistik und Kulturwissenschaft. Zu ihrem Verhältnis aus der Perspektive des Faches Deutsch als Fremd- und Zweitsprache und anderer Disziplinen.* Frankfurt/M. 2015, S. 251-271.
23 Norman K. Denzin, *Interpretive Interactionism*, London 1989 S. 124.
24 Hanna Meißner, „Ein anderes Subjekt ist möglich. Kritische Soziologie und der Blick an den Grenzen", in: Christian Helge Peters, Peter Schulz (Hg.), *Resonanzen und Dissonanzen. Hartmut Rosas kritische Theorie in der Diskussion.* Bielefeld 2017, S. 145-158.

als vom Verfasser beabsichtigt, einschließlich einer radikaleren Kritik an der Moderne, am Kapitalismus, etc. Zum anderen stellt sich die Frage nach dem Ort und Wesen des Subjektes in der Resonanztheorie sowie seines ontologischen Status. Wenn Resonanz subjektzentriert bleibt, indem „Welt als passive Ressource der Anverwandlung in Resonanzbeziehungen festgeschrieben wird"[25], verwandelt sich das Wesen der Welt nicht nur in einen aus der Analyse verschwindenden Container, sondern behält auch seinen essentialistischen Charakter als „One-World World".[26]

Auch die Einschränkung des Geltungsbereiches von Resonanz und Entfremdung auf moderne Gesellschaften, definiert als im Modus der dynamischen Stabilisierung von Wachstum und Beschleunigung gefangen,[27] ist mit Misstrauen zu lesen. Erstens ist dies der Gestus, mit dem Afrika kontinuierlich seit der Aufklärung als Randphänomen und außerhalb der Moderne situiert wird. Zweitens wird damit für die Moderne und den Westen eine Homogenität behauptet, die für den afrikanischen Kontinent und seine Gesellschaften nicht gilt. Was würde man denn wissen wollen, wollte man Resonanz „in Afrika" erforschen? Die grundsätzliche Perspektive, aus der die Welt betrachtet wird, ist im Kern eine westliche, an der sich der Rest der Welt messen muss, oder aus der heraus die Welt vermessen wird. Der „Dialog mit anderen, außereuropäischen Traditionen" (753) dient nicht der transformativen Anverwandlung, sondern der Selbsterklärung und Selbstvergewisserung. Das kritische Potential, das die Resonanz entfalten soll, bleibt auf diese modernen Gesellschaften beschränkt, weil das Interesse an außereuropäischen Gesellschaften bloß der Validierung des Begriffs, oder (afroromantisch?) als Quelle von Möglichkeiten eines anderen In-der-Welt-Seins dient. Deshalb kann sich auch kein Resonanzraum, selbst in der Wissenschaft, zwischen dem Süden und dem Norden öffnen.

---

25 Katharina Hoppe, „,The World Kicks Back'. Hartmut Rosas Soziologie der Weltbeziehung als ‚material turn' der Kritischen Theorie?", in: Christian Helge Peters, Peter Schulz (Hg.) *Resonanzen und Dissonanzen. Hartmut Rosas kritische Theorie in der Diskussion*. Bielefeld 2017, S. 159-175.

26 John Law, „What's Wrong with a One-World World", Vortrag, Wesleyan University, Middletown, Conneticut, 19.9.2011, zuletzt gesehen am 30.11.2017, http://www.heterogeneities.net/publications/Law2011WhatsWrongWithAOneWorld-World.pdf.

27 Hartmut Rosa, *Resonanz als Schlüsselbegriff der Sozialtheorie*, in diesem Band S. 12 f.

Ich erlaube mir die Polemik, dass sich die deutsche Soziologie bezüglich der Möglichkeiten transformativer Anverwandlung gänzlich indifferent erweist und die Resonanzangebote dieser Debatten nicht wahrnimmt. Resonanz ist strukturell unmöglich, weil sie eine tiefgreifende Transformation voraussetzen würde, die an den Fundamenten der herrschenden kapitalistischen Weltordnung, der Moderne, der Wissenschaftsmacht rütteln müsste. Wenn Entfremdung als ein wesentliches Merkmal des Kapitalismus die Bedingung für Resonanz ist, bzw. Entfremdung und Resonanz in einem ko-konstitutiven Verhältnis stehen (316 ff.), dient Resonanz eher der Reparatur kapitalistischer Ungerechtigkeitsverhältnisse, als dass sie ihren zerstörerischen Furor zu durchbrechen vermag. Demgegenüber ist Achille Mbembe deutlich radikaler, wenn er eine „Zweite Aufklärung für alle"[28] fordert und damit die Aufgabe privilegierter onto-epistemischer Positionen sowie Hegemonie- und Universalitätsansprüche westlichen Wissens: „The extent to which new modes of being human are prefigured in contemporary arts, technology and natural and environmental sciences should be at the core of any rethinking of the humanities, critical theory, or knowledge itself, beyond the subject-object dualism that separates humans and objects".[29] Die afrikanischen Soziologen erklären die Welt selbstbewusst durch die Augen des Südens und schreiben damit ihre eigenen Stimmen und Namen in die Wissenschaft ein. Erklärung und Vergewisserung sind dabei auf sich selbst und Afrika gerichtet.

IV Ansatzpunkte

Die von mir hier geübte Umkehrung des Blickes, nämlich die Resonanz durch die Augen Afrikas zu lesen, ist keine Garantie, „wahrer" über die Welt zu sprechen und beseitigt die moderne Macht der Wissenschaft nicht. Aber die enge Kopplung sorgfältiger Ethnographie mit der Beobachtung des Beobachters und seiner Reflexivität, der rigorosen methodischen Kontrolle der Wissensproduktion im Verbund mit einer präzisen Begriffskritik als dem Ort der Möglichkeit der Wissensproduktion vermag, so die Erwartung, die wissenschaftliche Macht zu irritieren.

Zweifellos lohnt es weiterhin, den Fragen nach dem guten Leben nachzugehen, nach den „Modi des In-die-Welt-Gestelltseins". Ich vermute vielversprechende Ergebnisse aus denjenigen Kontexten, in denen der

---

28 Persönliche Mitteilung, Johannesburg, September 2016.
29 Mbembe, „Africa in Theory", S. 217.

Mensch damit befasst ist, sich das Unverfügbare verfügbar zu machen. Ich erwarte, dass hier gut sichtbar gemacht werden kann, wonach der Mensch sucht, ob das, was er sucht, als Resonanz bezeichnet werden kann, und als was sich Resonanz jenseits spätkapitalistischer Beschleunigungslogik entpuppen könnte. Vielleicht gelingt es so sogar zu klären, ob Resonanz mehr als die Intuition ist, dass jeder Mensch diese Erfahrung macht oder sucht. Resonanz durch die Augen Afrikas zu lesen zieht aber auch, das habe ich versucht zu zeigen, eine Transformation des Begriffs und damit der Resonanztheorie nach sich. Dieses Transformationspotential auszuloten, könnte lohnen, nicht zuletzt hinsichtlich der Frage nach der Reichweite der Resonanztheorie als Instrument der Erneuerung der Kritischen Theorie.

Heimatversprechen und Weltverstummen

Jean-Pierre Wils

> „Heimatbildung ist eine Art Vernarbung." (Christoph Türcke)[1]

> „Die Sehnsucht nach Stimmung ist eine – vielleicht eine besonders kultivierte – Variante der Sehnsucht nach Präsenz." (Hans Ulrich Gumbrecht)[2]

I „Dialektik der Moderne"

Wir leben in einer Zeitdiagnosen geneigten Zeit. Zwar wagt sich kaum jemand an das Format geschichtsphilosophischer Prätentionen, aber es stellt in diesem Zusammenhang gewiss kein Missgriff dar, von einer „Dialektik der Moderne" zu sprechen, die ins Visier genommen wird. Bei dieser Besichtigung der Moderne unterscheiden sich sowohl die Themen als auch die Vorgehensweisen. Weil die klassische Moderne häufig mit einem Verlust der Bindungskraft traditioneller Religion assoziiert wurde und Modernisierungsprozesse mit deren abnehmenden Konjunktur, artikulieren neuere Studien Zweifel an dieser Annahme. Zu den wichtigsten Kritikern der vorschnellen Unterstellung, Modernisierung impliziere eine lineare Säkularisierung, gehören zweifelsohne Charles Taylor[3] und Hans Joas[4]. Eine ebenso eindrucksvolle Alternative zu der Vorstellung, die Moderne sei mit Blick auf ihre normativen Vorstellungen von Freiheit und Gleichheit nur aufgrund eines Bruches mit dem christlichen Erbe denkbar, hat Larry Siedentop in einer ideengeschichtlich angelegten Studie vorgelegt, in *Die Erfindung des Individuums. Der Liberalismus und die westliche Welt*.[5] Von

---

1 Christoph Türcke, *Heimat. Eine Rehabilitierung*, Springe 2006, S. 78.
2 Hans Ulrich Gumbrecht, *Stimmungen lesen. Über eine verdeckte Wirklichkeit der Literatur*, München 2011, S. 33.
3 Vgl. Charles Taylor, *A Secular Age*, Cambridge, MA, u.a. 2007.
4 Vgl. Hans Joas, *Die Macht des Heiligen. Eine Alternative zur Geschichte der Entzauberung*, Berlin 2017.
5 Larry Siedentop, *Die Erfindung des Individuums. Der Liberalismus und die westliche Welt* [*Inventing the Individual. The Origins of Western Liberalism*], Stuttgart 2015.

diesen Studien sind jene Interpretationen deutlich zu unterscheiden, die sich auf die Schattenseiten der Modernisierung richten.

Die Assoziationen mit der „Dialektik der Aufklärung" lassen sich dabei kaum vermeiden. Bekanntlich lautete das famose Anfangsmoto dieser Abhandlung bei Max Horkheimer und Theodor W. Adorno: „Aber die vollends aufgeklärte Erde strahlt im Zeichen triumphalen Unheils."[6] Die Verführung ist nicht gering, Aufklärung durch *Moderne* zu ersetzen und in quasi-apokalyptischer Manier auch von einem Niedergang und einer bevorstehenden Implosion dieser Epoche zu sprechen. Das sollte man tunlichst vermeiden, obwohl ein tiefes Unbehagen am Lauf der Dinge sich nur schwer bändigen lässt, wie ich zugeben muss. Es ist das Gefühl, dass das Zeitalter aus den Fugen ist und es sich der Vergangenheit mit beträchtlicher Wut entgegenstemmt, das sich hartnäckig bemerkbar macht.

Für diese Spannung stellt uns Reinhard Koselleck eine griffige Formulierung zur Verfügung, die sich auf das Verhältnis von Erfahrung (als Vergangenheitsbezug) und Erwartung (als Zukunftsbezug) im Laufe der frühen Moderne richtet: „Die Kluft zwischen Vergangenheit und Zukunft wird nicht nur größer, sondern die Differenz zwischen Erfahrung und Erwartung muss dauernd neu, und zwar auf immer schnellere Weise überbrückt werden, um leben und handeln zu können."[7] Die dynamisierte Konkurrenz zwischen diesen beiden Zeithorizonten wird durch die Behauptung legitimiert, hier sei „Fortschritt als zeitlich progressive Differenz zwischen Erfahrung und Erwartung" am Werke. Das wichtigste Indiz für diese Dynamik wurde bereits von Koselleck pointiert „Beschleunigung" genannt.[8] Diese hat ein zweifaches Aussehen: Sie treibt einen Keil zwischen der Langsamkeit der Erfahrung und den Aussichten auf die Zukunft, wodurch die Stabilität der Selbst- und Weltverhältnisse schwindet. Und sie überbrückt diese Kluft durch Intensivierung des Tempos, in der Hoffnung wieder Boden unten den Füßen zu bekommen. Heute nennt man diese Ambivalenz *dynamische Stabilisierung*.

Es erweist sich das Theorem der Beschleunigung als ein äußerst hilfreiches Mittel, das spezifische Profil der Moderne zu erfassen. Mit ihm und in seinem begrifflichen Umfeld stößt man in Fülle auf Charakteristika des

---

6 Max Horkheimer, Theodor W. Adorno, *Dialektik der Aufklärung*, Frankfurt/M. 1969, S. 9.
7 Reinhart Koselleck, „‚Erfahrungsraum' und ‚Erwartungshorizont' – zwei historische Kategorien", in: Ders., *Vergangene Zukunft. Zur Semantik geschichtlicher Zeiten*, Frankfurt/M. 1984, S. 349-375, hier: S. 369.
8 Koselleck, „‚Erfahrungsraum' und ‚Erwartungshorizont'", S. 368.

Zeitalters. Harmut Rosa ist heute zweifelsohne der wichtigste Theoretiker dieses begrifflichen Komplexes und der mit ihm operierenden Zeitdiagnostik. Paul Virilio gehört freilich zu jenen Kulturtheoretikern, die hier beträchtliche Vorarbeit geleistet haben, indem er die Geschwindigkeitszunahme nicht nur modernitätstypisch, sondern sogar zivilisatorisch am Phänomen des Krieges ausbuchstabiert hat.[9]

Aber Virilios Analysen enthalten auch über die der Kriegsführungstechniken hinaus elementare Einsichten bezüglich der Logik der Beschleunigung. „Geschwindigkeit ruft Leere hervor, Leere ihrerseits Schnelligkeit",[10] schreibt er mit Blick auf den Überbietungszwang, der der Beschleunigung *wesentlich* inhäriert und sich all unserer Lebensbereiche scheinbar unaufhaltsam bemächtigt hat. Eine der interessantesten Feststellungen Virilios betrifft die gesteigerte Bedeutung, die in diesem Wirbel der Veränderungen dem jeweiligen Ort, an dem man sich gerade aufhält, zuerkannt wird. „Die philosophische Frage lautet genau genommen nicht mehr: Wer bin ich wirklich?, sondern: Wo befinde ich mich jetzt?"[11] Menschen definieren sich zunehmend an der Zahl der Ortswechsel, die sie innerhalb kurzer Zeit vorweisen. Der Welttourismus legt ein beredtes Zeugnis davon ab, wie die besuchten Orte gleichsam als trophäenähnliche Perlen an der Halskette der Ich-Person prunken.

Der (wählbare) Ort wird wichtiger als die reale Nähe anderer Menschen, die Sinneseindrücke erweisen sich als unzureichend, die Verortung im Netz triumphiert über die Körperlichkeit der Anderen. Virilio war der Meinung, dass nicht nur „die *relative* Geschwindigkeit des Lebendigen entwertet" werde, „sondern jede Art von Materie, jede tatsächliche Gegenwart des anderen." Und er fährt fort: „Wenn man das virtuelle Wesen (den Fernsten) dem realen Wesen (dem Nächsten) vorzieht, dann bedeutet dies, eine sichere Sache für eine unsichere hinzugeben, das Abbild bzw. den Klon einem substantiellen Wesen vorzuziehen, das einem im Wege ist und das man buchstäblich auf dem Hals hat, ein Wesen aus Fleisch und Blut eben, dessen einziger Fehler darin besteht, hier und jetzt dazu sein, und nicht woanders."[12]

---

9 Vgl. Paul Virilio, *Geschwindigkeit und Politik*, Berlin 1980.; ders., *Krieg und Kino. Logistik der Wahrnehmung*, München u.a. 1986; ders., *Krieg und Fernsehen*, München u.a. 1993.
10 Paul Virilio, *Der negative Horizont. Bewegung/Geschwindigkeit/Beschleunigung*, München u.a. 1989, S. 43.
11 Paul Virilio, *Rasender Stillstand. Essay*, München u.a. 1992, S. 151.
12 Paul Virilio, *Fluchtgeschwindigkeit. Essay,* München u.a. 1996, S. 144.

Auch bei Virilio begegnen wir jener Spannung, von der bereits bei Koselleck die Rede war. Während sie bei letzterem als *zeitlicher* und wachsender Hiatus zwischen Vergangenheit und Zukunft thematisiert wird, hat sie bei Virilio als die Spannung zwischen *Hier* und *Anderswo* eine *räumliche* Signatur. Beide sind allerdings zwei Seiten derselben Medaille: Die Vergangenheit manifestierte sich als Bindung an den Ort des Geschehenen, die Zukunft als Anreiz zum Auszug und zum Wechsel anderswo hin. Die wachsende Priorität der Zukunft zieht die Ortsverlagerung – mit zunehmender Geschwindigkeit – hinter sich her. Wie ich meine, hat Peter Sloterdijk in *Die schrecklichen Kinder der Neuzeit* ein treffliches Bild der Lage geschildert.

> Nach dem Abklingen der geschichtsphilosophischen Konjunktur lässt sich um vieles deutlicher und ohne spekulative Überspannung darlegen, welche spezifischeren Missverhältnisse es sind, die sich in der überall bemerkten Asymmetrie zwischen Herkunftswelten und Zukunftsverhältnissen manifestieren. Die ontologische Kluft, in der die moderne Welt unheimlich zuhause ist, lässt sich mittels Aussagen über Vorher-nachher-Disproportionen in kleinteiligen Beobachtungen begreiflich machen. Der zivilisationsdynamische Hauptsatz lautet: *Im Weltprozess nach dem Hiatus werden ständig mehr Energien freigesetzt, als unter Formen überlieferungsfähiger Zivilisierung gebunden werden können.*[13]

Gleichsam als Forschungsprogramm bietet sich dieser Hauptsatz an und wie wir gleich sehen werden, hat dieser sich längst in der soziologischen Landschaft etabliert. Aber bevor ich mich dieser, vor allem aber Rosa zuwende, möchte ich noch einmal Sloterdijk zitieren, denn die *Resonanzkatastrophe*, der kein unbeträchtlicher Teil von Rosas Resonanz-Buch gewidmet wird, kann man auch bei ihm deutlich vernehmen. „Der chronische Überschluss an Mobilisierung von Aktivitäten und die fortschreitende Auslösung tatbewegter Ereignisströme", so Sloterdijk, „[...] treibt das Weltverhältnis und Wirklichkeitserlebnis in stetig wachsende Asymmetrien."[14] Eine dieser Asymmetrien wäre vornämlich dort zu sichten, wo im Lärm der alle Grenzen sprengenden Vorwärtsbewegung die Welt zu verstummen beginnt.

---

13 Peter Sloterdijk, *Die schrecklichen Kinder der Neuzeit. Über das anti-genealogische Experiment der Moderne*, Berlin 2014, S. 84 f.
14 Ebd., S. 85.

II Spannungsverhältnisse

Gegenwärtig scheinen die philosophisch ambitionierten Soziologien und die soziologisch sensibilisierten Philosophien, die Modernitätsdiagnostiken präsentieren möchten, sich um das Beschleunigungstheorem und seine begrifflichen Verwandten herum zu konzentrieren. Zu nennen sind hier vor allem Ralf Konersmann, Andreas Reckwitz und Stephan Lessenich. Konersmann richtet sich auf die Unruheschübe, die sämtliche Lebenssphären erfasst. Er geht, ähnlich wie Koselleck und Sloterdijk, von einem Bruch aus, der einen Zeitenwechsel indiziert.

> Der vielfach geäußerte Eindruck, in einer Zeit zunehmender Beschleunigung zu leben, summiert eine epochale Entgrenzungserfahrung und diese – nicht die Beschleunigung – ist das tonangebende Element der Modernität. Die Unruhe hat sich mit dem Gefühl verbunden, ihr nicht entgehen zu können, ja ihr, selbst wenn es möglich wäre, auch nicht entgehen zu *dürfen*. Eine allgegenwärtige, affektiv hochaufgeladene Entfesselungsrhetorik kommuniziert jede Regel als Reglementierung, jede Bindung als Behinderung, jede Festlegung als Fesselung, jede Schranke als Einschränkung, jede Begrenzung als Beeinträchtigung und lehrt uns den Schrecken des Stillstandes. Die geläufige Erwartung, dass mit dem Einreißen der Barrieren der freie Mensch hervortreten werde, stellt alles unter Verdacht. [...] Der automatisierte Einspruch gegen jederlei Haltgebung und Festlegung ist aufschlussreich. Nicht um den Bestand der Unruhe müssen wir uns sorgen, um den Erfolg der allseits proklamierten Flexibilisierungen und Deregulierungen, sondern um jene Kulturtechniken der Gestaltfindung und der Relevanzerzeugung.[15]

Auch hier ist von einem Verlust die Rede, wobei die schlichte Opposition von Stabilität bzw. Vormoderne und Instabilität bzw. Moderne vermieden wird. Diese kultivierte ein romantisierendes Bild, das historisch auf äußerst wackeligen Füßen stand. Dass aber eine radikale *Umwertung* stabilitätsversprechender Institutionen und Normen zugunsten einer allseitigen Grenzsprengung stattgefunden hat, lässt sich kaum bezweifeln. Der freie Mensch mutet heute wie ein zweispaltiges Versprechen an, dessen Preis wir allmählich zu gewichten wissen.

Eine soziologische Analyse spätmoderner Verhältnisse bietet Andreas Reckwitz. In *Die Gesellschaft der Singularitäten* benutzt Reckwitz die Unterscheidung zwischen *Rationalisierung* und *Kulturalisierung* um seiner Diagnose allgemeine Plausibilität zu verleihen. Rationalisierung wird

---

15 Ralf Konersmann, *Die Unruhe der Welt*, Frankfurt/M. 2015, S. 44.

als moderner Impetus, Kulturalisierung als spätmoderner Habitus betrachtet. Rationalisierung bedeutet Steigerung der Produktion und der Effizienz, Regulierung und Akkumulation, Normalisierung und Verallgemeinerung. Kulturalisierung dagegen meint Normüberschreitung, Komplexitätssteigerung, Lob des Individuellen und Eigenen, Wertzuschreibung und Affektivitätszuerkennung an Praktiken der Singularisierung. Die Rationalisierung, so Reckwitz, sei

> eine Antwort auf ein Knappheits- und ein Ordnungsproblem der Gesellschaften [...]. Rationalisierung verspricht in diesen Hinsichten Effizienz und Stabilität. Die Kulturalisierung des Sozialen lässt sich hingegen als Antwort auf ein gesellschaftliches *Sinn- und Motivationsproblem* deuten. Hier geht es um das Wozu der Lebensformen. Kulturpraktiken sind [...] Antworten auf die Frage, wozu das – gemeinsame oder individuelle – Leben gelebt werden soll, wenn Mangel und Unordnung gebannt sind. Während die Rationalisierung auf das *Wie* antwortet, antwortet die Kulturalisierung auf das *Warum*. [...] Das Sinn- und Motivationsproblem, auf das die Kulturalisierung antwortet, ist generell so präsent wie das Effizienz- und Ordnungsproblem – und sobald die Effizienz- und Ordnungsprobleme weniger dringlich geworden sind, tritt es sogar in den Vordergrund.[16]

Anders als in vormodernen Gesellschaften ist dieses Sinn- und Motivationsproblem jedoch nicht in *transindividuell* verbindlichen Strukturen und Normierungen aufgehoben, sondern es erscheint geradezu *als* ein solches Problem, nachdem letztere in den Hintergrund getreten sind, und wird in Imperativen der Singularisierung artikuliert. In Gesellschaften, die das Knappheitsproblem erfolgreich gebannt haben und in denen der Überfluss regiert, triumphiert das Bild der Einmaligkeit und der Authentizität. Sowohl in den Objekten als auch in den Subjekten gilt die Norm des Nicht-Normierten. Unter dieser Signatur spätmoderner Gesellschaften gruppieren sich Güter, Arbeitsverhältnisse, Kulturprodukte und Lebensstile. Freiheitszugewinne wechseln sich ab mit Zuwächsen an Risiken des Scheiterns.

Zwiespalt (im buchstäblichen Sinne) bildet ebenfalls das Thema von Stephan Lessenich in seiner Abhandlung *Neben uns die Sintflut. Die Externalisierungsgesellschaft und ihr Preis*. Die wohlhabenden Gesellschaften schaffen ihm zufolge Peripherien, wo sie ihren Müll abladen, die den anderen zugemuteten Kosten ihres Reichtums deponieren und Menschen

---

16 Andreas Reckwitz, *Die Gesellschaft der Singularitäten. Zum Strukturwandel der Moderne*, Berlin 2017. S. 86.

im Abseits positionieren. Das Beschleunigungsthema spielt auch hier eine zentrale Rolle. Es gilt, so Lessenich,

> die *ungleichen Berechtigungsstrukturen* im globalen Mobilitätsgeschehen in den Fokus der Aufmerksamkeit zu rücken. Denn während die einen in größter Freiheit, wachsendem Maße und steigender Intensität – etwas mehr Komfort wird ja gerade im Urlaub wie auch auf Geschäftsreisen großgeschrieben – Land und Leute fremder Nationen bereisen, werden zugleich viele Milliarden Menschen auf dieser Welt stillgestellt. [...] Die Externalisierungsgesellschaft beruht wesentlich auf einem global gespaltenen Mobilitätsregime.[17]

Es sind Mechanismen der Exklusion, die hier am Werke sind – Spaltungsprozesse, die Hierarchien des Weltzugangs kreieren. Wer oben auf der Stufenleiter steht, betrachtet das ganze Panorama und fasst diesen privilegierten Blick als Einladung auf, die Welt mobilitätstüchtig und –süchtig zu erobern. Je weiter man unterwärts abrutscht, umso mehr ist diese Mobilität eingeschränkt und wird man zur Ortsgebundenheit angehalten.

III Resonanz – eine Überdosis?

Wenn man die soeben kurz umrissenen Positionen überschaut, scheint sich ein dominantes Thema aufzudrängen. Moderne Gesellschaften fußen auf einem *Riss*, der sie von der Vergangenheit trennt und sich innerhalb ihrer Gefüge wiederholt. Erneut sei an dieser Stelle davor gewarnt, mittels eines historischen Klischees eine Vormoderne zu imaginieren, die auf Stabilität und auf einem hohen Maße an innerer Kohärenz beruht. Nichts weist darauf hin. Dass aber der Prozess der Modernisierung von einer krisenhaften Dialektik geprägt ist *und diese zum Begleitthema jenes Prozesses gehört*, verbindet die genannten Positionen. Bei allen ist im Grunde von dem prekären, hochriskanten und im Grunde bereits scheiternden Versuch die Rede, *das euphorische Prinzip dynamischer Stabilisierung zum Ordnungsmodell* einer auf den Primat der Zukunft bezogenen Gesellschaft zu machen. Vielleicht ist es zu früh um weitgehende Konklusionen zu ziehen, aber die Vermutung drängt sich auf, dass wir uns mittlerweile in einer Phase zunehmender Erschöpfung befinden. Es breitet sich eine Müdigkeit aus und es vermehren sich die Zweifel, ob wir nicht an einer tiefreichenden Selbstüberforderung leiden.

---

17 Stephan Lessenich, *Neben uns die Sintflut. Die Externalisierungsgesellschaft und ihr Preis*, Berlin 2016, S. 135 f.

Die Arbeiten von Hartmut Rosa, die sich dem Topos der Beschleunigung widmen, gehören zweifelsohne zu den fruchtbarsten Versuchen, die modernitätstypische krisenhafte Dialektik – die Spannung zwischen vorwärtsgerichteter Dauerdynamisierung einerseits und stabilitätsgarantierenden Ausgleichsmechanismen andererseits – zu thematisieren. Nachdem die soziologisch-philosophische Sichtung und Analyse des Beschleunigungsphänomens geleistet war,[18] wurde das mit der Tradition der Kritischen Theorie verbundene, aber dort laut Rosa inzwischen vergessene Theorem der *Entfremdung* auf die Tagesordnung gesetzt.[19] Hiermit war eine *normative* Perspektive gewonnen, die in *Resonanz. Eine Soziologie der Weltbeziehung* eindrucksvoll ausgearbeitet wurde. Es ist nicht unüblich, zur Stützung einer normativen Perspektive von einer *Dichotomie* Gebrauch zu machen. Dichotomien erleichtern die Darstellung normativ relevanter Prozesse. Als „Basiskategorien" verwendet Rosa die Begriffe „Resonanz" und „Entfremdung", gleichsam als Verschränkung der Krankheitsdiagnose mit dem Therapeutikum.

Mittels dieser Dichotomie und anhand zahlreicher Binnendifferenzierungen hat Rosa nichts weniger als eine nahezu *totale* Rekonstruktion der Situation spätmoderner Gesellschaften zu leisten unternommen. Mit „total" meine ich das, was bei Rosa „Welt" heißt: aus soziologischem Blickwinkel wird nichts weniger als eine „Weltbeziehungstheorie" entworfen, die klassischerweise der philosophischen Metaphysik zuzurechnen gewesen wäre. Aber während heutzutage in de Philosophie die analytischen Selbstzerlegungsversuche dominieren und die Nähe zu gesellschaftlichen Problemen eher als in die Ethik abzuschiebende Randthematik gilt, lässt Rosa keine Dimension aus, die im Rahmen seiner normativ angelegten Welttheorie zu behandeln ist: Das Buch reicht von mikro-anthropologischen Betrachtungen auf der einen Seite über zahlreiche Zwischenstufen sozialer Provenienz bis zu Nachhaltigkeitsüberlegungen im Hinblick auf eine Postwachstumsgesellschaft auf der anderen Seite. Die stets wiederkehrende Perspektive ist die zwischen Resonanzverlusten, die als „Weltverstummen" und „Resonanzkatastrophen" bezeichnet werden, und gelungenen, weil resonanten Weltbeziehungen nicht-entfremdenden Lebens.

---

18 Vgl. Harmut Rosa, *Beschleunigung. Die Veränderung der Zeitstrukturen in der Moderne*, Frankfurt/M. 2005.
19 Hartmut Rosa, *Beschleunigung und Entfremdung. Entwurf einer Kritischen Theorie spätmoderner Zeitlichkeit*, Berlin 2013.

Beide gehören zur Moderne, allerdings überwiegt bei Rosa das Katastrophenszenario.

Vor dem Hintergrund des (über-)reichen Spektrums, das Rosa zur Illustrierung seiner These von der Spannung zwischen gravierenden Resonanzverlusten und wachsenden Resonanzsensibilitäten entfaltet, konzentriere ich mich auf eine Thema, dem im Buch vergleichsweise geringe Aufmerksamkeit gewidmet wird – auf das Thema *Heimat*. Es dürfte kein Zufall sein, dass dieses gleich am Anfang eines Kapitels auftaucht, das eine Wende zum Positiven markiert – des Kapitels über „Die Moderne als Geschichte gesteigerter Resonanzsensibilität". Dieses Kapitel, das die *andere*, nämlich die resonanzoffene Seite der Moderne behandelt, fällt umfangmäßig eher bescheiden aus. Dabei lässt sich seit einigen Jahren und bis in die aktuelle politische Lage eine unübersehbare, teils höchst ambivalente Renaissance des Heimatthemas feststellen. Hier regiert die Hoffnung, der Begriff der Heimat vermöge die krisenhafte Situation spätmoderner Gesellschaften zu erhellen. Die Erfahrung tendenziellen Weltverstummens nötigt offenbar zur Wiederaufnahme von Kategorien, die teils kontaminiert sind, aber noch ein produktives Potential zu enthalten scheinen.

> Das Projekt der Moderne wird bestimmt durch die Strategie der Weltreichweitenvergrößerung, aber es wird motiviert von der Hoffnung auf Weltanverwandlung: *Dass wir hinausziehen können in die Welt, um den Platz zu finden, der ‚uns anspricht', an dem wir heimisch werden können, den wir zu dem unseren machen dürfen* – das ist die Verheißung der modernen Freiheitsvorstellung. (599)

Ob Letzteres der Fall sei, darf mit Fug und Recht bezweifelt werden. Freiheit im Banner der Moderne steht eher quer zum Heimisch-werden, als dass sie dieses Versprechen als ihren Kern enthält. Weltreichweitenvergrößerung scheint mir eher das dynamische Innenleben moderner Freiheitsverheißungen auszumachen als die romantische Vorstellung der Weltanverwandlung. Wenn Rosa sich – mit Eichendorf als Leitstern – der Romantik zuwendet, ist vielmehr der Kontrapunkt zu jener Vergrößerung erreicht als deren (heimliches) *Motiv*. Hier stoßen wir auf jenes Unbehagen, das der Moderne als kontrastierendes Geläut begleitet. Das Verlangen nach Heimat kann natürlich auch utopisch gewendet werden, wie es das obligate Bloch-Zitat von der Heimat, „die allen in der Kindheit schein und worin noch niemand war", tut. Aber auch die utopische Wende speist sich aus der Verlusterfahrung, die im vorwärtsdrängenden Habitus der Moderne eher eine Bedrohung als eine „Strategie" zur „Weltreichenvergrößerung" sieht.

Die Verlusterfahrung – die Ahnung, aus einer haltgebenden Welt herausgefallen zu sein – umgibt die Vorstellung einer Heimat unvermeidlich mit einem Sehnen nach dem Gewesenen. Angeblich stammt das Wort „Heimweh" aus der Schweiz: „unbefriedigte Sehnsucht nach der Heimat" heißt der Morbus Helveticus, jenes Leiden Schweizer Soldaten im Ausland, die sich zurück zur Scholle sehnten. Sie verlangten nach einer *Häuslichkeit*, die sie in der Entfernung nicht mehr finden konnten. So gesehen ist die Heimat auf die Bewohnbarkeit der Welt angelegt, die zwar – wie bei Eichendorf – gelegentlich als „Fernweh", wie Rosa meint, artikuliert wird, aber es ist doch eher die Ferne der verlorenen Nähe als das Setzen auf eine *einst*, im Modus Futurum resonante Welt, die hier gemeint ist.

Zurecht weist Rosa darauf hin, dass Heimat ihrerseits „eine Zone der Entfremdung, bisweilen der radikalen Entfremdung" (605) sein könne. Und es ist gerade diese Erfahrung, die in der kontemporären Romanliteratur, so weit sie heimatinteressiert ist, zum Ausdruck kommt. In *Fremde Seele. Dunkler Wald* erzählt Reinhard Kaiser-Mühlecker von der erstickenden und düsteren Auswegslosigkeit einer Heimat, die wie ein Fatum allen Fluchtversuchen zweier Brüder im heutigen Österreich zum Scheitern verurteilt.[20] Um zwei sehr ungleiche Brüder, um den gutaussehenden Valentin und seinen verunstaltet geborenen Zwillingsbruder Namenlos, geht es auch in *Verlangen* von Kris van Steenberge,[21] der die Grausamkeit dörflichen Lebens im Flandern des 19. Jahrhunderts thematisiert. Allerdings fällt es schwer, in diesen beiden Fällen von Resonanzdefiziten zu sprechen. Es ist vielmehr an *Zuviel an Resonanz* vorhanden, eine geradezu *lärmende und lähmende Sinnfülle*, worin sich die Protagonisten gleichsam verirren und festgehalten werden – seit den Anfängen ihres Lebens.

Es ist deshalb nicht unverfänglich, Heimat mit einem Versprechen aus der Kindheit zu assoziieren. Rosa ist sich dieser Gefahr nur allzu bewusst, weil sich auf diesem Wege „allenfalls in einer verklärenden Rückschau der trügerische Schein einer resonanten Heimat einstellen mag" (605). Aber damit wäre die Gefahr noch nicht gebannt. Das Problem liegt meines Erachtens in der Resonanz*dosierung*, in der erforderlichen Mitte zwischen Resonanzmängel und Resonanzüberfülle. Rosa verstärkt dieses Problem, indem er – wiederum mit Eichendorf – eine romantische Perspektive ein-

---

20 Reinhard Kaiser-Mühlecker, *Fremde Seele. Dunkler Wald*, Frankfurt/M. 2016.
21 Kris van Steenberge, *Verlangen*, Stuttgart 2016.

nimmt. War vorhin die „Weltanverwandlung", die uns „heimisch" werden lässt, noch „die Verheißung der modernen Freiheitsvorstellung", bildet jetzt der „sprechende [...] und singende [...] Weltausschnitt" das „passende Gegenstück" zur „Freiheit und Autonomie" (607). Aber wer garantiert, dass dieses emphatische Sprechen und Singen für die Adressierten ein förderliches Sprechen und Singen darstellt? Wenn Heimat eine Verlusterfahrung voraussetzt, muss dann nicht auch ihre Wiederherstellung auf das rechte Maß zwischen Weltstummheit und Weltresonanz achten? Gilt dies nicht umso mehr, als hier von einem *passenden Gegenstück* zur „Freiheit und Autonomie" die Rede ist?

Es lohnt sich, in diesem Zusammenhang eine Warnung von Hans Blumenberg ins Gedächtnis zu rufen. Erneut: Wenn Entfremdung mit einem Resonanzmangel als Mangel an Sinn verbunden wird, weist Resonanz auf die Anwesenheit einer sprechenden, also sinn-enthaltenden, „singenden" Welt hin. Aber ist diese Suche nach einer „sprechenden" und „singenden" Welt unschuldig?

> Es ist die Kehrseite der Medaille einer sinnträchtigen Welt, dass man in ihr wissen kann oder zu wissen glaubt oder zu wissen angehalten wird, wer jeweils an was schuld ist. Es war zwar die Geschichte meiner frühen Kindheit, die mich träumen lässt, aber irgendwer war, mich selbst ausgenommen, dafür zuständig, dass sie so und nicht anders verlaufen ist, wie sie mich nun im Traum verfolgt, dass ich sogar fremder Hilfe bedarf, um dessen Zeichen auch nur zu verstehen.[22]

Zwischen Heimat und Kindheit besteht keineswegs ein unverfängliches Verhältnis. Dies ist nicht nur deshalb der Fall, weil beide sowohl ein Versprechen als auch eine Drohung enthalten können, sondern weil diese Verbindung dazu tendiert, die Resonanz*dosierung* angesichts der Möglichkeit einer sinnvollen Welt zu unterschätzen. „Vielleicht sollen wir nicht nur die Wut über die Sinnlosigkeit der Welt kultivieren", schreibt Blumenberg, „sondern auch etwas von der Furcht vor der Möglichkeit, sie könnte eines Tages voller Sinn sein."[23]

Angesichts des Gefahrenpotentials einer *überresonanten* Welt, wie ich sie nennen möchte, finden sich bei Rosa allerdings Hinweise, wie sich dieser Überdeterminierung entgehen lässt. Im Laufe des Heimat-Kapitels findet nämlich eine gewisse Verlagerung der Problematik statt: Rosa geht

---

22 Hans Blumenberg, *Die Sorge geht über den Fluss*, Frankfurt/M. 1987, S. 79 f.
23 Blumenberg, *Die Sorge geht über den Fluss*, S. 81.

nun auf das „erfahrungsseelkundige Interesse der Empfindsamkeit" ein, welches das Zeitalter des Sturm und Drang, die Blütezeit des Pietismus und die Entdeckung der Psychoanalyse prägt. Die „seelische Wechselwirkung mit der Welt" (613) steht nun im Vordergrund. Mittels dieser Verlagerung der Thematik wird der Blick frei für das Problem der Resonanzdosierung. Vor allem das im dreizehnten Kapitel andiskutierte Phänomen der „Stimmungen" ist dazu geeignet. Rosa unterscheidet dort genau zwischen Gefühlen, Atmosphären und Stimmungen.

> Lassen sich Gefühle primär den Subjekten, Atmosphären aber dem (sozialen oder physikalischen) Raum zuschreiben, so können Stimmungen just als das verstanden werden, was sich *dazwischen* aufspannt oder was dazwischen besteht. Stimmungen sind die basalsten Bestandteile der Bezogenheit, sie liegen der Trennung von Subjekt und Objekt beziehungsweise von Subjekt und Welt noch voraus. (635)

Stimmungen lassen sich weder auf Subjekte noch auf die Welt reduzieren. Sie künden vielmehr von der *Qualität* ihres Verhältnisses, von ihrer *Korrespondenz* oder *Nonrespondenz*. Negative Stimmungen legen Zeugnis von der mangelnden Korrespondenz ab, positive Stimmungen von einer vorhandenen Korrespondenz. Heimat im positiven Sinne wäre dann das Vorhandensein einer dauerhaften oder jedenfalls stabilen Korrespondenz, einer überwiegend hellen Stimmung – sei sie in der Vergangenheit oder in der Gegenwart lokalisiert. Heimat kann aber auch das Gegenteil bedeuten – die beschwerliche Welt des Herkommens, in der das Maß an Nonrespondenz – an negativer Resonanz – größer war als das Maß an Korrespondenz.

IV Stimmung

In seinem schönen Buch *Nach Hause gehen. Eine Heimatsuche* hat Jörn Klare von einem langen Fußmarsch erzählt, der in Berlin, wo er inzwischen wohnt, seinen Anfang nimmt, und ihn zu seinem Geburtsort Hohenlimburg führt. Er durchstreift verschiedene heimatliche Orte, die Heimat von jeweils anderen, die über sie erzählen oder beharrlich schweigen. Ihre Heimat ist nicht die Seine. Heimatbeklemmungen pflastern Klares Weg. Er kommt ins Gespräch mit Alt- und Neonazis, die einer verbissenen Heimatpflege anhängen, mit Arbeitslosen und Heimatverzweifelten, aber auch mit Menschen, die in ihrer Umgebung zufrieden sind und freundlich von diesem Behaust-sein berichten. Es gibt auf dem Weg auch Beispiele einer Heimat in extremis.

Eines Tages erreicht Klare Langenstein-Zwieberge, wo es ein Außenlager des KZs Buchenwald gab, das als besonders grausam galt. Dort sind in einem Massengrab in der Nähe eines Stollens Hunderte von Toten begraben, die den Arbeitsbedingungen erlagen. Unser Autor stößt neben der großen Grabplatte auf eine kleine Tafel, dort, wo ein Häftling ruht, der das Lager überlebt hatte, aber nach seinem Tode im Jahre 2013 neben den einstigen Kameraden beerdigt sein wollte. Dieser „Louis Bertrand" ruft bei Klare die Frage auf, ob Heimat nicht etwa die Kindheit meint, sondern vielmehr den Ort, wo wir unser Grab haben möchten. Dennoch lässt sich die Kindheit auch hier nicht gänzlich abstreifen. Liegt der Wunsch, in den Mutterschoß zurückzukehren, nicht unserer Suche nach Heimat zugrunde? „So wäre unsere allererste Heimat der Mutterleib, grundsätzliche Heimatlosigkeit unser Schicksal und Heimweh unser aller Schmerz. Ein Gedanke, den ich lange kaue. Meine Mutter ist tot. Was bleibt, ist Hohenlimburg."[24]

Bereits in diesen zwei Reflexionen – über den Häftling Louis Bertrand und die Mutter – streifen wir das ganze Spektrum der Heimatkunde: das Politische ebenso wie das Allerprivateste, das Historische und das Psychologische. Zusammengehalten wird dieses Spektrum, worin Atmosphären und Gefühle gewiss eine große Rolle spielen, durch die jeweilige *Stimmung*, durch eine Korrespondenz zwischen Subjekt und Welt, ermöglicht durch einen bestimmten Ort – durch Langenstein-Zwieberge oder Hohenlimburg. In der Nacht bevor Klare nach seiner einmonatigen Wanderung sein Ziel erreicht, steht er unterhalb der Burg Altena. Er fasst seine Empfindung folgendermaßen zusammen:

> Dieser Geruch, der mir plötzlich in die Nase steigt und in meinem Kopf ein Feuerwerk auslöst, aus dem ein erstes Bild entsteht. Es ist unscharf, zeigt ein lächelndes Gesicht, ein Haus, einen Garten, andere Menschen …, immer mehr Bilder tauchen auf. Szenen in warmem und auch kaltem Licht, sie entspringen meiner Kindheit und reihen sich zu einem Film, der sprunghaft läuft, bis alles ineinanderfließt. Es dauert keinen Augenblick, und eine Welle strömt durch meinen Körper, und ich fühle mich mit dem, was um mich ist, verbunden. Dabei war mir dieser Geruch nicht einmal bewusst. Er kommt von der Lenne, die ein Stück weiter unter im Tal Richtung Ruhr fließt, und mischt sich mit dem Aroma der sauerländischen Wälder, aus denen ich gerade herabgestiegen bin.

---

24 Jörn Klare, *Nach Hause gehen. Eine Heimatsuche*, Berlin 2015, S. 89.

Natürlich ist es mehr als das. Und natürlich ist es komplizierter. Doch was ich in meiner Nase spüre, ist eindeutig und unverkennbar: Heimat.[25]

Es ist die *gerochene* Heimat, die als Anlass der Entstehung mannigfaltiger Resonanzen fungiert. Der sinnliche Eindruck ist mehr als ein Gefühl, das zur Innenwelt des Subjekts gehört, und gleichzeitig intimer, als es die bloße Atmosphäre einer Landschaft sein kann, die nötigenfalls auch auf Abstand gehalten werden kann. Im Geruch der Heimat konzentriert sich die Stimmung, die zwischen beiden vermittelt, und diese Stimmung ist in diesem Falle mit dem Ort der Geburt verbunden. Gerüche aus der Kindheit prägen sich bekanntlich zutiefst ein in das sinnliche Gedächtnis des Menschen, weshalb sie uns, falls sie uns später erneut begegnen, sofort in die Welt unserer ersten Jahre versetzen. Über Louis Bertrand wissen wir wenig, aber wir müssen wohl davon ausgehen, dass für ihn der grausame Ort Langenstein-Zwieberge ebenfalls zu einem Ort der ersehnter Rückkehr geworden war, zu einer Art befremdlichster Heimat, zu einem Schrecken einflößenden Versuch der Weltanverwandlung. Deshalb dürfen wir Heimat nicht bloß an den Ort der Geburt binden.

Bei Eberhard Rathgeb, in seinem fulminanten Buch *Am Anfang war Heimat. Auf den Spuren eines deutschen Gefühls*, stoßen wir auf eine explizite Betrachtung des Verbandes zwischen Stimmung und Heimat. Auch Rathgeb nennt die Schattenseite der Heimat. Das, was in einer romantischen Perspektive leicht zum verklärten oder verkitschten Rückwärtsideal wurde, bedeutete vor Ort nicht selten „Klaustrophobie an der frischen Luft".[26] Angesichts der Beklemmung, die von der Scholle ausgelöst wurde, und gemessen an den Unabänderlichkeiten und Bedrückungen, die das Leben bereit hielt, sollte „der Himmel [...] Heimat sein, damit der Mensch auf Erden nicht glaubte, am Ende verloren zu gehen, und die Dinge, Wörter und Handlungen nie ohne Bedeutung dastanden, nackt, kahlgefressen vom Zweifel, dass nur Nichts sei".[27] Erneut stellt sich die Frage, wo wir das, was wir Heimat nennen, verorten dürfen. Der Begriff der Stimmung kommt uns auch hier zur Hilfe.

> Die Stimmung stand nicht, wie ein Gefühl, im Gegensatz zum abstrakten Denken, als würde sie das Denken nicht beeinflussen können, und sie war nicht, wie ein Gefühl, leicht und flüchtig, so als würde sie ständig wechseln. Sie

---

25 Klare, *Nach Hause gehen*, S. 9.
26 Eberhard Rathgeb, *Am Anfang war Heimat. Auf den Spuren eines deutschen Gefühls*, München 2016, S. 128.
27 Rathgeb, *Am Anfang war Heimat*, S. 129.

stellte sich immer und überall ein, keiner konnte ihr entkommen, sie war da, bevor die Sinne etwas Neues aufnahmen und das Nachdenken darüber beginnen konnte, und war dar, nachdem ein Schluss gezogen, ein Urteil gefällt, eine Erfahrung gemacht worden war, und sie bliebt erhalten, wenn Einzelheiten vergessen worden waren und Gedanken sich aufgelöst hatten. Je nach Neigungswinkel, in dem eine Seele in der Welt stand, je nach ihrer Reizbarkeit und Hellhörigkeit war sie für bestimmte Stimmungen empfänglicher als für andere. Wenn es eine geistige Heimat gab, dann existierte auch eine Heimat aus Stimmung, aus einem Grundgefühl des Daseins, ganz so als müsste das, was dunkel, unverstanden in einem aufbewahrt, das heißt nicht in Gedanken gefasst und auf Begriffe gebracht ist, sondern als Befindlichkeit und Seelenregung existiert, mit dem sich zusammenfinden, was von draußen kommt, und dann werden, hier oder dort, in einer Landschaft oder in einer Stadt, ob von diesem oder jenem Bild oder Musikstück, Heimatgefühle geweckt.[28]

Abgesehen von der feinen und präzisen Phänomenologie, die Rathgeb dem Begriff der Stimmung angedeihen lässt, gibt er uns wichtige Hinweise, warum Heimat nicht kindheitsgebunden sein muss, vielleicht nicht einmal an einem bestimmten Ort ihr Stätte haben muss. Im Grunde sind Heimatgefühle, so wie Rathgeb sie versteht, eher die Folge eines Einklangs oder einer Resonanz als deren Grund. Die „Heimat aus Stimmung" bildet sich dort, wo zwischen dem „Neigungswinkel der Seele", also der Grundbefindlichkeit oder Färbung des Daseins, und der Umgebung, in der das Leben geführt wird, eine Entsprechung entsteht, die auf Tiefe und Dauerhaftigkeit angelegt ist. Beide – sowohl die Tiefe als auch die Dauerhaftigkeit – brauchen *nicht immer als solche* empfunden zu werden. Aber man trägt diese Stimmung gewissermaßen mit sich. Sie kann zu jeder Zeit aus ihrer Latenz in die Präsenz wechseln. Dann haben wir es mit Resonanz zu tun.

---

28 Ebd., S. 211.

Rosa(s) Resonanzkunst.
Eine theologische Antwort

Klaas Huizing

I Resonanzangebote

Der erste Satz geht an Rosa: „Wenn Beschleunigung das Problem ist, dann ist Resonanz vielleicht die Lösung" (13). Ein meisterhafter Anfang für ein Sachbuch. Steht auf der Liste für den besten Romananfang *primo loco* Günter Grass mit dem ersten Satz aus seinem Roman *Der Butt* („Ilsebill salzte nach"), dann führt Hartmut Rosa künftig die Liste nichtbelletristischer Werke an, sofern man Rosa nicht unumwunden zugesteht, er habe hinterrücks die Gattungsunterschiede zwischen Belletristik und Sachbuch passagenweise glücklich eingeebnet. Der Preis für die beste Wissenschaftsprosa ist ihm so gut wie sicher. Und gäbe es eine Belobigung für wissenschaftliche Courage, dann wäre Hartmut Rosa der künftige Preisträger, denn er lehnt sich wortstark gegen die „Privatisierung der Frage nach dem guten Leben" auf, die „dazu geführt hat, dass jene Frage im gesellschaftlichen Diskurs nahezu tabuisiert wurde" (18). Die zentrale These des Tabubrechers Rosa lautet entsprechend, „dass es im Leben auf die Qualität der *Weltbeziehung* ankommt, das heißt auf die Art und Weise, in der wir als Subjekte Welt erfahren und in der wir zur Welt Stellung nehmen; auf die Qualität der *Weltaneignung*" (19). Einleitend präsentiert Rosa drei Personenpaare, um idealtypische Weltaneignungsmodelle zu skizzieren: die Nachwuchskünstler Gustav und Vincent; „zwei Frauen in den sogenannten besten Jahren" (20): Anna und Hannah; sowie das Zwillingspaar Adrian und Dorian. Lebensweltliche Konkretion ist also gewollt, die zentrale Vokabel Resonanz kokettiert mit Beschwingtheit und einer Willkommenskultur für Lesewillige. Gleichsam proleptisch wird am Ende des Buches hübsch ironisch ein fiktiver Diskurs mit den mutmaßlichen Kritikern und Verächtern dieser Theorie angezettelt. Für soziologische Theoriebetriebsmenschen mit Sonderforschungsbereichs-Vokabularien ist dieses Buch eine Zumutung schlechthin.

Und auch diese Offenheit überrascht: Die Religion ist nicht das Schmuddelkind innerhalb der von Rosa neu vermessenen Gelehrtenrepublik, sondern neben den horizontalen Resonanzachsen (Familie, Freundschaft, Politik), den diagonalen Resonanzachsen (Objektbeziehungen, Arbeit, Schule, Sport und Konsum), taucht unter dem Rubrum *Vertikale Resonanzachsen* auf dem ersten Platz die Religion auf, gefolgt von Natur, Kunst und Geschichte. So viel Offenheit erzeugt selbstredend auf Seiten der Theologinnen und Theologen nahezu Euphorie. Prompt wurde Rosa als Generalbevollmächtigter für Resonanz zum Evangelischen Kirchentag 2017 eingeladen, obwohl er in seinem Resonanzbuch offensiv mit dem Katholizismus flirtet und die katholische Komfortzone resonanztechnisch nachdrücklicher schätzt: „Ist Resonanz katholisch, weiblich, jung?"[1]

Mein Essay hat zwei Teile. Mich interessiert zunächst, warum die Theologie diesen Ansatz einerseits mit offenen Armen begrüßt – Stichworte: Subjektwechsel, Unverfügbarkeit – und andererseits mit den üblichen Vorbehalten – Stichwort: „immanente Soteriologie"[2] – kritisiert. Ein zweiter Teil skizziert eine Weisheitstheologie der Resonanz, die die Einsichten von Rosa aufnehmen kann, ohne aber wie er in die Falle einer messianischen oder postmessianischen Geschichtsphilosophie zu tappen, die stets von einer unerlösten Welt reden muss, die auf Heil aus ist.

II Das Dilemma der Geschichtsphilosophie

Das Eingangszitat oben macht es deutlich: Das *Opus magnum* von Rosa ist ein zweibändiges, auch seitenstarkes Werk. Vor zehn Jahren veröffentlichte Rosa sein Beschleunigungsbuch,[3] ich lese es im Blick zurück als mäßig camouflierte Geschichtsphilosophie, die die Moderne als Bewegung in das Unheil der Entfremdung deutet. Neuere Texte, denen man zuweilen ansieht, wie Rosa im Begriff ist sich wundzuschreiben, verschärfen den Eindruck.

„Eine Gesellschaft ist modern, wenn sie sich nur (noch) dynamisch zu stabilisieren vermag, wenn sie also systematisch auf Wachstum, Innovati-

---

1 Hartmut Rosa, *Beschleunigung. Die Veränderung der Zeitstrukturen in der Moderne*, Frankfurt/M. 2005, S. 645-661.
2 Rainer Bucher, „Was erlöst? Die Theologie angesichts soziologischer (Welt-)Frömmigkeit in spätkapitalistischen Zeiten", in: Tobias Kläden, Michael Schüßler (Hg.), *Zu schnell für Gott? Theologische Kontroversen zu Beschleunigung und Resonanz*, Freiburg/Br. 2017, S. 310-334, hier: S. 311.
3 Rosa, *Beschleunigung*.

onsverdichtung und Beschleunigung angewiesen ist."[4] Mit dieser „prozessualen" Definition setzt sich Rosa markant ab von einem Projekt der Moderne im Anschluss an Jürgen Habermas, das auf normativen Vorentscheidungen aufruht. Nach Rosa erfährt die der Moderne eingeschriebene Fortschrittsthese eine Schubumkehr:

> Zum ersten Mal seit 250 Jahren hat die Elterngeneration flächendeckend nicht mehr die Erwartung, dass es den Kindern einmal besser gehen wird als ihr selbst. [...] Wir Heutigen laufen nicht mehr auf ein verheißendes Ziel vor uns zu, sondern vor dem katastrophischen Abgrund hinter uns davon. Das ist ein kultureller Unterschied ums Ganze.[5]

Die „Status-quo-Erhaltung durch Steigerung",[6] die noch subkutan vom asketischen Geist der protestantischen Ethik angetrieben wird, frisst sukzessive die Möglichkeitsspielräume auf und endet im Burnout:

> Burnout wird meines (auf der Basis empirischer Evidenzen fußenden) Erachtens nicht durch viel Arbeit und auch nicht durch den Zwang zum schnellen Laufen verursacht, sondern durch die Abwesenheit jeglicher Zielhorizonte. [...] Dass man immer schneller laufen muss, nur um seinen Platz zu halten, macht den Menschen fertig. [...] Burnout lässt sich dabei als eine Extremform der Entfremdung verstehen.[7]

Als Antwort auf diese eskalatorische Dynamik bestimmt Rosa gelingendes Leben konsequent als „steigerungsunabhängig" (674). Wer wie Rosa eine geschichtsphilosophische Verfallstheorie der Moderne präsentiert, muss im Gegenzug ein Erlösungsangebot machen.

Das Resonanzbuch präsentiert sich entsprechend als Heilsangebot gegen das drohende Unheil der Entfremdung. Geradezu wohlig räkelt sich Rosa im theologischen Dialekt, wenn er die Resonanz als unverfügbar und den Menschen als Antwortwesen bestimmt, also für einen radikalen Subjektwechsel plädiert, ein Procedere, das im religiösen Sprachspiel als Of-

---

4 Hartmut Rosa, „Gelingendes Leben in der Beschleunigungsgesellschaft. Resonante Weltbeziehungen als Schlüssel zur Überwindung der Eskalationsdynamik der Moderne", in: Tobias Kläden, Michael Schüßler (Hg.), *Zu schnell für Gott? Theologische Kontroversen zu Beschleunigung und Resonanz*, Freiburg/Br. 2017, S. 18-51, hier: S. 20.
5 Rosa, „Gelingendes Leben in der Beschleunigungsgesellschaft", S. 29.
6 Ebd., S. 21.
7 Ebd., S. 31 f. Viele von Rosas Überlegungen decken sich mit den Essays des Berliner Philosophen Byung-Chul Han, der von Rosa sehr konsequent ignoriert wird. Vgl. etwa Byung-Chul Han, *Müdigkeitsgesellschaft*, Berlin 2010.

fenbarung tituliert wird. Komfortabel unterstützt wird dieser favorisierte Subjektwechsel durch Vertreter der Phänomenologie von Emmanuel Levinas über Maurice Merleau-Ponty und Bernhard Waldenfels bis hin zum Vertreter der Neuen Phänomenologie Hermann Schmitz, der bereits vor Jahrzehnten den Leib als Resonanzkörper in einer Umgebung definierte. Eingeladen werden auch Vertreter der Ich-Du-Philosophie wie Martin Buber, aber auch Theologen wie Friedrich D. E. Schleiermacher.

Trotz der hohen Anschlussfähigkeit an das religiöse Sprachspiel wird der Entwurf von Seiten der Theologie mit einem gängigen Vorwurf bedient: Die Soteriologie, die Rosa anbietet, verschenkt – so der Tenor – das vertikale Heilsangebot und zielt letztlich auf Selbsterlösung:

> Bei Rosa ist der Grund der Erlösung, wie sollte es angesichts seiner Weltfrömmigkeit anders sein, der Mensch, der es als Einzelner irgendwann in seiner post-kapitalistischen Entwicklungsphase der menschlichen Zivilisation schafft, den Zustand des gelingenden, allseitig resonanzreichen Lebens zu erreichen. [...] Aber die Zukunft ist, theologisch gesprochen, ein Reservat Gottes. Den aber gibt es bei Rosa nicht.[8]

Zwar schärft Rosa selbst ein: „Die Resonanztheorie darf keinesfalls als Heilstheorie missverstanden werden" (750).[9] Rosa tönt sogar von einem „elementare[n] Menschenrecht" auf „Resonanzverweigerung" (750). Ihm gelten als „kritikwürdig [...] soziale Verhältnisse, welche die Subjekte dazu zwingen oder verleiten, ihr Leben dispositional in verdinglichenden und damit in entfremdeten Weltbeziehungen zu leben" (750). Aber im gleichen Atemzug betont er:

---

8 Bucher: „Was erlöst?", S. 324-330.
9 An anderer Stelle heißt es freilich: „*Resonanz ist das (momenthafte) Aufscheinen, das Aufleuchten einer Verbindung zu einer Quelle starker Wertungen in einer überwiegend schweigenden und oft auch repulsiven Welt.* Deshalb sind Momente intensiver Resonanzerfahrung (der Sonnenuntergang, die betörende Musik, das Verliebtsein) stets auch erfüllt von einem starken Moment der Sehnsucht: Sie bergen das *Versprechen* auf eine andere Form der Weltbeziehung – in gewisser Weise lässt sich vielleicht sogar sagen: *ein Heilsversprechen* [Hervorhebung, K.H.] –; sie vermitteln die Ahnung von einer tiefen Verbundenheit; aber sie beseitigen nicht die dazwischen liegenden Formen der Fremdheit und der Unverfügbarkeit. Die Wirkung von Resonanzerfahrung ist daher weniger der unmittelbaren Bestätigung und Bekräftigung [...] als vielmehr eine der *Verwandlung: Berührung* meint immer auch eine Verflüssigung der Weltbeziehung, deren Folge es ist, dass Selbst und Welt verändert aus der Begegnung hervorgehen. Daher [...] sind Resonanzbeziehungen Ausdruck gelingender *Anverwandlung* von Welt, nicht Formen ihrer *Aneignung* im Sinne einer Ressourcenerweiterung." (S. 317 f.).

Resonanz tritt nur in momenthaften Erfahrungen auf; ihre Unverfügbarkeit ist ein konstitutives Merkmal, was bedeutet, dass sie sich nicht erzwingen und nicht festhalten oder auf Dauer stellen lässt. Unter den Bedingungen eines unerlösten Daseins ist Resonanz nur das *Aufblitzen der Hoffnung auf Anverwandlung und Antwort in einer schweigenden Welt.* (750)

Auch sprachlich erinnert der Satz an milde urbanisierte messianische Stilfiguren von Vertretern der Kritischen Theorie, als deren Erbverwalter Rosa auftritt. An avantgardistischer Kunst weist bekanntlich Adorno unter dem Stichwort der Plötzlichkeit (*exaiphnes*) eine Sinnantizipation nichtverdinglichter Individualität auf.[10] Nicht von ungefähr zählt Rosa die Kunst, darin zeigt er sich als Frankfurter Musterschüler, zu den wichtigsten vertikalen Resonanzachsen.[11]

Die Kunst berührt und bewegt den modernen Menschen als Rezipienten im Innersten seiner Seele wie nichts anderes – und sie gebietet ihm als Produzenten, das heißt als Künstler oder Kunstschaffendem, indem sie ihre eigene Gesetzmäßigkeit gegen alle instrumentelle, politische oder ökonomische Vernunft geltend zu machen vermag. Aus dieser Kraft, aus diesem Gebot und Anspruch der Kunst emergiert der Kreativitäts- und Originalitätsimperativ der Moderne, der, den religiösen Geboten früherer Epochen durchaus vergleichbar, die (spät-)moderne Subjektivität in allen Poren durchdringt. Ästhetische Resonanzfähigkeit ist auf diese Weise als kollektiv verbindliche Forderung an die gesellschaftliche Stelle religiöser Resonanzfähigkeit getreten. (473)

---

10 Theodor W. Adorno, „Das Kunstschöne: ‚apparition', Vergeistigung, Anschaulichkeit", in: Ders.: *Ästhetische Theorie*, Gesammelte Schriften 7, herausgegeben von Gretel Adorno und Rolf Tiedemann, Frankfurt/M. 1970, S. 125: „Kunstwerke sind neutralisierte und dadurch qualitativ veränderte Epiphanien. Sollten die antiken Götter an ihren Kultstätten flüchtig erscheinen oder wenigstens in der Vorzeit erschienen sein, so ist dies Erscheinen zum Gesetz der Permanenz von Kunstwerken geworden um den Preis der Leibhaftigkeit des Erscheinenden." Vgl. dazu Michael Theunissen, „Negativität bei Adorno", in: Ludwig v. Friedeburg, Jürgen Habermas (Hg.), *Adorno-Konferenz 1983*, Frankfurt/M. 1983, S. 41-65; Karl Heinz Bohrer, *Plötzlichkeit. Zum Augenblick des ästhetischen Scheins*, Frankfurt/M. 1981. Vgl. auch Thomas Rentsch, „Die Entdeckung der Unverfügbarkeit. Zum Zusammenhang von Negativität und Sinnkonstitution im Horizont der biblischen Überlieferung", in: Ders., *Transzendenz und Negativität. Religionsphilosophische und ästhetische Studien*, Berlin u.a. 2011, S. 3-14.

11 Rosa „zielt [...] auf Verhältnisse, die es den Subjekten ermöglichen, konstitutive Resonanzachsen auszubilden und zu erhalten, welche ihnen die wiederkehrende Erfahrung von (momenthafter, prozessualer und transformativer) Resonanz und damit die Anverwandlung von Welt erlauben" (S. 750).

Allerdings: Ablösungstheoreme sind häufig problematisch, zumal die jüdisch-christliche Religion vielstimmig eine Tiefenverwandtschaft zwischen religiöser Erfahrung und Kunsterfahrung behauptet, sei es in stärker literarästhetischer (Protestantismus) oder stärker bildästhetischer (Katholizismus) Ausprägung. Wer die Bibel als literarisches Weltdeutungskraftwerk liest – genauer: als Resonanzschule; noch genauer: als inszenierte Resonanzerfahrung –, kann einen leichtfüßigen Übergang zwischen Religion und Kunst herstellen.

Man kommt nicht umhin zu sagen: Wer vom unerlösten Dasein ausgeht und eine Theorie anbietet, die Erlösung verspricht, bleibt in der Spur messianischer Geschichtsphilosophien. Wer darauf ganz verzichten will, der muss anders ansetzen, der muss Abstand nehmen von Geschichtsphilosophien, die nahezu immer nur mäßig verschleierte Geschichtstheologien sind. Dieses gelingt, auch gegen den ersten Anschein, im religiösen Sprachspiel. *Auch die Bibel kennt eine starke Theorie der Weltfrömmigkeit: die Weisheit* – lange Zeit ein Stiefkind der Forschung. Eine Weisheitstheologie kommt ohne apokalyptische Grundmelodien aus und intoniert auch keine eschatologischen Utopien. Eine biblische Weisheitstheologie ist nichts anderes als eine veritable Resonanztheologie, die auf das in der Moderne milde verschlissene Vokabular von Heil[12] (und Sünde) leichtfüßig verzichten kann.[13]

---

12 Einer der Stichwortgeber für Rosa, Hermann Schmitz, sagt herrlich eindeutig: „Meine Fragestellung hat keinen Zusammenhang mit dem Heilsbegriff der Religion." Hermann Schmitz, *Das Göttliche und der Raum*, System der Philosophie III/4, Bonn 1977, S. 12.

13 Die katholische Rezeption der Resonanztheorie von Rosa wird aus einer pastoraltheoretischen Perspektive geführt. Aus dieser Perspektive sind die vorgetragenen Vorbehalte leicht nachvollziehbar. Ich schlage dagegen vor, die Perspektive zu wechseln und von einer Weisheitstheologie den Ausgang zu nehmen, die auf Geschichtsphilosophien – welcher Provenienz auch immer – Verzicht leistet. Schwierig ist der von Rosa importierte Sündenbegriff: „Konsequenterweise wird [...] in der (protestantischen) Theologie der Zustand der ‚Sünde' (im Sinne der *superbia*) als [...] eine Haltung [konzeptualisiert, K.H.], die glaubt, keiner Antwort mehr zu bedürfen und die Martin Luther daher mit dem Bild der ‚in sich verkrümmten' (und mithin nicht mehr bezogenen) Seele zu fassen versucht" (Rosa: „Gelingendes Leben in der Beschleunigungsgesellschaft", S. 50). Von Sünde zu reden macht nur Sinn, wenn man die Resonanz zu der umgreifenden Sinnsphäre wie Gott außen vor lässt, Rosa zeigt aber doch durchaus schlüssig, wie ein steigerungsunabhängiges Leben im Rekurs auf andere (vertikale) Resonanzachsen gelingen kann. Und er wird nicht müde zu wiederholen: „Wir tragen das Verlangen nach einer anderen Art des *In-der-Welt-seins* konstitutiv in uns" (ebd., S. 33).

III Eine Weisheitstheologie der Resonanz

In der alttestamentlichen Wissenschaft wurde die Weisheitstheologie viele Jahre kritisch beäugt, weil, wie Ernst Würthwein noch Ende der 1950er Jahre argwöhnte, als gesamtorientalisches Phänomen das genuin Israelitische fehle. Für den Geschmack von Würthwein[14] vermittelte die weisheitliche Lebenslehre ein zu optimistisches Menschenbild und verunklarte das für die alttestamentlichen Texte typische und konstitutive Geschichtshandeln Gottes nach dem Sündenfall: Heilsgeschichte und Weisheit schienen sich zu widersprechen. Spätestens nach der Publikation des Buches *Weisheit in Israel*[15] durch den späten Gerhard von Rad, Gallionsfigur der heilsgeschichtlichen Deutung des Alten Testament, ist die Erforschung altorientalischer und israelitischer Weisheit in Bewegung geraten.

Kennzeichnend für die alttestamentliche Weisheit ist ihre Verortung im Horizont der Schöpfung „im Sinne eines *Beziehungsgeschehens* zwischen Gott und Mensch".[16] Schöpfung ist ein riesiger Resonanzraum, dem eine immanente Ordnung eingeschrieben ist, der jedes gelingende Leben sich anschmiegen muss.

> Das Ziel weisheitlicher Literatur ist es, aus einem jungen Menschen ein gebildetes, kompetentes, recht denkendes und recht handelndes Mitglied der Gesellschaft zu machen. Dies geschieht in der Form des eingängigen kurzen Spruchs oder Beispiels (maschal), worin eine Erfahrung so bündig formuliert ist, dass sie in Erinnerung bleibt.[17]

Auffällig für zumindest eine Ausprägung der Weisheit ist: „*Die klassischen Themen biblischer Geschichtstheologie wie Exodus, Erwählung und Bundesschluss spielen im Buch der Sprichwörter keine Rolle.*"[18]

---

14 Ernst Würthwein, „Die Weisheit Ägyptens und das Alte Testament (1958/1959)", in: Ders., *Wort und Existenz. Studien zum Alten Testament*, Göttingen 1970, S. 197-216.
15 Gerhard von Rad, *Weisheit in Israel*, Neukirchen-Vluyn 1970.
16 Andreas Schüle, „Gottes Schöpfung", in: Walter Dietrich (Hg.), *Die Welt der Hebräischen Bibel. Umfeld – Inhalte – Grundthemen*, Stuttgart 2017, S. 412-428, hier: 414 (Hervorhebung, K.H.).
17 Melanie Köhlmoos, „Richtiges Leben, Tun und Ergehen", in: Walter Dietrich (Hg.): *Die Welt der Hebräischen Bibel. Umfeld – Inhalte – Grundthemen*, Stuttgart 2017, S. 324-338, hier: S. 330. Vgl. Beate Ego, Helmut Merkel (Hg.), *Religiöses Lernen in der biblischen, frühjüdischen und frühchristlichen Überlieferung*, Tübingen 2005.
18 Ludger Schwienhorst-Schönberger, Poesie und Weisheit, in: Walter Dietrich (Hg.): *Die Welt der Hebräischen Bibel. Umfeld – Inhalte – Grundthemen*, Stuttgart 2017, S. 151-170, hier: S. 156 (Hervorhebung, K.H.).

Ihren Anfang nahm das weisheitliche Studium durch das Erstellen von Listen, so wird in 1. Kön 5,9 ff. berichtet, Salomo habe in Prosa abgefasste Listen von Tierarten wie Vögel und Fische angelegt, daneben gab es Listen von Chroniken und Annalen, Familiengenealogien oder Gebietsverzeichnissen. Gesammelt auf dem Felde der Ethik wurden Verhaltensweisen, die sichtbar Gemeinschaft förderten oder unterminierten. Methodisch liegen, so der Alttestamentler Jörg Jeremias, „,naturwissenschaftliches' und ‚ethisches' Erkennen auf einer gemeinsamen Ebene".[19] Nach der Summierung der Phänomene wurde in einem zweiten Erkenntnisvorgang versucht, einen Kausalzusammenhang herzustellen, in einem dritten Schritt benannte der Weise „die Gesetzmäßigkeit hinter allen Ursache-Wirkungs-Zusammenzuhängen. [...] Der Tun-Ergehen-Zusammenhang [...] besagt, dass jede Tat, ob gut oder böse, eine nicht nur subjektiv empfundene, sondern objektiv zu benennende Wirkung hinterlässt."[20] Eigentümlich ist, dass die altorientalischen Weisen „vom Ergehen nicht auf das Tun zurückgefragt"[21] haben, auch deshalb, weil sie hinter der bisher erkannten Ordnung noch eine verborgene Ordnung annahmen, denn Gott, so ihre Überzeugung, könne „jederzeit in den Tun-Ergehen-Zusammenhang eingreifen",[22] die Weisen sprechen deshalb auch lebensfromm von der „Furcht Jhwhs". Sie erkennen damit Gott Freiheit und Kreativität zu, die seiner letzten Unverfügbarkeit entspricht. „In einem letzten Sinn ging es den frühen Weisen also um die Erfahrbarkeit Gottes, um die Erkennbarkeit der Güte Gottes im Alltag."[23] Durch die Erfahrungen des babylonischen Exils (597 v. Chr.) verflüchtigt sich ein wenig der Optimismus der frühen Weisheit, in der sog. kritischen Weisheit – etwa bei Hiob und im Buch Prediger – wird stärker die Unverfügbarkeit Gottes herausgestrichen, um der Hoffnung auf einen auch staatlichen Neuanfang Nahrung zu geben.

Unbestritten ist, dass die frühe weisheitliche Literatur auf altorientalischem Input basiert, aber eine starke Umdeutung erfuhr.

> Mit am eindeutigsten besteht eine literarische Abhängigkeit zwischen der ägyptisierenden Lehre des Amenemope, die in Abschriften und Zitaten bis in das 2. Jh. n. Chr. überliefert und rezipiert wurde. Es bestehen inhaltliche und

---

19 Jörg Jeremias, *Theologie des Alten Testaments*, Göttingen 2015, S. 45.
20 Jeremias, *Theologie des Alten Testaments*, S. 47.
21 Ebd., S. 49.
22 Ebd.
23 Ebd., S. 53.

strukturelle Parallelen. So entspricht beispielsweise Spr 22,17 dem Anfang des ersten Kapitels von Amenemope. [...] Bei allen bislang offenen Fragen, wenn man die beiden Texte nebeneinander legt, wird schnell klar, dass die ägyptische Lehre charakteristisch modifiziert wurde, da sie mit ihrer Ausrichtung des Handelns am Rechtsmaßstab Jahwes ‚jahwisiert' wurde. Jhwh selber nimmt sich nun der Armen, Witwen und Waisen an (Spr. 22,19.23; 23,10f. [...] Den Bogen zwischen Weisheit und Pentateuch schließlich schlagen z.B. die späten postdeuteronomistischen Zusätze zum Buch Deuteronomium. Sie spiegeln die Tendenz der Verbindung von Weisheit und Gesetz in entsprechender Weise, wenn die Gesetzesbefolgung mit weisheitlicher Lebensführung identifiziert wird, sodass die Nachbarvölker Israel als ein weises und verständiges Volk erkennen und preisen (Dtn 4,6).[24]

Nicht immer glückte eine harmonisierende Verbindung zwischen den einzelnen Traditionen des Alten Testaments, zum Teil widersprechen weisheitliche Kreise etwa prophetischen Spitzenaussagen, die auf finale Neuschöpfung zielen.

Gegenüber den prophetischen Verheißungen eines neuen Himmels und einer neuen Erde hält Koh 1 fest, dass nichts Neues unter der Sonne zu erwarten sei, sondern dass die Menschen nach wie vor an die Lebensbedingungen der vorfindlichen Welt gewiesen seien, womit elementare Positionen der biblischen Urgeschichte (Gen 1-11) gegenüber Jes 65-66 bekräftigt werden.[25]

In der neueren Forschung wird die weisheitliche Schulung auch der Propheten (namentlich Jesaja) herausgestrichen. Zudem werden auch größere Erzählzusammenhänge zur Weisheit gerechnet oder eine weisheitliche Bearbeitung unterstellt (Kain- und Abel-Erzählung, Josefsnovelle). Als zentralen Text identifiziere ich die Kain- und Abel-Erzählung, weil in dieser Geschichte die literarische Figur Gott in direkter Rede als Weisheitscoach auftritt und zum ersten Mal der Begriff der Sünde fällt. Kain fühlt sich

---

24 Angelika Berlejung, „Bibel und Orient", in: Walter Dietrich (Hg.), *Die Welt der Hebräischen Bibel. Umfeld – Inhalte – Grundthemen*, Stuttgart 2017, S. 17-30, hier: S. 27f.
25 Konrad Schmid, „Bibel und Orient", in: *Die Welt der Hebräischen Bibel. Umfeld – Inhalte – Grundthemen*, Stuttgart 2017, S. 83-96, hier: S. 93. Vgl. auch Thomas Krüger, „Dekonstruktion und Rekonstruktion prophetischer Eschatologie im Qohelet-Buch", in: Anja Diesel u.a. (Hg.), „*Jedes Ding hat seine Zeit...* " *Studien zur israelischen und altorientalischen Weisheit*, Berlin u.a. 1996, S. 107-129; ders., *Kritische Weisheit. Studien zur weisheitlichen Traditionskritik im Alten Testament*, Zürich 1997, S. 151-172; ders., „Die Rezeption der Tora im Buch Kohelet", in: Ludger Schwienhorst-Schönberger (Hg.), *Das Buch Kohelet. Studien zur Struktur, Geschichte, Rezeption und Theologie*, Berlin u.a. 1997, S. 173-193.

durch die provozierende Verweigerung der Annahme des Opfers durch Gott in seinem Status als Erstgeborener verletzt, ist neidisch auf seinen kleineren Bruder und schämt sich vor den Zeugen dieser Demütigung – eine aggressive emotionale Melange, die Kain in die Enge und Passivität treibt.

Gen 4,6 Da sprach der Herr zu Kain: Warum ergrimmst du? Und warum senkst du deinen Blick? 4,7 Ist's nicht also? Wenn du fromm bist, so kannst du frei den Blick erheben. Bist du aber nicht fromm, so lauert die Sünde vor der Tür, und nach dir hat sie Verlangen; du aber herrsche über sie.

Diese zwei Verse präsentieren die alttestamentliche Weisheitslehre in nuce: Der Weisheitslehrer Gott verlangt Selbstbeherrschung namentlich im Umgang mit Neid und fordert damit Sensibilität für ein Leben in Gemeinschaft. Kain schlägt das Coaching aus, zieht es vor, die Passivität der Schamsituation, die auch einen totalen Ansehensverlust in seiner Bezugsgruppe markiert, dadurch zu heilen, dass er die *Scham in die Schuld verschiebt*. Der Grandseigneur der neueren Emotionsforschung, Bernard Williams, hat sehr luzide den Unterschied zwischen Scham und Schuld herausgestrichen: Die Scham bezieht sich auf das eigene Selbstbild, Schuld vor allem auf die Tat gegenüber dem Opfer, die abgeleistet werden kann, ohne dass man sich zwingend ändern muss. Scham hinterfragt den Charakter, lädt ein zur Charakterschulung.[26] Diese Charakterschulung bleibt aus. Kain entscheidet sich nicht jäh, sondern trotz des lebensklugen Ratschlages durch die literarische Figur Gott, ein Mörder zu werden. Als Strafe wird er von Gott auf ein unstetes Leben verwiesen, wird aber erst zum Nomaden, nachdem ihm Gott ein Tattoo auf die Stirn brennt, das als Aggressions- und Vergeltungsstopper dient. Ziel der weisheitlichen Lebenslehre ist ein Leben in Ruhe und Frieden.[27]

Darin besteht die bleibende Stärke der biblischen Weisheitslehre, genau angeben zu können, wie ein Leben in Ruhe gelingen kann. Die Schlüsselszene umreißt den Raum von Moral, den Menschen voneinander fordern können, durch mögliche Begriffe, die auch in säkularen Ethiken ihren

---

26 Bernard Williams, *Scham, Schuld und Notwendigkeit. Eine Wiederbelebung antiker Begriffe der Moral*, aus dem Englischen von Martin Hartmann, Berlin 2000.
27 Vgl. dazu Ralf Konersmann, *Die Unruhe der Welt*, Frankfurt/M. 2015; Michael Schüßler, „Beschleunigungsapokalyptik und Resonanzutopien. Eine theologische Kritik der Zeit- und Sozialphilosophie Hartmut Rosas", in: Tobias Kläden, Michael Schüßler (Hg.), *Zu schnell für Gott? Theologische Kontroversen zu Beschleunigung und Resonanz*, Freiburg/Br. 2017, S. 153-184.

Platz finden: „Selbstbeherrschung und Sensibilität".[28] Wer gegen diese seit Adam Smith hochgeschätzte Tugenden verstößt, soll sich schämen – die Scham ist in diesen Fragen ein von allen geteiltes Gefühl – und die Zeugen der Verstöße sich entsprechend empören.[29] Sieht man genauer hin und achtet auf die Kontexte, dann hat die Szene noch eine zusätzliche Pointe: Die literarische Figur Gott fordert vom erstgeborenen Sohn Kain einen *Statusverzicht*. Der Neutestamentler Gerd Theißen hat deshalb das biblische Ethos durch die Begriffe von Statusverzicht und Nächstenliebe umrissen.[30] Statusverzicht ist auch die Antwort auf die Beschleunigungsrhetorik von Rosa: Der Kampf um Sichtbarkeit lässt sich eindämmen durch eine Kultur des Statusverzichts. Nicht zufällig ist das biblische Ethos normativ an den Schwachen, den Witwen und den Waisen sowie den Fremden orientiert. Der Weisheitslehrer Jesus von Nazareth hat diese Kultur in seinen Beispielerzählungen und Gleichnissen nochmals unterstrichen und wird vom Verfasser des Lukasevangeliums als Überbieter von Salomo gedeutet: „Hier ist mehr als Salomo" (Lk 11,31).[31] Ein steigerungsunabhängiges Leben gelingt im Resonanzraum des biblischen Ethos. Statusverzicht ist gleichermaßen ein Kompetitivitätshemmer und ein Entschleunigungs- und Befriedungsangebot, sofern dabei stets das Thema Gerechtigkeit mitbedacht wird.

Eine weisheitlich grundierte Weltfrömmigkeit kommt ohne eine Heilsgeschichte aus (kann sie aber durchaus integrieren). Sie ist eine „poetische Weltbeziehung" (387),[32] die horizontale, diagonale und vertikale Resonanzachsen erfahrbar macht. Die Rede von Unverfügbarkeit muss in diesem Kontext konkretisiert werden: Einerseits pocht die Weisheitstheologie da-

---

28 Vgl. Ernst Tugendhat, Vorlesungen über Ethik, Frankfurt/M. 1993; ders., Egozentrizität und Mystik. Eine anthropologische Studie, München 2003.
29 Dazu ausführlich: Klaas Huizing, *Scham und Ehre. Eine theologische Ethik*, Gütersloh 2016.
30 Gert Theißen, *Die Religion der ersten Christen. Eine Theorie des Urchristentums*, Göttingen 2009. Theißen reserviert irrtümlich die Tugend des Statusverzichts für das frühe Christentum.
31 Vgl. Klaas Huizing, „Ehre, Scham und Statusverzicht. Präventivethik und die Frage nach dem Ursprung der Gewalt", in: Matthias Wüthrich u.a. (Hg.), *Ehre*, Tübingen 2018 (im Erscheinen).
32 Ich habe an anderer Stelle für ein weder protologisches noch eschatologisches geschichtsphilosophisches Modell plädiert und vorgeschlagen, Geschichte als wellenförmigen Prozess der Wucherung von Texten und deren Verdichtung zu lesen: Klaas Huizing, *Schluss mit Sünde. Warum wir eine neue Reformation brauchen*, Hamburg 2017.

rauf, Erfahrung der Resonanz *inszenieren* zu können, damit ist eine Poetik der Resonanzinszenierung aufgegebenes Thema (man kann auch sagen: eine Poetik des Heiligen Geistes), andererseits hat die kritische Weisheit herausgestrichen, dass der literarischen Figur Gott als Weisheitslehrer auch ein zentrales Moment der Unverfügbarkeit zugestanden wird. Als Bildungstheorie ist die Weisheitstheorie freilich immer – trotz aller Rückschläge – optimistisch. Sie kann genau angeben, wann Gewalt entsteht, und zwar genau dann, wenn schamreiche Resonanzstörungen nicht durch eine Ausbildung (oder Neujustierung) von Tugenden bearbeitet werden, sondern durch die Verschiebung von Scham in Schuld. Die Verschärfung der Tugend der Selbstbeherrschung durch den Statusverzicht befriedet den kompetitiven Stress um Anerkennungsrituale. So reformuliert, läuft ein Vorwurf, Rosa böte eine „immanente Soteriologie", schlicht ins Leere. Weltfrömmigkeit ist ein zentrales biblisches Resonanz-Konzept, das präventiv auf die problematische Scham-Schuld-Schwelle aufmerksam macht.

Das „poröse Selbst" und die universale Reichweite der Resonanztheorie

Christoph Hübenthal

Am Ende des ersten Teils von *La fable mystique* beschreibt Michel de Certeau das Leben des frühneuzeitlichen Mystikers Jean de Labadie als eine nomadische Existenz, die ruhelos von Ort zu Ort eilt, um freilich ein ums andere Mal feststellen zu müssen, dass der neu eroberte Raum seiner sakramentalen Bedeutung bereits verlustig gegangen ist oder dass – ins Allgemeine gewendet – Gnade sich dem Versuch ihrer Lokalisierung entzieht.[1] Was Certeau am Beispiel dieser Figur aus dem siebzehnten Jahrhundert zu veranschaulichen sucht sind nicht die singulären Enttäuschungen eines Einzelnen. Labadies Mystik steht vielmehr für die neuzeitliche Situation des Menschen insgesamt, und zwar so, wie sie sich nach dem Zerfall der mittelalterlichen Idee vom *corpus mysticum* darstellt. Dieser Idee zufolge sollten sich Ereignisse, insbesondere das christliche Offenbarungsereignis, die diskursive Symbolisierung solcher Ereignisse sowie darauf gründende Sozialpraktiken zum *einen Leib Christi* fügen, welcher dann den Menschen eine Immanenz und Transzendenz umgreifende Heimstatt zu bieten versprach.[2] Als wesentliche Signatur neuzeitlichen Daseins erweist sich für Certeau somit die unablässige Suche nach einer verlorengegangenen Einheit – eine Suche, die ihrerseits die nomadische Exploration immer neuer Räume motiviert.

Auch wenn diese Diagnose unterm Strich recht pessimistisch ausfällt, bereitet es doch kaum Schwierigkeiten, Certeaus Befund mit Hartmut Rosas These von der Moderne als einem dialektischen Zusammenspiel von Resonanzverlangen und Reichweitenvergrößerung zu korrelieren. Freilich schärft ein solcher Vergleich auch den Blick für eine konzeptuelle Schwie-

---

1 Vgl. Michel de Certeau, *Mystische Fabel. 16. bis 17. Jahrhundert*, Berlin 2010, S. 442-481, bes. S. 475 f.
2 Vgl. de Certeau, *Mystische Fabel*, S. 124-148. Zur Idee vom *corpus mysticum* vgl. Henri de Lubac, *Corpus mysticum. Kirche und Eucharistie im Mittelalter. Eine historische Studie*, Einsiedeln 1969.

rigkeit, auf die Rosa selbst zwar aufmerksam macht, deren Lösung er aber mit dem Hinweis auf die Notwendigkeit kulturvergleichender Studien doch eher aufschiebt. Seiner Theorie zufolge lässt Resonanz sich als ein Weltverhältnis begreifen, bei dem das Subjekt auf unverfügbare Weise von einem bestimmten, im Modus der Andersheit erfahrenen Weltausschnitt af←——fektiv berührt wird, zugleich aber auch e——→motional, das heißt, selbstwirksam auf diese Berührung antwortet, und zwar so, dass es zu einer transformierenden Anverwandlung ebendieses Weltausschnitts kommt (vgl. 279). Dabei unterstreicht Rosa ein ums andere Mal, dass es keinesfalls um die Herstellung einer *Einheit* von Subjekt und Welt geht, sondern um ihre *Bezogenheit* (vgl. 637). Im Anschluss an Erich Fromm etwa erklärt er eine „Entbettung" aus naturalen, sozialen und maternalen Bindungen zur unabdingbaren Voraussetzung „für die Herausbildung eines autonomen, individuierten Subjekts, das in aktive, dynamische Beziehungen zu einem anderen treten kann, ohne sich darin zu verlieren" (567). Entscheidend für Rosas Resonanztheorie ist also die Annahme eines vereinzelten, zumindest partiell gegenüber seiner Umwelt *geschlossenen Subjekts*, das gleichzeitig jedoch genügend Offenheit aufweist, um in eine spezifische Antwortbeziehung zu einem ebenfalls als selbständig gedachten Weltausschnitt treten zu können. Die *ontologische Eigenständigkeit der beiden Entitäten Subjekt und Welt* erweist sich für das Resonanzgeschehen also als konstitutiv.

Abgesehen von dem Problem, wie sich eine solche Annahme mit der von Rosa gleichfalls vorgetragenen These verträgt, das bewusste Subjekt entwickle sich erst aus vorgängigen und damit augenscheinlich prä-subjektiven Resonanzbeziehungen (vgl. z. B. 747),[3] interessiert hier vor allem die Frage, ob die unbezweifelbar *moderne* Konzeption eines der Welt gegenüberstehenden Subjekts nicht im offenkundigen Widerspruch zu der vor allem im ersten Teil des Buches vertretenen Auffassung steht, wonach sich menschliches Begehren „schlechthin als Resonanzbegehren interpretieren" lässt (294), Resonanzverlangen folglich geradezu als *anthropologische Konstante* zu betrachten ist. Wenn sich aber der mittelalterliche

---

3 Von der terminologischen Unstimmigkeit einmal abgesehen, dass Resonanz hier einerseits als Weltbeziehung eines *bereits konstituierten Subjekts* definiert wird und andererseits als *Voraussetzung der Subjektkonstitution*, scheint mir die zugrundeliegende ontologische Problematik nicht grundsätzlich unlösbar zu sein. Entscheidende Ansätze dazu finden sich etwa bei Heinrich Rombach, *Strukturontologie. Eine Phänomenologie der Freiheit*, Freiburg/Br. u.a. ²1988; sowie ders., *Strukturanthropologie. Der menschliche Mensch*, Freiburg/Br. u.a. 1987.

Mensch als festgefügtes Glied eines einheitsverbürgenden *corpus mysticum* betrachten durfte, dann wird ihm kaum je der Gedanke gekommen sein, nach Resonanz im eben erläuterten Sinn zu streben. Zum Nomaden musste Labadie ja erst werden, nachdem die Gnade an keinem Ort mehr zu greifen war.

Rosa hat diese Schwierigkeit, wie gesagt, selbst bemerkt. Von Charles Taylor übernimmt er die Unterscheidung zwischen einem „porösen" und einem „abgepufferten Selbst" sowie dessen historische Erzählung vom Verschwinden des einen und dem so ermöglichten Aufkommen des anderen. „In gewisser Weise", so meint er, „haben gegenüber der dominanten Weltbeziehung um 1500 Subjekt und Welt heute ihre Positionen vertauscht" (652). Weil sich das mutmaßliche Selbst- und Weltverständnis eines porösen Selbst schwerlich mit der zuvor entwickelten Resonanzkonzeption in Einklang bringen lässt, Rosa aber trotzdem an deren universalanthropologischer Gültigkeit festhalten will, sieht er sich zu der Vermutung gedrängt: „Andere sozio-kulturelle Formationen verfügen [...] nicht nur über womöglich gänzlich andere Resonanzsensibilitäten, Resonanzpraktiken und damit verknüpfte Resonanzachsen, sondern auch über andere *Beziehungsformen*" (653). Entsprechend müsste das Resonanzverlangen etwa des mittelalterlichen Menschen von erheblich anderer Art gewesen sein als das moderner Zeitgenossen. Und weil Rosa sich derzeit keine Auskunft darüber zutraut, wie die Resonanzbeziehungen eines porösen Selbst tatsächlich ausgesehen haben könnten, fordert er „kulturvergleichende Studien, um die Soziologie der Weltbeziehungen globalgeschichtlich zu erweitern" (654). Dass eine komparativ angelegte Extensivierung des verfügbaren Anschauungsmaterials kaum von Nachteil für die Resonanztheorie sein dürfte, steht außer Zweifel. Zu fragen wäre indes, ob sich auf diese Weise wirklich erhellen lässt, wie die Resonanzbeziehungen eines prä- oder a-modernen Selbst aussahen bzw. aussehen.

Aber vielleicht stellt sich das Problem ja gar nicht in solcher Schärfe. Immerhin wäre es denkbar, dass auch in nicht modernen Zusammenhängen konzeptionelle Spuren eines geschlossenen Subjekts vorkommen, womöglich mehr, als es Rosas dichotomische Lesart der taylorschen Unterscheidung zwischen einem porösen und einem abgepufferten Dasein nahelegt. Interessanterweise deutet Taylor selbst an, dass es eine ernstzunehmende Alternative zu seiner Geschichte über die westliche Säkularisierung gibt. Von den meisten Interpreten kaum bemerkt, geht er im Epilog von *A Secular Age* auf die Erzählung der so genannten „Radical Orthodoxy" ein, die – im Gegensatz zu ihm selbst – die Morgenröte des Säkularen zu einem historisch ziemlich klar fixierbaren Zeitpunkt anbrechen sieht.[4] Obwohl Taylor beträchtliche Zweifel am monokausalen Erklärungsansatz der Radical Orthodoxy hegt, bekundet er doch Sympathien für die dahinterliegende theologische Strömung und konzediert ihrer alternativen Erzählung sogar, sie verhalte sich komplementär zu seiner eigenen. „Nach meiner Überzeugung", so schreibt er, „erhellt diese Geschichte einige sehr wichtige Wahrheiten und stellt gewisse ausschlaggebende Zusammenhänge her. Doch als Hauptgeschichte im Hintergrund der Säkularität ist sie meines Erachtens nicht ausreichend. Es gibt ein weiteres wichtiges Stück, das mit dem Schub zur Vollendung der achsenzeitlichen Revolution zu tun hat [...]."[5]

Auf die vermeintliche Komplementarität der beiden Erzählungen kommt Taylor freilich nicht mehr zu sprechen, und es darf füglich bezweifelt werden, dass ihr Nachweis überhaupt gelingen kann. Bei Licht besehen geht es der Radical Orthodoxy nämlich nicht darum, die Genese des Säkularen als späten Versuch zur endgültigen Durchsetzung längst vollzogener Umwälzungen zu deuten, sondern für sie fällt der allesentscheidende Umbruch unmittelbar mit dem Beginn der Neuzeit selbst zusammen. Darum sei er von theologischer Seite auch aufs Schärfste zu missbilligen. Das radikal-orthodoxe Narrativ vom Aufkommen des Säkularen präsentiert sich also als handfeste Anklage. Eben deshalb lohnt es sich aber, der Erzählung ein wenig Aufmerksamkeit zu schenken. Denn in ihren eklatanten Fehleinschätzungen bestätigt sie auf überraschende Weise Taylors Vermutung, dass der Säkularisierungsprozess letztlich auf den Versuch zurückgeht, Errungenschaften der achsenzeitlichen Revolution zum Durchbruch zu verhelfen. Und zu diesen Errungenschaften zählen, mehr als Taylor dies vielleicht eingestehen mag, auch bestimmte Auffassungen über das Selbst.

Ihrer bewusst provokanten Namensgebung entsprechend, geht es der Radical Orthodoxy vor allem um die Bewahrung des christlichen Dogmas.[6] Als exemplarisch gilt ihr die Zeit der hochmittelalterlichen Synthesen, in der die Idee vom *corpus mysticum* mit der korrespondierenden Vorstellung von einem kosmisch und sozial *eingebetteten Selbst* buchstäblich

---

4 Vgl. Charles Taylor, *Ein säkulares Zeitalter*, Berlin 2009, S. 1280-1284.
5 Taylor, *Ein säkulares Zeitalter*, S. 1282.
6 Vgl. John Milbank, Catherine Pickstock, Graham Ward (Hg.), *Radical Orthodoxy. A New Theology*, London u.a. 1999; James K. Smith, *Radical Orthodoxy. Mapping a Post-Secular Theology*, Grand Rapids 2004; Steven Shakespeare, *Radical Orthodoxy. A Critical Introduction*, London 2007.

„verkörpert" gewesen sein soll.⁷ Jede Infragestellung dieser Einheitskonzeption muss ihr daher wie ein häretischer Angriff aufs Ganze der christlichen Glaubenssubstanz vorkommen. In dem, was Taylor unter dem Stichwort „REFORM" als den verzögerten Versuch zur Perfektionierung des christlichen Lebens beschreibt,⁸ erkennt die Radical Orthodoxy entsprechend nur den gewollten Angriff auf ein bereits verwirklichtes Ideal. Sollte sich am Ende jedoch herausstellen, dass diese rückwärtsgewandte Position mitnichten der Verteidigung des religiösen Dogmas dient, sondern – ganz im Gegenteil – selbst ausgesprochen heterodoxe Züge aufweist, so lässt sich der Säkularisierungsprozess womöglich auch als ein Geschehen begreifen, das zentralen christlichen Glaubensüberzeugungen überhaupt erst zu einer angemessenen Artikulationsform verhalf, und zwar genau deshalb, weil sich unter ihnen von Anfang an die Konzeption eines abgepufferten, autonomen und individuierten Selbst befand. Die für Rosa äußerst günstige Konsequenz einer solchen Sichtweise läge dann darin, dass er – ohne nun nennenswerte Modifikationen am Resonanzbegriff vornehmen oder umständliche kulturvergleichende Studien anstellen zu müssen – den Geltungsbereich seiner Theorie zumindest auf den prä-modernen europäischen Kontext ausdehnen könnte.

Welche Geschichte erzählt also die Radical Orthodoxy über den Advent des Säkularen, und in welchen Punkten erweist sich diese Geschichte als falsch?⁹ Das auffälligste Merkmal des Narrativs bildet, wie gesagt, der Umstand, dass von keiner langfristigen Entwicklung, sondern von einem abrupten Einschnitt berichtet wird. Demzufolge soll es eine von Johannes Duns Scotus (1266-1308) angezettelte ontologische Revolution gewesen sein, die die Neuzeit auf den Weg brachte. Während die großen scholastischen Entwürfe, allen voran der des Thomas von Aquin (1225-1274), die Beziehung zwischen geschöpflichem und göttlichem Sein richtigerweise nur als *analoge* Relation auffassen konnten, habe Scotus den Seinsbegriff *univok* verwendet und damit überhaupt erst die Möglichkeit eröffnet, die Existenz eines von Gott unabhängigen Bereichs zu fingieren. Nun stellt Scotus' Lehre von der Univozität weniger eine ontologische denn eine

---

7 Vgl. etwa Graham Ward, *Cities of God*, London u.a. 2000.
8 Zur Definition vgl. Taylor, *Ein säkulares Zeitalter*, S. 113.
9 Eine kluge Rekonstruktion der so genannten „Scotus story" bietet Daniel P. Horan, *Postmodernity and Univocity. A Critical Account of Radical Orthodoxy and John Duns Scotus*, Minneapolis 2014.

sprachphilosophische bzw. logische Innovation dar.[10] Gleichwohl hat die radikal-orthodoxe Erzählung an diesem Punkt nicht ganz unrecht, denn der Begriff des „Seienden als Seienden" (*ens inquantum ens*) bildet für Scotus in der Tat das oberste Objekt metaphysischer Erkenntnis, und sofern dieser Begriff jede nur denkbare Differenz – allen voran die zwischen dem unendlichen (göttlichen) und dem endlichen (geschöpflichen) Seienden – übersteigt, muss er von sämtlichen Erkenntnisgegenständen univok ausgesagt werden können.

Stellt man dieser Auffassung die Lehre des Thomas gegenüber, so zeigt sich in der Tat eine unüberbrückbare Differenz.[11] Denn für Thomas *ist* Gott der „pure Akt des Seins" (*actus purus*), der keinerlei Potentialität in sich duldet. Das geschöpfliche Seiende dagegen *hat* sein Sein nur im Modus einer mehrfach mediatisierten Teilhabe. Ihren Ausgang nimmt die Vermittlungskette bei dem von Gott verursachten „gemeinsamen Sein" (*esse commune*) und erstreckt sich dann über allgemeine „Wesenheiten" oder „Naturen" (*essentiae vel naturae*), die das gemeinsame Sein auf arttypische Weise restringieren. Zuletzt wird das Sein dieser allgemeinen Wesenheiten abermals eingeschränkt, und zwar in den „Einzelsubstanzen" (*supposita*), die die allgemeine Natur in Form eines individuierten Daseins aktualisieren. Da die Einzelsubstanzen den Seinsakt nur in abgeschwächter Weise vollziehen und somit einen beträchtlichen Potentialitätsüberschuss aufweisen, versteht es sich im Rahmen einer solchen Konzeption von selbst, dass vom göttlichen und vom kreatürlichen Sein nur *analog* gesprochen werden kann, das heißt, jeder Ähnlichkeit, die die gleichsinnige Prädikation des Seinsbegriffs auf Schöpfer und Geschöpf legitimiert, entspricht eine je größere Unähnlichkeit.[12]

Es ist also die vollendete Perfektion eines einheitlichen und ganz in Gott gründenden *Seinszusammenhangs*, die Scotus nach Ansicht der Radical Orthodoxy durch sein ontologisches Bubenstück geradezu mutwillig aufgesprengt hat. Sobald nämlich das Prädikat Sein erst einmal univok verwendet wird, lässt Gott sich als ein Seiendes unter anderen auffassen, womit die Annahme einer autonomen, nicht-göttlichen Seinssphäre zu-

---

10 Vgl. Ludger Honnefelder, *Ens inquantum ens. Der Begriff des Seienden als solchen als Gegenstand der Metaphysik nach der Lehre des Johannes Duns Scotus*, Münster ²1989.
11 Zum Folgenden vgl. John F. Wippel, *The Metaphysical Thought of Thomas Aquinas. From Finite Being to Uncreated Being*, Washington 2000.
12 So definierte bereits das IV. Laterankonzil 1215: „inter creatorem et creaturam non potest tanta similitudo notari, quin inter eos sit dissimilitudo notanda".

mindest denkmöglich wird. Die historische Realisierung dieser Denkmöglichkeit soll dann nicht nur die Ausbildung eines säkularen Bereichs, sondern auch die monadische Einkapselung sämtlicher Einzelwesen innerhalb dieses Bereichs zur Folge gehabt haben. Für die Vertreter der radikal-orthodoxen Bewegung markiert die scotische Revolution somit die Geburtsstunde eines *immanentistischen und atomistischen Mythos,* der – ganz im Gegensatz zu den bekannten Thesen Blumenbergs[13] – sein Dasein weder theoretisch noch praktisch zu rechtfertigen vermag. Auf theoretischem Gebiet musste der säkulare Mythos nämlich zu einer nihilistischen und fragmentaristischen Denkart verkommen, da er die Welt von ihrer sinngebenden Instanz abschnitt und jeden ihrer Bestandteile aus dem übergreifenden Verbund riss. Auf praktischem Gebiet dagegen ließ sich, wie die Konstruktion des Politischen von Thomas Hobbes bis Carl Schmitt anschaulich vor Augen führt, die Grundlage aller sozialen Zusammenhänge nur noch mithilfe eines extrem polemologischen Vokabulars richtig beschreiben.[14]

Angesichts solch eklatanter Irrwege neuzeitlichen Denkens glaubt sich die Radical Orthodoxy im Recht, wenn sie penetrant an ihrer monistischen Botschaft festhält. Unbeschadet der nur mittels analoger Redeweise zu überbrückenden Schöpfungsdifferenz, partizipiert für sie alles geschaffene Sein am einzig wahren Sein Gottes. Und jedes unterscheidbare Einzelwesen erweist sich so als Emanation des einen ursprungslosen Ursprungs, weshalb John Milbank, der unangefochtene Wortführer der Radical Orthodoxy, auch feststellen kann: „creation is generated within a harmonious order intrinsic to God's own being."[15] Dass ein abgepuffertes Selbst inmitten dieser ausschließlich durch *absolute ontologische Abhängigkeiten konstituierten Totalität* buchstäblich ortlos ist, leuchtet unmittelbar ein. Fraglich bleibt indes, ob eine solche Konzeption tatsächlich, wie es die Radical Orthodoxy unterstellt, mit Notwendigkeit vorauszusetzen ist, wenn man christliche Glaubensüberzeugungen theoretisch verantworten und praktisch leben will.

Wie sich an einem zentralen christologischen Dogma zeigen lässt, ist das genaue Gegenteil der Fall. Bekanntlich hatte das vierte ökumenische Konzil von Chalcedon (451) den nachfolgenden Theologengenerationen

---

13 Vgl. Hans Blumenberg, *Die Legitimität der Neuzeit,* Frankfurt/M. ³1997.
14 Die umfassendste und folgenreichste Ausführung dieser Thesen findet sich in John Milbank, *Theology and Social Theory. Beyond Secular Reason,* Malden ²2006.
15 Milbank, *Theology and Social Theory,* S. 437.

unter anderem zur Aufgabe gestellt, Christus als *hypostatische Union*, das heißt, als personale Einheit von *göttlicher* und *menschlicher Natur* zu denken.[16] Eine Ahnung von den damit verbundenen Herausforderungen bekommt man, wenn man den Blick auf zwei, hier idealtypisch zugespitzte Fehldeutungen richtet, die im Umfeld der prä- wie post-chalkedonischen Lehrentwicklungen in zahllosen Varianten auftraten. Auf der einen Seite konnte man die personale Einheit Christi auf Kosten der beiden unterschiedenen Naturen betonen und diese Einheit dann als Ganze der göttlichen Natur zuschlagen. Als passende Bezeichnung hierfür bot sich der Ausdruck *Monophysitismus* an. Um die wahre Menschlichkeit Christi nicht zu beeinträchtigen, konnte man auf der anderen Seite aber auch die Eigenständigkeit der beiden Naturen herausstreichen, was vielfach zu Lasten der Einheit ging und von den zuständigen Häresiologen dann als *Nestorianismus* bezeichnet wurde.[17] Es bedarf nur weniger Anstrengungen, um zu erkennen, dass ein monistisches Weltbild wie das eben skizzierte in christologischer Hinsicht starke monophysitische Tendenzen aufweist. Der Aquinate etwa, der sich mit aller Macht darum bemüht hatte, seiner Christologie ein orthodoxes Gepräge zu geben, scheiterte letztlich an ebendiesen Prämissen. Nach christlicher Lehre soll Gott ja in der zweiten trinitarischen Person, also in der Person des Logos, eine menschliche Natur angenommen haben. Der chalkedonischen Formel gemäß stellt diese Person das Vereinigungsprinzip der beiden Naturen dar und damit auch die Einzelsubstanz oder das *suppositum*, in welchem Christus sein singuläres Dasein aktualisiert. Sofern es sich beim Sein dieser Substanz aber nicht – wie bei gewöhnlichen Menschen – um ein mehrfach mediatisiertes Sein handelt, sondern vielmehr um den puren Seinsakt schlechthin, muss die menschliche Natur hier von der göttlichen nachgerade absorbiert werden.[18] Nun geht es im gegenwärtigen Zusammenhang nicht um die Entfaltung theologischer Subtilitäten. Deswegen müssen diese wenigen Bemer-

---

16 Wörtlich lautet der sozusagen reflexive Kern der Konzilsformel: „Ein und derselbe ist Christus, der einziggeborene Sohn und Herr, der in zwei Naturen unvermischt, unverändertlich, ungetrennt und unteilbar erkannt wird, wobei nirgends wegen der Einung der Unterschied der Naturen aufgehoben ist, vielmehr die Eigentümlichkeit jeder der beiden Naturen gewahrt bleibt und sich in einer Person und einer Hypostase vereinigt" (DH 302).
17 Vgl. dazu etwa Hans Kessler, „Christologie", in: Theodor Schneider (Hg.), *Handbuch der Dogmatik*, Bd. 1, Düsseldorf ²1995, S. 241-442.
18 Eine genauere Analyse könnte zeigen, dass es Thomas infolge dieser Absorption nicht gelingt, die menschliche Individualität, Würde und Freiheit Christi konsistent zu denken.

kungen auch als Nachweis genügen, dass es im Kontext des Monismus in der Tat unmöglich ist, dem christlichen Dogma eine auch nur annähernd plausible Fassung zu verleihen. Und daran hat sich seit den Zeiten der Hochscholastik nichts Grundsätzliches geändert.[19]

Als theoretisch weit aussichtsreicher erweist sich vor diesem Hintergrund die scotische Christologie.[20] Ihre Pointe läuft, kurz gesagt, darauf hinaus, die ontologische Eigenständigkeit der menschlichen Natur Christi konsequent zu Ende zu denken, was auf der Folie der Univozitätsontologie auch bequem möglich ist. Nur im scheinbaren Gegensatz dazu steht ein anderes Lehrstück der scotischen Theologie, nämlich die negative Bestimmung des Personenbegriffs. Bemerkenswerterweise definiert sich eine Person für Scotus durch nichts anderes als durch ihre reine Unbezüglichkeit bzw. Unabhängigkeit. In einer geradezu poetischen Wendung kann er sie sogar als „äußersten Einsamkeit" (*ultima solitudo*) bezeichnen. Wenn nun der Logos Menschennatur annimmt, dann kommt es zwar auch für Scotus zum Ausfall menschlicher Personalität, das heißt, die menschliche Natur verliert auch bei ihm ihre Unabhängigkeit. Aber das bedeutet gerade nicht, dass jetzt stattdessen eine unauflösbare *ontologische Abhängigkeitsbeziehung* an ihre Stelle träte. Genau wie es die chalkedonische Formel fordert, bleibt die Selbständigkeit der – von Scotus übrigens bereits als individuiert gedachten[21] – Menschennatur völlig unangetastet. Die fragliche *Einheit* kommt folglich erst dadurch zustande, dass *Gott und Mensch sie gleichermaßen in Freiheit eingehen*. An einer der wohl ergreifendsten Stellen seines Werkes erklärt Scotus es zum höchsten Vollzug Gottes, *sich*

---

19 Vgl. etwa Nico Vorster, „A Critical Assessment of John Milbanks Christology", *Acta Theologica* 32 (2012), S. 277-298.
20 Vgl. Maria Burger, *Personalität im Horizont absoluter Prädestination. Untersuchungen zur Christologie des Johannes Duns Scotus und ihrer Rezeption in modernen theologischen Ansätzen*, Münster 1994.
21 Um sich in diesem Punkt von der vorhergehenden Tradition absetzen zu können, führt Scotus ein nicht-personales Individuationsprinzip, die so genannte *haecceitas* (Diesheit) ein. Erst dadurch wird es ihm möglich, Personalität als eine rein negative Bestimmung zu behandeln. Die Substitution der menschlichen durch die göttliche Person tut somit der vollständigen Menschlichkeit Christi keinerlei Abbruch. Vgl. dazu Richard Cross, *Duns Scotus*, Oxford 1999, S. 113-126.

selbst in Anderen zu lieben.[22] Dies setzt offenbar die Existenz von realen Anderen ebenso voraus wie deren Fähigkeit, die göttliche Selbstliebe im Modus unverfälschter Andersheit zu vermitteln, das heißt, als wirkliche Andere Gott zu lieben. Nach Scotus gipfelt dieses Vermittlungsgeschehen in Christus, weil sich hier die gott-menschliche Liebesbeziehung als Vereinigung manifestiert, ohne, wie gesagt, die ontologische Eigenständigkeit der beteiligten Naturen dadurch aufzuheben. Andernfalls würde Gott sich gerade nicht *im Anderen* lieben und infolgedessen könnte auch von „reiner Liebe" nicht die Rede sein.

Es wäre nun töricht, diesen christologischen Entwurf – der sich, im Gegensatz zu dem von der Radical Orthodoxy favorisierten Modell, für eine angemessene zeitgenössische Reformulierung durchaus eignet – unvermittelt mit der Resonanztheorie kurzschließen zu wollen, indem man etwa die in Christus verwirklichte Gott-Mensch-Beziehung zum Höchstfall eines Resonanzgeschehens erklärte. Abgesehen von der Frage, ob ein solcher Konnex überhaupt wünschenswert ist, müssten Resonanztheorie und Theologie sich zunächst einmal ein beträchtliches Stück aufeinander zubewegen, bevor ernsthaft über die Möglichkeit einer „Resonanzchristologie" spekuliert werden könnte. Was hier ausschließlich interessiert ist daher die Konzeption des menschlichen Selbst, die Scotus' christologisches Programm erkennbar voraussetzt und die sich für die Bewahrung der christlichen Orthodoxie offensichtlich auch als unverzichtbar erweist. Diese Konzeption ist vor dem Hintergrund der franziskanischen Theologie zu sehen, für die die höchste Bestimmung des Menschen nicht mehr in der *Erkenntnis*, sondern in der *Liebe Gottes* (gen. subj. und gen. obj.) besteht. Damit kündigte sich bereits geraume Zeit vor Scotus ein Übergang vom *Intellektualismus* zum *Voluntarismus* an, den Scotus dann selbst mit erstaunlicher

---

22 Die Stelle findet sich in den *Reportata Parisiensa* III, dist. 7, q. 4 und lautet wörtlich: „Primo Deus diligit se; secundo diliget se aliis, et iste est amor castus; tertio vult se diligi ab alio, qui potest summe diligere, loquendo de amore alicuius extrinseci; et quarto praevidit unionem illius naturae, quae debet eum summe diligere, etsi nullus cecidisset" (ed. Viv. XXIII, 303). – „Zuerst liebt Gott sich selbst; zweitens liebt er sich in Anderen, und dies ist reine Liebe; drittens will er von einem Anderen geliebt werden, der auf höchste Weise lieben kann, womit also von der Liebe eines Außenstehenden die Rede ist; und viertens sieht er die Einheit mit der Natur dessen voraus, der ihn auf höchste Weise lieben soll, als ob niemand gefallen wäre [d. h. als ob niemand gesündigt hätte].".

Strenge vollzieht.[23] Von nun an wird es jedenfalls möglich, im menschlichen Subjekt ein Selbst zu sehen, dessen höchste Auszeichnung genau darin besteht, die Liebe eines Anderen in unbedingter Freiheit annehmen und in ebensolcher Freiheit auch erwidern zu können. Wer das Pathos liebt, mag hier die geschichtliche Entdeckung der Resonanzfähigkeit verorten.

Um historische Prioritätsbehauptungen geht es aber gerade nicht, und in diesem Fall wäre sie ohnehin falsch. Denn der Umstand, dass eine bestimmte Konzeption des Selbst im Spätmittelalter *entdeckt* wird, besagt in gewisser Weise auch, dass der Begriffsinhalt schon vorher irgendwie gegenwärtig gewesen sein muss. Und mit solcher Präsenz ist keineswegs nur ein diffuses Hintergrundrauschen gemeint, sondern die erstaunliche Tatsache, dass die christliche Orthodoxie, ohne immer zu einer reflexiven Artikulation fähig gewesen zu sein, genau dieses Verständnis vom Selbst schon seit mehr als einem Millennium nachgerade zwingend voraussetzte. Insofern wäre es gewiss eine lohnende Aufgabe, sich auf historische Spurensuche zu begeben und nach möglichen Epiphanien eines abgepufferten Selbst im Kontext des antiken und mittelalterlichen Christentums zu fahnden. Doch eigentlich bedarf es solcher Mühen gar nicht. In einer bemerkenswerten Studie versuchte Larry Siedentop jüngst nachzuweisen, dass bereits Paulus den Grundstein für den modernen liberalen Individualismus gelegt habe.[24] Auch wenn seine Argumentation in exegetischer, historischer und systematischer Hinsicht erheblich besser abgesichert werden müsste, spricht doch vieles für die Richtigkeit seiner Hauptthese, dass nämlich die vorchristliche Sicht auf Familie, Gesellschaft und Kosmos durchgehend hierarchisch konnotiert war, weswegen die Überzeugung von der *natürlichen Ungleichheit der Menschen* nirgends ernsthaft in Frage gestellt wurde. In der paulinischen Theologie seien dann der Universalismus der griechischen Philosophie sowie die jüdische Bereitschaft, sich einem transzendenten Willen zu unterwerfen, eine welthistorisch folgenreiche Ver-

---

23 Vgl. Cross, *Duns Scotus*, S. 73-111. Freilich muss man hier hinzufügen, dass Heinrich von Gent (vor 1240-1292) schon früher eine vielleicht noch radikalere Freiheitskonzeption als Scotus vertrat. Erst im Rahmen seiner Univozitätsontologie kann Scotus den Voluntarismus aber einigermaßen konsistent denken. Zu Heinrich von Gent vgl. Theo Kobusch, *Die Philosophie des Hoch- und Spätmittelalters*, Geschichte der Philosophie V, herausgegeben von Wolfgang Röd, München 2011, S. 308-323.

24 Vgl. Larry Siedentop, *Die Erfindung des Individuums. Der Liberalismus und die westliche Welt*, Stuttgart 2015.

bindung eingegangen. Die Einladung, sich in Freiheit zu Christus zu bekennen, erging nun ausnahmslos an alle Menschen. Paulus' universale Botschaft der Liebe setzte also die *Gleichheit* der Menschen ebenso voraus, wie ihre *Freiheit* zum Glauben. Im Rahmen dieses Denkens erhält dann auch das Bild des *corpus mysticum* eine völlig andere, vermutlich aber sehr viel ursprünglichere Bedeutung als die vorhin beschriebene. „Das Argument, dass alle Menschen ‚einer in Christus' werden können", zeigt nach Siedentop nämlich, „dass Paulus eine neue Abstraktheit in das jüdische Denken einführte. Diese Abstraktheit trug dazu bei, dass Christen die Gemeinschaft als einen freien Zusammenschluss moralisch gleichgestellter Akteure verstanden, was Paulus durch die Metapher vom ‚Leib Christi' zum Ausdruck brachte."[25]

Mit ein wenig Phantasie lässt sich die paulinische Synthese auch als richtungweisende *Verknüpfung zweier achsenzeitlicher Durchbrüche* beschreiben: der *universalistischen Abstraktion* und der *Entdeckung der Transzendenz*, wie sie sich vor allem in Griechenland und Palästina um die Mitte des ersten vorchristlichen Jahrtausends vollzogen hatten.[26] Spätestens dieser Konnex enthielt also schon die Vorstellung von einem geschlossenen, individuierten und autonomen Selbst, die – ausweislich der christologischen Formel von Chalcedon – auch während der Antike und des gesamten Mittelalters zum festen, wenngleich nicht immer hinreichend begriffenen Bestand der christlichen Orthodoxie zählte. Nicht zuletzt unter Rückgriff auf diese Formel verhilft Scotus den achsenzeitlichen Errungenschaften dann tatsächlich zum Durchbruch, indem er das geschlossene Selbst aus seinen ontologischen Verstrickungen befreit und so – dies zumindest hat die Radical Orthodoxy ganz richtig gesehen – das Tor zur Neuzeit öffnet.

Was folgt daraus für die Resonanztheorie? Zumindest muss sie sich vom Konstrukt eines porösen Selbst nun nicht mehr allzu sehr verunsichern oder gar zur Beschränkung ihres Geltungsbereichs verführen lassen. Dass es Zeiten gegeben haben mag, in denen ein poröses Selbstverständnis dominierte, braucht dabei gar nicht in Abrede gestellt zu werden. Doch auch in solchen Zeiten wird es – wie unreflektiert und unartikuliert auch immer – das Bewusstsein von einem anderen Selbst gegeben haben, das tatsächlich nach Resonanz in dem von Rosa beschriebenen Sinn verlangte.

---

25 Ebd., S. 78.
26 Vgl. Robert N. Bellah, „What is Axial about the Axial Age?", *Archives européennes de sociologie* 46 (2005), S. 69-89.

Resonanz und Nachhaltigkeit:
Zum Verhältnis zweier Schlüsselbegriffe zeitgenössischer Gesellschaftskritik

Bernd Sommer

Das Anliegen dieses Beitrags, Überlegungen zum Verhältnis der Konzepte „Nachhaltigkeit" und „Resonanz" anzustellen, mag auf den ersten Blick nicht besonders überzeugend erscheinen: Auf der einen Seite steht der Begriff der Resonanz, der von Harmut Rosa in seinem gleichnamigen Buch materialreich und sorgfältig als grundlegende Kategorie einer Soziologie der Weltbeziehung herausgearbeitet worden ist; auf der anderen Seite der schillernde Begriff der Nachhaltigkeit, der in den vergangenen dreißig Jahren verstärkt über die Ebene der internationalen Politik Eingang in den gesellschaftlichen Diskurs fand und heute vor allem durch seine notorische Unschärfe gekennzeichnet zu sein scheint. Abgesehen davon, dass „Nachhaltigkeit" als gesellschaftlich wünschens- und erstrebenswert erachtet wird, kann sich bei der gesellschaftlichen Beobachter*in leicht der Eindruck einstellen, dass es sich um eine Leerformel handelt, die abhängig vom jeweiligen Kontext nahezu beliebig gefüllt wird. „Wo der Begriff seiner Substanz beraubt ist", so stellt Ulrich Grober in seiner Kulturgeschichte des Nachhaltigkeitbegriffs fest, „lässt sich damit wenig – oder alles machen. Noch den banalsten Vorgang, ja sogar die rücksichtsloseste Plünderung des Planeten, kann man mit diesem entkernten Begriff als ‚nachhaltig' ausgeben".[1] So ist es möglich, dass der Wirtschaftsrat der CDU die „Spitzentechnologie Diesel in Deutschland" als „nachhaltig" bezeichnet[2] oder der Textildiscounter KiK angibt, „Aspekte der Nachhaltig-

---

1 Ulrich Grober, *Die Entdeckung der Nachhaltigkeit. Kulturgeschichte eines Begriffs*, München 2013, S. 17.
2 Wirtschaftsrat, „Spitzentechnologie Diesel in Deutschland – effizient, nachhaltig, innovativ, transparent", abgerufen am 10.10.2017, https://www.wirtschaftsrat.de/wirtsc haftsrat.nsf/id/spitzentechnologie-diesel-in-deutschland-de/$file/2017_Wirtschaftsrat _Spitzentechnologie%20Diesel%20in%20Deutschland.pdf.

keit in alle Bereiche des unternehmerischen Handelns zu integrieren"[3] und trotzdem T-Shirts für 2,99 Euro verkauft – um nur zwei aktuelle von einer leicht zu ergänzenden Reihe von Beispielen zu nennen.

Dennoch, für jemanden, der sich in seiner Forschung aus soziologischer Perspektive mit sozial-ökologischen Transformationsprozessen und Fragen der Nachhaltigkeit beschäftigt, können gewisse Analogien und Berührungspunkte zwischen beiden Konzepten nicht unbemerkt bleiben. Bevor diese im folgenden Beitrag skizziert werden, soll aufgrund der hier angesprochenen Unschärfe des Nachhaltigkeitsbegriffs seine Bedeutung präzisiert werden, um so die Grundlage für die Bestimmung des Verhältnisses von Resonanz und Nachhaltigkeit herzustellen. Rosas Konzept der Resonanz wird durch den folgenden Vergleich mittelbar rekonstruiert; auf eine gesonderte Darlegung wird hier verzichtet, da dies durch den Urheber des Konzepts bereits im Ausgangsbeitrag dieses Bandes erfolgt.

I Was ist „Nachhaltigkeit"?

In seiner modernen Bedeutung wurde der Begriff der Nachhaltigkeit erstmals in der europäischen Forstwirtschaft des frühen 18. Jahrhunderts gebraucht. Vor dem Hintergrund zunehmender Bergbau- und Hüttenaktivitäten im Erzgebirge und der Sorge vor einem „einreissenden Holzmangel" forderte der sächsische Beamte Hans Carl von Carlowitz eine „nachhaltende Nutzung der Ressource" Holz, die sich durch eine „Gleichheit zwischen [...] Zuwachs und [...] Abtrieb" auszeichnen sollte.[4] Mit anderen Worten, es ging darum, bei der Nutzung des Holzes für die Verzimmerung der Schächte und als Brennstoff für die Öfen der Schmelzhütten die natürlichen Reproduktionsraten einzuhalten, nicht mehr bzw. schneller Bäume zu fällen als nachwachsen.

Mit dem Bericht *Our Common Future* der von der norwegischen Ministerpräsidentin Gro Harlem Brundtland geleiteten *Weltkommission für Umwelt und Entwicklung* der Vereinten Nationen aus dem im Jahre 1987 gelangte das Konzept der Nachhaltigkeit international auf die politische Agenda. Vor dem Hintergrund von Umweltzerstörung, Ressourcenübernutzung und des sich abzeichnenden Klimawandels definierte der soge-

---

3 KiK, „Verantwortung bei KiK", abgerufen am 10.10.2017, http://www.kik-textilien.c om/unternehmen/verantwortung/.
4 Zitiert nach Ulrich Grober, *Die Entdeckung der Nachhaltigkeit. Kulturgeschichte eines Begriffs*, München 2013, S. 112 u. 116.

nannte Brundtland-Bericht eine Entwicklung als nachhaltig, wenn sie „die Bedürfnisse der Gegenwart befriedigt, ohne zu riskieren, daß künftige Generationen ihre eigenen Bedürfnisse nicht befriedigen können".[5] In Deutschland geht es maßgeblich auf die Arbeit Enquete-Kommission des Deutschen Bundestags „Schutz des Menschen und der Umwelt – Ziele und Rahmenbedingungen einer nachhaltig zukunftsverträglichen Entwicklung" von 1994 zurück, dass sich der Nachhaltigkeitsbegriff von seiner primär ökologischen Bedeutung löste: „Nicht nur natürliche Ressourcen sondern die ‚drei Säulen' (Ökologie, Ökonomie und Soziales) – so die von der Kommission verwandte Begrifflichkeit – wurden als Basis einer nachhaltigen Entwicklung angesehen."[6] Diese Konzeption von Nachhaltigkeit als ein mehrdimensionales Konzept ist heute weithin verbreitet und trägt nicht unwesentlich zu seiner eingangs monierten Unklarheit bzw. Dehnbarkeit bei. Kritiker*innen weisen darauf hin, das Drei-Säulen-Modell suggeriere, dass die ökonomische, soziale und ökologische Dimension der Nachhaltigkeit gegeneinander aufwiegbar bzw. gleichrangig schützens- und erstrebenswert seien.[7] Dagegen betonten Vertreter*innen der „starken Nachhaltigkeit" wie Konrad Ott und Ralf Döring, dass eine Degradation von vitalen Ökosystemen, ein Rückgang an Biodiversität oder die Folgen des Klimawandels nicht einfach durch sozialen Fortschritt und wachsenden Wohlstand kompensier- bzw. substitiutierbar seien.[8] Ganz im Sinne der ursprünglichen Idee von von Carlowitz sollten demnach bei der Nut-

---

[5] Volker Hauff (Hg.), *Unsere gemeinsame Zukunft. Der Brundtland-Bericht der Weltkommission für Umwelt und Entwicklung*, Greven 1987, S. 46.

[6] Karl-Werner Brand, Georg Jochum, „Der deutsche Diskurs zu nachhaltiger Entwicklung", MPS-Text 1/2000, abgerufen am 10.10.2017, http://www.sozialforschung.org/wordpress/wp-content/uploads/2009/09/kw_brand_deutscher_nachh_diskurs.pdf, S. 75. Vor dem Hintergrund der Zusammensetzung der Kommission sowie der damaligen wirtschaftlichen Lage wird diese Verwässerung des ökologischen Nachhaltigkeitsverständnisses bzw. seine Ausweitung auf die Dimensionen „Ökonomie" und „Soziales" in der Literatur als erwartbar bezeichnet (Brand, Jochum, „Der deutsche Diskurs zu nachhaltiger Entwicklung", S. 75). Enquete-Kommissionen des Deutschen Bundestags setzen sich aus Abgeordneten sowie von den Parteien benannten Sachverständigen zusammen. Zu den ausschließlich männlichen Sachverständigen der Enquete-Kommission „Schutz des Menschen und der Umwelt – Ziele und Rahmenbedingungen einer nachhaltig zukunftsverträglichen Entwicklung" zählten Vertreter des Bundesverbands der Deutschen Industrie, Verbandes der Chemischen Industrie, oder auch IG Bergbau-Chemie-Energie, aber nicht eine Vertreter*in eines Umwelt- oder Naturschutzverbandes.

[7] Konrad Ott, Ralf Döring, *Theorie und Praxis starker Nachhaltigkeit*, Marburg 2004.

[8] Ott, Döring, *Theorie und Praxis starker Nachhaltigkeit*.

zung von Ressourcen die Grenzen der natürlichen Regenerationsfähigkeit geachtet werden. Insbesondere in der Definition der Brundtland-Kommission und dem Verweis auf die „künftigen Generationen" kommt zudem eine temporale Definition des Nachhaltigkeitskonzeptes zum Ausdruck: „it is a future-oriented model that is to take effect in the present".[9] In diesem Sinne wird Nachhaltigkeit mitunter auch mit den Begriff „Zukunftsfähigkeit" übersetzt.[10]

II Übernutzung „innerer" und „äußerer Ressourcen"

Wenn „Nachhaltigkeit" also die zerstörerische Übernutzung (natürlicher) Ressourcen adressiert, bzw. im Kern ein normatives Leitbild darstellt, einen solchen Raubbau zu vermeiden, findet sich hier ein erster Berührungspunkt zu Rosas kritischer Theorie der Resonanzverhältnisse. Konzeptualisiert man die Austauschprozesse zwischen Gesellschaft und Natur in Analogie zum Stoffwechsel eines Organismus, so lassen sich für den „gesellschaftlichen Metabolismus"[11] der Gegenwart input- und outputseitig Übernutzungsphänomene beschreiben: Gesellschaften entnehmen der Natur Rohstoffe (*Input*), verarbeiten sie zu Nahrung und anderen Produkten und geben schließlich wieder Abfälle und Emissionen an sie ab (*Output*). Bezüglich der Verfügbarkeit von natürlichen Rohsoffen sind bereits in den 1970er Jahren vom *Club of Rome* inputseitige „Grenzen des Wachstums" beschrieben worden.[12] Die anhaltenden Diskussionen über *Peak Oil* und *Peak Phosphorus* (das Versiegen des für die industrielle Landwirtschaft so wichtigen Düngemittels Phosphor), die begrenzten Frischwasserreserven der Erde sowie aktuell über die Verfügbarkeit Seltener Erden sind diesem Phänomenbereich zuzuordnen. Zunehmend wird im Zuge des globalen Urbanisierungs- und Baubooms sogar die Ressource Sand knapp, die bislang gerade durch ihren Überfluss gekennzeichnet zu

---

9 Sighard Neckel, „The Sustainability Society: A Sociological Perspective", *Culture, Practice & Europeanization* 2/2 (2017), S. 46-52, hier: S. 47.
10 Siehe z.B. BUND/Miserior, *Zukunftsfähiges Deutschland. Ein Beitrag zu einer global nachhaltigen Entwicklung*, Basel u.a.1996.
11 Marina Fischer-Kowalski, Helmut Haberl, „Stoffwechsel und Kolonisierung: Konzepte zur Beschreibung des Verhältnisses von Gesellschaft und Natur", in: Marina Fischer-Kowalski (Hg.), *Gesellschaftlicher Stoffwechsel und Kolonisierung von Natur. Ein Versuch in Sozialer Ökologie*, Amsterdam 1997, S. 3-12.
12 Dennis L. Meadows u.a., *Die Grenzen des Wachstums – Berichte des Club of Rome zur Lage der Menschheit*, München 1972.

sein schien und dafür auch sprichwörtlich bekannt ist.[13] Noch gravierendender erscheint aber die Überlastung von Ökosystemen aufgrund des Eintrags von Schadstoffen auf der Outputseite des gesellschaftlichen Metabolismus. So beschrieb eine Gruppe von Natur- und Umweltwissenschaftler*innen 2009 in der Fachzeitschrift *Nature* für neun kritische Bereiche – wie Klimawandel, Biodiversitätsverlust, Schädigungen der Ozonschicht oder Ozeanversauerung – Schwellenwerte, bei deren Überschreitung der „safe operating space for humanity "[14] zu erodieren drohe. Drei dieser „planetaren Grenzen" (beim Klima, der Biodiversität und dem Stickstoffzyklus) seien bereits überschritten, bei einem Weiter-so-wie-bisher drohe zeitnah die Überschreitung weiterer Schwellenwerte.

Ausgehend von seiner Theorie der sozialen Beschleunigung beschreibt Hartmut Rosa die Moderne als eine soziale Formation, die sich nur dynamisch zu stabilisieren vermag, für ihre Reproduktion also konstitutiv auf Wachstum, Beschleunigung und Innovationsverdichtung angewiesen ist.[15] Für derart vergesellschaftete Individuen bedeute dies, dass sie immer mehr Mühen und Energie dafür aufwenden müssen, bloß um ihren sozialen Status und ihre Wettbewerbsfähigkeit zu erhalten (179). Folglich neigen spätmoderne Subjekte dazu, „Raubbau an ihren körperlichen Ressourcen zu betreiben, was sich unter anderem daran ablesen lässt, dass sie sich nur noch (oder erst) durch ihren Körper stoppen lassen: Erst die Grippe oder der Beinbruch, der Bandscheibenvorfall oder der Schwindel, manchmal aber auch der Herzinfarkt oder die Krebserkrankung führen zum (kurzfristigen oder auch nachhaltigen) Durchbrechen eines Weltbeziehungsmodus, der in der Spirale schrankenloser Steigerung und Beschleunigung gefangen ist" (168). Analog zu den oben beschriebenen Grenzen des Wachstum in der „äußeren Natur" sieht Rosa in den spürbaren Konsequenzen der Steigerungslogik moderner Gesellschaften für den menschlichen Körper daher ebenfalls *eine* ihrer möglichen Grenzen (168). Vermutlich lassen sich diese „Grenzen" weniger eindeutig beschreiben als bei der Übernutzung der „äußeren Ressourcen" der natürlichen Umwelt, wo sich beispielsweise der Anteil von Kohlendioxid in der Atmosphäre oder die Aussterberate von Arten relativ genau bestimmen lassen. Daran, dass ein sol-

---

13 Kolleg Postwachstumsgesellschaften (Hg.), *Atlas der Globalisierung. Weniger wird mehr – Der Postwachstumsatlas*, Berlin 2015.
14 Johan Rockström u.a., „A Safe Operating Space for Humanity", *Nature* 461 (2009), S. 472-475.
15 Hartmut Rosa, *Beschleunigung. Die Veränderung der Zeitstrukturen in der Moderne*, Frankfurt/M. 2005.

cher Raubbau an den persönlichen Ressourcen in spätmodernen Gesellschaften zu beobachten ist, kann aber kein Zweifel bestehen. Rosa selbst führt den Anstieg bei Stress- und Depressionserkankungen (wie dem sogenannten Burnout-Syndrom) an, der seit einigen Jahrzehnten zu verzeichnen ist (168, 179). Diese Form der Übernutzung „innerer Ressourcen" unterminiere auch die Herausbildung dispositionaler Resonanz, die habituelle Resonanzbereitschaft auf Seiten der Subjekte.[16] In der Depression sieht Rosa auch eine radikale Form einer Erfahrung der Entfremdung, die er in Anschluss an Rahel Jaeggi als „Beziehung der Beziehungslosigkeit" bestimmt (316). In diesem Sinne bildet Entfremdung „das Andere" der Resonanz (und *vice versa*). Sie bezeichnet einen Zustand, in dem die subjektive Anverwandlung der Welt misslingt (316).[17] Es ist jedoch zentral für Rosas Resonanztheorie, dass er von einer „Dialektik von Resonanz und Entfremdung" ausgeht, d.h. sich beide Modi der Weltbeziehungen gegenseitig bedingen: Eine vollständige Anverwandlung der Welt ist unmöglich bzw. käme einem Weltverlust gleich, Resonanzerfahrungen sind nur vor dem Hintergrund einer nicht resonierenden Umgebung möglich.[18] Entsprechend beinhaltet Rosas Kritik der Resonanzverhältnisse auch *nicht* die Position, „stumme oder verdinglichende Weltbeziehungen seien grundsätzlich und im Ganzen zu verwerfen" (733). Im Zentrum seiner Kritik steht vielmehr die fundamentale *Störung der Balance* zwischen stummen und resonanten Weltbeziehungen unter den für moderne Gesellschaften typischen Bedingungen der dynamischen Stabilisierung (733). Kurz gesagt, es geht um die spezifische Qualität der Weltbeziehungen, der Resonanz*achsen* sowie institutionelle Verfasstheit der gesellschaftlichen Reso-

---

16 Hartmut Rosa, *Resonanz als Schlüsselbegriff der Sozialtheorie*, in diesem Band S. 28.
17 Vgl. auch ebd., S. 17.
18 Ebd., S. 16.

nanz*sphären*.[19] Hier findet sich eine weitere Parallele zwischen Rosas Resonanztheorie und dem Nachhaltigkeitskonzept, dem Kritiker in einem verkürzten Verständnis unterstellen, es ziele darauf ab, schlicht jedwede Entwicklung einfrieren zu wollen, während die biologische Evolution doch gerade durch Veränderung (und damit z.B. auch durch das Verschwinden bestimmter Arten und Ökosysteme) gekennzeichnet sei. Dies ist insofern ein verkürztes Nachhaltigkeitsverständnis, da die normative Forderung nach einer Unterbindung der zerstörerischen Übernutzung natürlicher Ressourcen (zumindest implizit) den Verlust der „Qualität" von Ökosystemen adressiert und nicht einfach jedwede Veränderungen *per se* zu unterbinden sucht. Um ein Beispiel zu geben: So wird mit Verweis auf die Nachhaltigkeit nicht die *Zunahme* der Artenvielfalt in urbanen Räumen moniert, die in einigen Städten mit ausreichenden Grünflächen in den vergangenen Jahren mitunter zu beobachten war. Umgekehrt ist die Degradation eines Ökosystems aus Nachhaltigkeitsperspektive problematisch, selbst wenn durch sie die Überlebensgrundlagen der Menschheit nicht tangiert werden. So wäre es durchaus denkbar, dass Menschen sich von Algen und Quallen(-burgern) ernähren, die bei fortgesetzter Versauerung, Überfischung und Erwärmung sowie einem erhöhten Stickstoffeintrags noch im Meer gedeihen würden. Die entsprechenden Praktiken werden im Sinne eines „nachhaltigen Umgangs mit dem Meeren" gleichwohl kritisiert;[20] als Referenzpunkt für die Nachhaltigkeitsbemühungen dient

---

19 Unter „Resonanzsphären" versteht Rosa „kollektive Erfahrungsbezirke [..], innerhalb derer insbesondere durch rituelle Praktiken spezifische Weltausschnitte – *Orte, Zeiten, Dinge* (z. B. Altäre oder Reliquien oder Fußballtrikots), *Personen* (z. B. Hohepriester oder Stars) und *Handlungen* – als resonanz- bzw. antwortfähig etabliert, ‚aufgeladen' und erfahren werden" (Eröffnungsbeitrag, Manuskriptseite 13). Kunst und Musik seien für die Moderne besonders wichtige Resonanzsphären, als vergleichbar ließen sich aber auch „Natur, Religion und Geschichte, sodann aber auch die Familie, die romantische Liebe und die Freundschaft, die Politik und die Arbeit identifizieren" (ebd.). Jede Gesellschaft strukturiere die Weltbeziehungen der Subjekte insofern vor, dass sie spezifische *Resonanzsphären* bereithält, „in denen die Gesellschaftsmitglieder ihre mehr oder minder individuellen *Resonanzachsen* entdecken und ausbauen können" (ebd.). Die Ausbildung von Resonanzachsen zu anderen Menschen (Freunden, der Familie oder zur Politik) bezeichnet Rosa als soziale oder horizontale Resonanzachsen, zu den Dingen aber auch Arbeit oder Schule, als diagonale Resonanzachse und zur Natur, der Welt bzw. zu einer letzten Wirklichkeit als einer Ganzheit schließlich als vertikale Resonanzachse (ebd.).
20 Wissenschaftlicher Beirat Globale Umweltveränderungen, *Welt im Wandel. Menschheitserbe Meer*, Berlin 2013, S. 1.

ein maritimes Ökosystem, das eine bestimmte Komplexität und in diesem Sinne auch Qualität aufweist.

III Zum Doppelcharakter von „Resonanz" und „Nachhaltigkeit"

Hartmut Rosa entwickelt in seiner Soziologie der Weltbeziehung „Resonanz" zugleich als eine deskriptive *und* normative Kategorie (293). Verstanden als ein menschliches Grundbedürfnis und eine menschliche Grundfähigkeit, die für die Herausbildung von Subjektivität und Intersubjektivität fundamental ist, stellt Resonanz eine deskriptive Kategorie dar. Eine Soziologie der Weltbeziehung kann ein menschliches Verlangen nach Resonanz beschreiben und beispielsweise in konkreten gesellschaftlichen Verhältnissen sein Unerfülltbleiben feststellen (294). Gleichzeitig wird „Resonanz" zu einer normativen Kategorie, wenn sie „als Maßstab des gelingenden Lebens" (294) fungiert. Als solche dient sie als Kriterium einer normativ orientierten Sozialtheorie und ist die Voraussetzung einer Kritik der Resonanzverhältnisse, wie Rosa sie in seinem Buch formuliert.

Für den Begriff der Nachhaltigkeit lässt sich ein ähnlicher Doppelcharakter attestieren: Auf der einen Seite lassen sich die nachhaltige bzw. die nicht-nachhaltige Nutzung eines Ökosystems bzw. einer Ressource empirisch beschreiben. Ein besonders prägnantes Beispiel hierfür stellt das derzeitige Energieregime dar: Wenn fossile Energieträger, die sich im Zuge von geochemischen Prozessen mit der Dauer von mehreren Millionen Jahren in der Erdkruste eingelagert haben, innerhalb von nur wenigen Jahrhunderten verfeuert werden, lässt sich unzweideutig feststellen, dass dies in extremer Weise dem von von Carlowitz angesprochenen Gleichgewicht zwischen Entstehung und Nutzung einer Ressource widerspricht. Ganz unbesehen von den für Fragen der Nachhaltigkeit ebenfalls relevanten Folgeproblemen der Nutzung fossiler Brennstoffe (wie Klimawandel oder Ozeanversauerung), lässt sich damit das gegenwärtige Energieregime, das zu über 80 Prozent auf fossilen Energiequellen beruht,[21] nicht dauerhaft aufrechterhalten. In diesem Sinne lässt es sich als *faktisch* nicht zukunftsfähig bzw. nicht nachhaltig beschreiben.

Auf der anderen Seite – oben ist darauf hingewiesen worden – wird mit dem Konzept der Nachhaltigkeit der normative Anspruch verbunden, insbesondere in Hinblick auf die Lebenschancen zukünftiger Generationen keinen Raubbau an ökologischen Ressourcen zu betreiben. Im Bericht der

---

21 Ebd. S. 56.

Brundtland-Kommission aus dem Jahre 1987 findet diese Forderung nach Generationen*gerechtigkeit* prägnanten Ausdruck. Als intertemporales Gerechtigkeitskonzept brachte Erik Olin Wright Nachhaltigkeit als „moralisches Prinzip" ins Gespräch,[22] anhand dessen sich die gegenwärtigen gesellschaftlichen Strukturen und Institutionen bewerten lassen. Laut Wrights Diagnose bedrohen die für den Kapitalismus konstitutiven Imperative des Konsumismus und unendlichen Wachstums inhärent die Qualität der Umwelt für zukünftige Generationen.[23]

Ein zerstörerischer Raubbau an den für Gesellschaften vitalen Ökosystemen geht aber nicht allein auf Kosten zukünftiger Generationen. Die kapitalistischen Zentren nehmen auch die natürlichen Ressourcen und Senken[24] „andernorts" überproportional in Anspruch.[25] So kommt nicht allein „nach uns die Sintflut", sondern sie findet bereits „neben uns" statt[26] – und dies ist keinesfalls ausschließlich metaphorisch zu verstehen, wie das Beispiel der kleinen Inselstaaten im Pazifik zeigt, deren Existenz durch den zu beobachtenden Meeresspiegelanstieg in Folge des Klimawandels bedroht ist. Daher gelten heute nicht allein inter-, sondern auch *intra*generationelle Gerechtigkeitsfragen als unverzichtbare Elemente des Nachhaltigkeitskonzeptes in einem globalen Kontext.[27] Die Feststellung, dass eine Lebens- und Wirtschaftsweise, die fundamental zu Lasten Dritter geht – sei es „andernorts" oder noch nicht geborener Menschen –, dem normativen Selbstanspruch moderner Gesellschaften eklatant widerspricht, erscheint mir trivial. Am prägnantesten formulierte vermutlich Immanuel Kant diesen Selbstanspruch in seinem „kategorischen Imperativ". Hiernach soll jede*r Einzelne nur nach derjenigen Maxime handeln, durch die sie/er zugleich wollen könne, dass sie ein „allgemeines Gesetz" werde. Dieses Ideal der Aufklärung ist zentraler Bestandteil des klassischen Libe-

---

22 Erik Olin Wright, „Transforming Capitalism Through Real Utopias", *American Sociological Review* 78/1 (2012), S. 1-25, hier: S. 3.
23 Wright, Transforming Capitalism Through Real Utopias", S. 7.
24 Der Terminus „Senken" bezieht sich auf Ökosysteme, die dazu in der Lage sind, zeitweilig oder auf Dauer Emissionen zu binden (so z.B. Wälder, Ozeane oder Moore beim Kohlendioxid).
25 Ulrich Brand, Markus Wissen, *Imperiale Lebensweise. Zur Ausbeutung von Mensch und Natur im Globalen Kapitalismus*, München 2017, S. 43.
26 Stephan Lessenich, *Neben uns die Sintflut. Die Externalisierungsgesellschaft und ihr Preis*, Berlin 2016.
27 Gerd Michelsen, Maik Adomßent, „Nachhaltige Entwicklung: Hintergründe und Zusammenhänge", in: Harald Heinrichs u.a. (Hg.), *Nachhaltigkeitswissenschaften*, Wiesbaden 2014, S. 3-60.

ralismus, auf den sich moderne Gesellschaften auch heute noch berufen. Das Konzept der Nachhaltigkeit adressiert die Verletzung dieses Ideals in einem bestimmten gesellschaftlichen Funktionsbereich, nämlich dem der natürlichen Ressourcen. In diesem Sinne kann „Nachhaltigkeit" als ein Maßstab der Gesellschaftskritik verstanden werden, welcher den zeitgenössischen Gesellschaften selbst entstammt.[28]

IV Gemeinsamer Ursprung von Resonanz- und Nachhaltigkeitskrise?

Die vielleicht deutlichste Parallele zwischen der Resonanz- und Nachhaltigkeitskrise, die sich für spätmoderne Gesellschaften beobachten lassen, ist m.E., dass sie beide einen gemeinsamen Verursachungshintergrund aufweisen. Oben ist bereits darauf hingewiesen, dass Rosa das Prinzip der dynamischen Stabilisierung für die moderne Gesellschaft als konstitutiv erachtet, *„sie also systematisch auf Wachstum, Innovationsverdichtung und Beschleunigung angewiesen ist, um ihre Struktur zu erhalten und zu reproduzieren"*.[29] Unter diesen Bedingungen wird die Ausbildung stabiler Resonanzachsen tendenziell verunmöglicht: „Zeitnot, Prekarität, Angst und Konkurrenzorientierung sowie der Druck zur fortwährenden Selbst- und Prozessoptimierung, zur (messbaren) Effizienzsteigerung und zur strikten Outputkontrolle erzwingen eine Haltung der systematischen Selbst- und Fremdverdinglichung, welche mit den Resonanzsehnsüchten der Subjekte in grundlegenden Widerspruch gerät".[30] Dieselben gesellschaftlichen Prozesse – insbesondere Wachstum und soziale Beschleunigung – lassen sich aber nicht allein als Ausgangspunkt von Resonanzkrisen, sondern auch als Urheber der ökologischen bzw. Nachhaltigkeitskrise identifizieren. Der Zusammenhang von Wirtschaftswachstum und Naturverbrauch ist gut do-

---

28 Selbstverständlich weisen nicht allein das Konzept der Resonanz und der Nachhaltigkeit den hier beschriebenen Doppelcharakter auf. Ein weiteres Beispiel wäre „Demokratie". Zurückgehend auf Bernard Williams werden in der Philosophie Begriffe, die gleichermaßen eine deskriptive und eine normative Dimension enthalten, auch als „thick concepts" bezeichnet (Brent G. Kyle, „Thick Concepts", Internet Encyclopedia of Philosophy, abgerufen am 10.10.2017, http://www.iep.utm.edu/thick-co/). Abhängig vom Kontext und der konkreten Verwendung kann aber jeweils die normative oder deskriptive Bedeutung im Vordergrund stehen.
29 Hartmut Rosa, *Resonanz als Schlüsselbegriff der Sozialtheorie*, in diesem Band S. 13. (Hervorhebungen im Original).
30 Ebd., S. 28.

kumertiert.³¹ Gewissermaßen ist es nur logisch, dass bei einer fortwährenden exponentiellen Zunahme der am Markt gehandelten Güter und Dienstleistungen – insbesondere wenn es sich ein um „reales" und nicht allein nominelles Wachstum der Marktwerte (Preise) handelt – sich auch die Umsatzraten des gesellschaftlichen Stoffwechsels mit der Natur erhöhen. Zwar ist ökonomisches Wachstum damit einer der Haupttreiber von Treibhausgasemissionen und des Naturverbrauchs, aber die diesbezüglich zu beobachtende Dynamik lässt sich nicht *ausschließlich* hierauf zurückführen. Die von Rosa beschriebene Dynamisierung der Zeitstrukturen in der Moderne bedeutet auch, dass sich das Lebenstempo der Menschen beschleunigt, die Handlungsepisoden pro Zeiteinheit zunehmen.³² Führt man sich vor Augen, dass nahezu jede menschliche Tätigkeit – von der Google-Suche am heimischen Schreibtisch bis zum Langstreckenflug zwecks Konferenzteilnahme – eine energetische und Ressourcendimension aufweist, wird schnell deutlich, das eine solche Erhöhung des Lebenstempos für den Naturverbrauch einer Gesellschaft nicht ohne Folgen bleiben kann. Soziale Beschleunigung ist zwar eng mit ökonomischem Wachstum verknüpft, lässt sich aber nicht einzig hierauf zurückführen und wird damit zu einem weiteren Treiber des Energie- und Resourcenverbrauchs. Rosa selbst argumentiert in seiner Theorie sozialer Beschleunigung, dass die ökologische Krise aus der Desynchronisation zwischen der „Eigenzeit der Natur" – also z.B. der Regenerationszeit von Ökosystemen – und den beschleunigten Temporalstrukturen der Gesellschaft resultiert. Wie von von Carlowitz beschrieben, ist demnach nicht das Fällen von Bäumen das Problem, sondern, dass mehr Bäume geschlagen werden als natürlich nachwachsen. In diesem Sinne komplementiert Rosas Beschleunigungstheorie, die gewissermaßen das diagnostische Gegenstück zu seiner Resonanztheorie darstellt, die traditionelle, ökologisch motivierte Wachstumskritik, welche einseitig auf die ökonomische Dimension des Naturverbrauchs fokussiert.

Der Feststellung, dass die Nachhaltigkeitskrise und Resonanzkrise gleichen Ursprungs sind, würde Rosa selbst aber nur begrenzt folgen. Der Hintergrund dafür ist, dass er in den multiplen Krisen der Gegenwart – also der ökologischen Krise, aber auch in der Demokratiekrise oder der „Psychokrise" – *Manifestationen* einer einzigen großen Resonanzkrise

---

31 Siehe z.B. Tim Jackson, *Prosperity without Growth. Foundations for an Economy of Tomorrow*, London u.a. 2017.
32 Rosa, *Beschleunigung*, S. 195 ff.

sieht: „Die institutionalisierte Weltbeziehung der Spätmoderne erzeugt [...] eine Resonanzkrise gewaltigen Ausmaßes, die an der Wurzel der gegenwärtigen Krisentendenzen überhaupt liegt" (706). Und direkt bezogen auf die ökologische Nachhaltigkeitskrise schreibt er: „An der ökologischen Krise und an unserer konstitutiven Unfähigkeit, *nachhaltig* zu leben, zeigt sich *Entfremdung* nicht nur hinsichtlich der Natur, sondern auch hinsichtlich der Resonanzsphäre der Geschichte" (712 f.). Allenfalls in „Resonanzoasen" wie dem Urlaub erfolge noch eine Affizierung durch die Natur, während ansonsten die Weltbeziehungen insgesamt „stumm" zu werden drohen: „Diese unheilvolle Dichotomisierung lässt sich besonders instruktiv am (spät-)modernen Naturverhältnis beobachten, das von einer markanten, unüberbrückbaren Kluft zwischen einem brutalen Modus der auf Reichweitenvergrößerung und Verfügbarmachung zielenden Landnahme, wie sie sich etwa in den extraktiven Industrien oder in der Massentierhaltung zeigt, und einer zur rezeptiven Romantisierung neigenden Naturästhetik, welche ‚Natur' zur Kulisse werden lässt (oder zum verwöhnten und anthropomorphisierten Haustier macht), gekennzeichnet ist".[33] So ist es möglich, dass Menschen, getrieben vom Wunsch nach resonierenden Naturerfahrungen, eine Bergwanderung im Himalaya oder einen Tauchurlaub im Great Barrier Reef buchen, während sie durch die Anreise mit dem Flugzeug sowie die Erwerbsarbeit, welche ihnen die Finanzierung dieser Reisen erlaubt, zur Zerstörung exakt dieser Naturorte beitragen.

So weit, so überzeugend. Ein Teil der Nachhaltigkeitskrise der Gegenwart lässt sich gewiss sehr gut als Resonanzkrise beschreiben. Auf der anderen Seite sind zahlreiche ökologische Krisen der Gegenwart für die Menschen mitunter gar nicht als Krise erfahrbar; auch nicht als ein „Verstummen der Natur". Im Gegenteil, es bedarf gerade der „stummen", objektivierenden Weltbeziehungen der Wissenschaften, um eine ökologische Krise wie den Klimawandel, für die ein starkes Auseinanderfallen der zeitlichen und räumlichen Wirkungszusammenhänge kennzeichnend ist,[34] eben als Krise zu erkennen. Oder, um ein weiteres Beispiel zu nennen: Während das Angebot an exotischen Speisen und Früchten in den Kon-

---

33 Harmut Rosa, *Resonanz als Schlüsselbegriff der Sozialtheorie*, in diesem Band S. 29.
34 So ist der gegenwärtig zu beobachtende Erwärmungstrend Ergebnis von in der Vergangenheit getätigten Emissionen, und seine Folgen zeitigen sich nicht etwa an den historischen Verursachungsorten (wie Manchester, Detroit oder dem Ruhrgebiet), sondern bislang vor allem in Ländern wir Bangladesch, Grönland, dem Tschad oder Tuvalu.

sumzentren der Welt immer reichhaltiger und diverser wird (Litschi! Quinoa!), vollzieht sich jenseits der Wahrnehmungsschwelle der meisten Personen ein von Menschen verursachtes Massensterben, ein Biodiversitätsverlust erdhistorischen Ausmaßes.[35]

Da Rosa die ökologische Krise (wie andere Krisenerscheinungen) als Resonanzkrise deutet, plädiert er auch für einen „normativen Monismus" (674), welcher mit einer Kritik der Resonanzverhältnisse auskommt. Demnach braucht es auch keine eigenständige Kritik der Gegenwartsgesellschaften als z.b. nicht nachhaltig, sozial ungerecht oder undemokratisch.

Vor dem Hintergrund der hier angedeuteten Limitationen in Bezug auf die Beschreibung ökologischer Krisen, stellt sich die Frage, ob ein solcher „normativer Monismus" sich in der Analyse und Kritik nicht zwangläufig und ganz und gar unnötig selbst limitiert und so Gefahr läuft, abhängig vom jeweiligen Gegenstand, wichtige Aspekte aus dem Blick zu verlieren. Oder, um es positiv zu formulieren: Es bleibt m.E. unklar, worin seine spezifischen Vorzüge gegenüber der Bezugnahme auf *verschiedene* „moralischen Prinzipien" bestehen, wie sie beispielsweise Erik Olin Wright zur Kritik des Kapitalismus formuliert.[36] Bei einem solchen Vorgehen würden Rosas Konzept der Resonanz und das Konzept der Nachhaltigkeit zwar unterschiedliche Punkte adressieren, dabei aber das gleiche Anliegen teilen. Denn beide Konzepte machen deutlich, dass mit gesellschaftlichen Naturverhältnissen, die systematisch zu stummen, entfremdeten Weltbeziehungen führen *und* ökologisch (selbst-)zerstörerisch sind, „etwas nicht stimmt". Mit anderen Worten, sie verweisen darauf, dass moderne Gesellschaften heute nicht in der Lage sind, ihre eigenen normativen Versprechen einzulösen – weder das der Resonanz, noch das der Nachhaltigkeit.

---

35 Elisabeth Kolbert, *Das sechste Sterben. Wie der Mensch Naturgeschichte schreibt*, Berlin 2015.
36 Wright, „Transforming Capitalism Through Real Utopias".

Das Resonanzkonzept und die Altenhilfe. Zum Einsatz digitaler Technik in der Pflege

Alfons Maurer

I Einführung

Bei dem Versuch, die Situation der Altenpflege in Deutschland und den ständig steigenden Druck auf Optimierung und Standardisierung zu verstehen, hat uns in der Keppler-Stiftung[1] die Befassung und Auseinandersetzung mit den Werken von Hartmut Rosa wesentliche Impulse gegeben. Rosa scheint die Situation in der Pflege zu kennen: „Überall kollidiert der Anspruch oder die Hoffnung darauf, einem unverfügbaren Anderen zu begegnen und sich darauf einlassen zu können" mit funktionalen „Steigerungsimperativen" und Optimierungszwängen.[2] Gerade ältere Mitarbeitende pflegen das mit den Worten zum Ausdruck zu bringen: „Den Beruf der Altenpflegerin habe ich gewählt, weil ich mit alten Menschen in Kontakt und Beziehung sein und sie bei der Gestaltung ihrer letzten Lebensphase unterstützen und begleiten wollte. Heute dreht sich jedoch alles darum, ob ich alles richtig gemacht habe, alle Messungen durchgeführt, Checklisten bearbeitet, jede Maßnahme für externe Kontrollen ausreichend dokumentiert habe." Und sie berichten davon, dass sich der Fokus ihrer Aufmerksamkeit verschoben hat: weg von den pflegebedürftigen Menschen hin auf den Pflegeprozess und dessen kontinuierlicher Optimierung hin zu Standards und Dokumentation. Unterstützt wird dies durch eine weitgehende Digitalisierung.

---

1 Die Kepplerstiftung ist eine kirchliche Altenhilfeträgerin in Baden Württemberg; sie bietet an über zwanzig Standorten für Pflegebedürftige häusliche Pflege und Betreuung an und betreibt Pflegeheime, Sozialstationen, Seniorenwohnanlagen und Tagespflegen. Insgesamt werden ca. 3.200 pflege- und hilfebedürftige Personen betreut, gepflegt und begleitet. Der vorliegende Beitrag basiert auf den Erfahrungen digitaler Technik in der Praxis der Altenpflege in den Einrichtungen der Kepplerstiftung und der Auseinandersetzung mit dem Resonanzkonzept von Hartmut Rosa.
2 Harmut Rosa, *Resonaz als Schlüsselbegriff der Sozialtheorie*, in diesem Band S. 28.

Die Pflege in Deutschland ist derzeit ein prägnantes Beispiel für den Widerspruch von „Intensivierung von Resonanzverlangen" und gleichzeitiger „Entfremdungserfahrung":

> In der ökonomischen Produktion wie [...] in der Pflege [...] kollidiert der Zwang, unter Gesichtspunkten der Qualitätskontrolle und Effizienzsteigerung genau angeben zu können, in welchem Zeitraum mit welchen Mitteln welches Ergebnis produziert wird, systematisch mit der Unverfügbarkeit von Resonanzbeziehungen, von denen sich eben gerade nicht angeben lässt, wann und wo sie eintreten, wie lange sie dauern und, vor allem, was dabei herauskommt.[3]

Die Keppler-Stiftung als kirchliche Stiftung steht in der Tradition der aufgeklärten und wirklichkeitsorientierten (Moral-)Theologie des ausgehenden zwanzigsten Jahrhunderts. Ein wichtiger Bezugspunkt sind dabei die moraltheologischen Beiträge von Alfons Auer, dessen Hauptwerk *Autonome Moral und christlicher Glaube* 1971 erstmals veröffentlicht und 2017 wieder neu aufgelegt wurde. Auer hat die Moraltheologie aus dem Dunstkreis kirchlicher und naturrechtlicher Horizonte befreit und auf eigene Beine gestellt, nämlich auf den Boden der Wirklichkeit: „Das Sittliche ist das Ja der Wirklichkeit."[4] Das ist alles andere als eine unkritische Akzeptanz des Faktischen. Auer geht es darum, *die* Wirklichkeit zu erkennen und sich anzueignen, die „auf Ermöglichung einer fruchtbaren menschlich-geschichtlichen Existenz angelegt ist".[5] Dietmar Mieth hat mich darauf aufmerksam gemacht, wie sehr die Soziologie einer Weltbeziehung von Hartmut Rosa als eine Weiterführung der Auer'schen Vorstellung von Weltethos und dem Anspruch der Wirklichkeit verstanden werden kann. Hartmut Rosa formuliert seine Grundthese, „dass es im Leben auf die *Qualität der Weltbeziehung* ankommt, das heißt auf die Art und Weise, in der wir als Subjekte Welt erfahren und in der wir zur Welt Stellung nehmen, auf die Qualität der Weltaneignung. Weil die Modi der Welterfahrung und Weltaneignung aber niemals einfach individuell bestimmt werden, sondern immer sozioökonomisch und soziokulturell vermittelt sind, nenne ich das Vorhaben [...] eine Soziologie der Weltbeziehung" (19 f.).

An diese Ausgestaltung einer Soziologie der Weltbeziehung anknüpfend, verwenden wir das Resonanzkonzept sowohl analytisch zur Erfassung der gesellschaftlichen und technologischen Dynamik in der Altenhil-

---

3 Ebd.
4 Alfons Auer, *Autonome Moral und christlicher Glaube*, Darmstadt 2016, S. 19.
5 Ebd., S. 33.

fe als auch normativ, wie wir die Resonanzverhältnisse in den Diensten und Einrichtungen der Altenhilfe beeinflussen und gestalten können. Resonanz verwende er, so schreibt Hartmut Rosa, „nicht nur als einen deskriptiven Modus der (primären) Weltbeziehung", sondern auch „als normatives Kriterium". Und das bedeutet: „Menschliche Weltbeziehungen – und daher: menschliches Leben – gelingen dann, so lautet meine normative Grundthese, wenn die Ausbildung sozialer bzw. horizontaler (zu anderen Menschen), diagonaler bzw. materieller (zu den Dingen) und schließlich vertikaler Resonanzachsen (zur Welt bzw. zu einer letzten Wirklichkeit als einer Ganzheit) gelingt".[6]

Im Kontext der zunehmenden Digitalisierung in der Pflege haben wir in der Keppler-Stiftung versucht, diese Prozesse auf dem Hintergrund des Resonanzkonzeptes zu verstehen und wollten dabei auch etwas über die Grenzen der Digitalisierung lernen bzw. wie dem hohen Entfremdungspotential institutionell begegnet werden kann.[7] Darum wird in diesem Beitrag nicht die theoretische Konsistenz des Resonanzkonzeptes untersucht, sondern die Frage der Anwendbarkeit auf die Veränderungen in einem konkreten Hilfefeld.

II Digitalisierung in der Sozialwirtschaft

Die Digitalisierung hat die Sozialwirtschaft und den Dienstleistungssektor längst erreicht. Ein Fachverband für die IT in Sozialwirtschaft und Sozialverwaltung wurde gegründet und 2016 ein Positionspapier „Digitalisierung der Sozialwirtschaft" vorgelegt und zu einer öffentlichen Diskussion eingeladen. Das Positionspapier beginnt mit einer Begriffsbestimmung:

> Digitalisierung bezeichnet einen durch technische Innovationen und Technik-Durchdringung getriebenen Wandel aller gesellschaftlichen Bereiche von der Arbeitswelt über die Freizeit bis hin zu sozialen Beziehungen. [...] Ein zunehmend prägendes Merkmal ist der Ersatz oder die Ergänzung menschlicher Denk- und Kommunikationsleistungen sowie komplexer Handlungen durch Computer und Roboter. Auf der technologischen Ebene bedeutet Digitalisierung, dass elektronische Systeme immer stärker Informationen autonom sammeln, bewerten, Entscheidungen treffen und diese umsetzen. Davon betroffen sind alle Arten von Information, insbesondere auch unstrukturierte Daten,

---

6 Hartmut Rosa, *Resonanz als Schlüsselbegriff der Sozialtheorie*, in diesem Band S. 20.
7 Der vorliegende Beitrag basiert auch auf folgendem Artikel: Alfons Maurer, „Einsatz von digitaler Technik in der Pflege. Unterstützung oder Entfremdung?", in: Ders., *Fromm Forum*, Tübingen 2018, S. 35-51.

Bild-, Ton- und Sensor-Informationen aus der physischen Welt. Beispiele in diesem Sinne sind selbstfahrende Autos oder vollautomatisierte Handelssysteme an den Börsen.[8]

Dann folgen Hinweise auf die durch die Digitalisierung ausgelösten Veränderungen, Chancen und Risiken:

> Mit dieser neuen Dimension der Technisierung geht einher, dass tradierte Denk- und Handlungsmuster binnen kurzer Zeit ihre Gültigkeit verlieren, sich neue menschliche Verhaltensweisen entwickeln sowie neue, disruptive, produktersetzende Geschäftsmodelle entstehen. Für die gesellschaftliche Entwicklung sind damit gleichermaßen Chancen und Gefahren verbunden, die oft kaum voneinander zu trennen sind.[9]

Als Chancen werden dann genannt:
- die Pflege sozialer Beziehungen unabhängig von Raum und Zeit,
- ein besserer Zugang zu Wissen, Bildung und gesellschaftlichen Diskursen sowie
- bessere Vereinbarkeit von Beruf und Familie durch mobiles Arbeiten.

Als Gefahren werden gesehen:
- das Ende der Privatheit,
- soziale Entfremdung,
- gesellschaftliche Spaltung durch maschinengesteuerte Meinungsbildung und
- Manipulation sowie die Entgrenzung von Arbeit und Freizeit.

Inzwischen werden die durch Digitalisierung veränderten Dienstleistungen mit dem Zusatz 4.0. versehen. Dienstleistungen 4.0. sind das Ergebnis der „Verzahnung von Dienstleistungen mit den Möglichkeiten der Informations- und Kommunikationstechnik".[10] Die Digitalisierung führt zu einer noch intensiveren Individualisierung und Kundenzentrierung der Dienstleistung. Durch den Einsatz von Technologien im Dienstleistungspotenzial sollen „die Erwartungen im Dienstleistungsprozess individuell

---

8 FINSOZ e.V., „Positionspapier Digitalisierung der Sozialwirtschaft", 2016, S. 2.
9 Ebd., S. 2.
10 Manfred Bruhn, Karsten Hadwich, *Dienstleistungen 4.0. Erscheinungsformen, Transformationsprozesse und Managementimplikationen*, Wiesbaden 2017, S. 9.

und interaktiv mit aktiver technologischer Unterstützung" erfüllt werden.[11]

Es folgt ein kurzer Überblick zu den Einsatzfeldern digitaler Technik in der Altenhilfe. Hier werden nur Vorgänge beschrieben, die bereits möglich sind und angewandt werden. Im Anschluss daran sind einige Erfahrungen und Beobachtungen zusammen getragen, die sich aus der Praxis digitaler Technik ergeben.[12]

III Beschreibung der Einsatzfelder digitaler Technik in der Pflege

Bewohner- und patientenbezogen: intelligentes Heim

Technologische und digitale Hilfen kommen bereits in großer Zahl zum Einsatz in der häuslichen Pflege sowie auch in Pflegeheimen: Sensormatten, Rufanlagen, Bewegungsmelder, Erstellung von Bewegungsprofilen, künstliche Tiere, chipgesteuertes Öffnen und Schließen von Türen, vielfältige Technik im Bereich der Demenz (z.b. freiwillige Anwendung von GPS-überwachten Aufenthaltsbereichen in Stadtteilen, aber auch Wohnanlagen, Webcam in Wohnungen für Angehörige), Videokonferenzen (Skype und facetime), Trinkroboter, Anti-Dekubitus-Betten, Pflegeroboter, Pflegerobbe Paro, etc.

Mitarbeiterbezogen: Pflegeplanung und -dokumentation

Bereits weit verbreitete Praxis ist der Einsatz digitaler Medien und Software im Bereich der Anamnese, Pflegeplanung, Pflegedurchführung und Pflegedokumentation, Erfassung von Risikofaktoren.

> Für die Mitarbeiter bedeutet der Einsatz der neuen Technologien einen Wandel ihrer Arbeitswelt und ihrer Aufgaben. In vielen Prozessen gewinnt die Automatisierung weiter an Bedeutung. In anderen Tätigkeiten werden Menschen

---

11 Es wird auch der Begriff „Pflege 4.0" verwendet. Vgl. Berufsgenossenschaft für Gesundheitsdienst und Wohlfahrtspflege (BGW), *Pflege 4.0. Einsatz moderner Technologien aus der Sicht professionell Pflegender*, Hamburg 2017.

12 Vgl. hierzu auch die Ergebnisse eines Forschungsprojektes mit dem Titel „Technologisierung der Pflegearbeit? Bestandsaufnahme und arbeitspolitische Herausforderungen". Veröffentlicht in: Volker Hielscher u.a., *Technikeinsatz in der Altenpflege. Potenziale und Probleme in empirischer Perspektive*, Baden-Baden 2015.

künftig durch mobile Leichtbauroboter und intelligente Assistenzsysteme unterstützt. So haben die Beschäftigten überall und jederzeit Zugriff auf die für ihre Arbeit relevanten Informationen.[13]

Einsatz von digitaler Technik in Kontexten der Pflege

Zu erheblichen Veränderungen der konkreten Praxis führt der Einsatz digitaler Technik in der Hauswirtschaft: Software für das Küchenmanagement, Warenwirtschaftsprogramme, Bestellsoftware. Ein Beispiel: Der Betrieb größerer Küchen ist ohne den Einsatz spezieller Software kaum mehr zu bewältigen. Software kommt zum Einsatz bei der Erstellung von Speiseplänen, bei der Produktionsplanung (Rezepturen, Standardportionen), der Bestellung von Waren, der Verwaltung und Erfassung der Waren, der Berechnung von Nährwerten und der Dokumentation sowie dem Ausweis von Inhaltsstoffen und Allergenen.

Wesentlich veranlasst und notwendig wurde der Einsatz von Software in den Großküchen durch gesetzliche bzw. behördliche Vorschriften: Allergenkennzeichnung, Nährwerte und Portionsgrößen.

Einsatz von digitaler Technik in Leitung und Verwaltung

Viele Kernprozesse im Bereich der Verwaltung werden inzwischen digital unterstützt und gesteuert. Dies betrifft insbesondere die Bereiche der Kommunikation (E-Mail, Videokonferenzen, Chats, Wissensmanagementprogramme), der Abrechnung (Leistungsabrechnung, Finanzbuchhaltung), der Datenverwaltung (Patientenverwaltung, Personalverwaltung) und der generellen Datenerfassung (Statistik, Benchmark, Auswertungen). Viele statistische Angaben sind in Bund- und Ländergesetzen geregelt und erforderlich. Abrechnung mit den Kassen und Übermittlung von Daten sind nur noch elektronisch möglich.

---

13 Bundesministerium für Bildung und Forschung, *Industrie 4.0. Innovationen für die Produktion von morgen*, Berlin 2015, S. 7.

IV Wirkungen und Auswirkungen digitaler Technik in der Pflege sowohl bei Patienten wie bei Mitarbeitenden

In und bei der Praxis des Einsatzes von digitaler Technik in der Pflege ergaben sich folgende Beobachtungen und Fragen:
Wirkungen der digitalen Technik:
- Verschiebung der inhaltlichen Ausrichtung
- Vorgänge werde standardisiert und messbar gemacht
- Explosion von Daten
- Verfügbarkeit von Daten und Macht durch Daten
- Bedarf an menschlicher Kommunikation und Zuwendung wird damit nicht gedeckt

Ethische Fragen beim Einsatz digitaler Technik:
- Fragen von Persönlichkeitsschutz, Datenschutz, Haftungsfragen etc.
- Frage nach der digitalen und informationellen Selbstbestimmung
- Sicherheit versus Kontrolle
- Abhängigkeit versus Selbstbestimmung/Freiheit
- Fürsorge versus Selbstbestimmung
- Digitale Welt versus reale Welt

Der Einsatz digitaler Technik berührt nicht nur funktionale Prozesse, sondern verändert und beeinflusst die Konzepte und Haltungen, aus denen heraus Menschen in der Pflege tätig sind. Dabei ergeben sich folgende *Kernfragen zur Nutzung digitaler Technik*:
- Welche Rolle und Bedeutung kommt der Pflegebeziehung[14] und generell der „Beziehungsebene" zu?
- Wo liegen die Grenzen des digital und technisch Machbaren?
- Worin besteht denn das Soziale, worin das Humane, das nicht digitalisiert werden sollte?
- Wie können, ausgehend vom Resonanzkonzept, die Risiken der „Entfremdungserfahrung"[15] minimiert und die Chancen zur „Intensivierung von Resonanzverlangen" genutzt werden?

---

14 Vgl. Hielscher u.a., *Technikeinsatz in der Altenpflege*, S. 145: „Die Pflegekräfte reklamieren übereinstimmend, dass die unmittelbare Interaktion mit dem pflegebedürftigen Menschen nach wie vor der Kern der Pflegearbeit bleibe und in Zukunft auch bleiben müsse.".
15 Harmut Rosa, *Resonanz als Schlüsselbegriff der Sozialtheorie*, in diesem Band S. 26.

V Digitalisierung ist nicht nur Technik/Methode, sondern auch Inhalt

Der Trend der Digitalisierung ist nicht isoliert von anderen Entwicklungen zu sehen; zunächst ist er eng verwoben mit einer grundsätzlichen technologischen Durchdringung vieler Lebensbereiche. Die Digitalisierung wiederum wird offensichtlich sehr begünstigt von den Tendenzen der Ökonomisierung und Globalisierung. Auch der weltweit stattfindende demografische Wandel provoziert technische und digitale Lösungen.

Der Einsatz der digitalen Technik bringt vielfach Erleichterung und führt zur Nutzung neuer und weiterer Optionen. Dennoch verspüren viele damit auch ein erhebliches Unbehagen.

Nicht der Einsatz von Technik und die Digitalisierung der Pflege an sich ist schon ein fachliches oder menschliches oder ethisches Problem, sondern die in der Digitalisierung mitgelieferten inhaltlichen Konstrukte und Ausrichtungen führen zu Veränderungen und Verschiebungen, ohne dass dies dem Anwender bewusst sein muss. Diese Inhalte wiederum sind von wirkmächtigen Vorstellungen und Leitbildern der Gesellschaft geprägt.

Das Leitbild der Effizienz und Messbarkeit

Auch im Pflege- und Gesundheitsbereich wollen oder müssen wir immer effizienter werden und haben uns schon daran gewöhnt, unsere Bemühungen und Erfolge/Misserfolge ausschließlich an Daten abzulesen. Dahinter verbirgt sich die Annahme, mit Software und Daten und ausgefüllten Charts könnten wir Vorgänge besser begreifen und effizienter bearbeiten. Digitalisierungen und Virtualisierungen sind aber nur Modellkonstruktionen von Wirklichkeit, die als ein Versuch von Komplexitätsreduktion und Vereinfachung von Wirklichkeit verstanden werden können.

Es ist jedoch gefährlich, den Bedeutungsverlust nicht zu bemerken, der entsteht, wenn substantielle und ganzheitliche Sachverhalte, wie z.B. Menschen und menschliche Beziehungen, in rein linearen, quantifizierbaren Modellen dargestellt werden. Denn umgekehrt ergibt die Addition von diesen gemessenen Größen nicht mehr das Ganze.

Das Leitbild der administrativen Erfassung und Kontrolle

Unmittelbar mit der Quantifizierbarkeit geht die Vorstellung einher, Vorgänge administrativ zu erfassen, also zu dokumentieren und an Kennzahlen zu kontrollieren. Daraus resultieren heute im Gesundheits- und Pflegebereich ein Organisationswahn und eine Regelungswut. Wiederum wird suggeriert, dass man das, was man schützen möchte, nämlich den Menschen mit seiner Integrität, über Standardisierungen und Dokumentationen erfassen könnte. In der Praxis geschieht genau das Gegenteil: Menschen und menschliche Beziehungen werden ausgeblendet. Alle Formen der administrativen Erfassung und Kontrolle führen zur Verschleierung und Delegation von Verantwortung. So können alle Beteiligten alles richtig machen und doch dient es nicht dem Wohl der Adressaten und Betroffenen.

Das Leitbild industrieller Herstellungsprozesse

Im Gesundheits- und Pflegebereich, tendenziell auch in den anderen sozialen Bereichen werden die Dienstleistungen und damit die menschlichen Beziehungen nach dem Vor- und Leitbild industrieller Herstellungsprozesse gestaltet: Die Differenz von Menschen und Dingen, die Differenz von Herstellen und Handeln, die Differenz von menschlicher Beziehung und industrieller Herstellung, die Differenz von Produkt und Dienstleistung wird nicht beachtet und gewahrt. In der Pflege geht es nicht darum, ein hergestelltes Produkt von A nach B zu transportieren (wie z.B. beim Kauf eines Sofas), sondern Pflege ereignet sich in einer Beziehung von Pfleger/in zu Pflegebezieher/in. Erst im Zusammenspiel von beiden entsteht Pflege.

Das Leitbild der Tauschbeziehung

Auch die unmittelbar auf den einzelnen Menschen bezogenen Dienstleistungen sind längst zur Ware geworden; und wie die Pflege zur Ware wird, ist sie Gegenstand einer Tauschbeziehung, in der der pflegebedürftige Mensch verdinglicht wird. Es findet eine Entsubjektivierung statt, wie sie

Erich Fromm für die kapitalistischen Gesellschaften beobachtet und beschrieben hat.

Die grundsätzliche Gefährdung des digitalen Menschen bringt Erich Fromm mit folgendem starken Bild zum Ausdruck: Der Mensch „lebt in einer Welt, zu der er keine echte Beziehung mehr hat und in der jeder und alles instrumentalisiert ist, wo er zu einem Teil der Maschine geworden ist, die seine Hände konstruiert haben".[16]

VI Digitalisierung und Entfremdung

Die moderne und spätmoderne Gesellschaft ist durch Beschleunigungsprozesse gekennzeichnet, die dazu führen, dass der Einzelne unausweichlich das Gefühl hat, es gebe immer mehr zu tun, als er vermag und es gebe immer mehr Bedürfnisse und Optionen, die es zu erfüllen gilt, als er es in seiner ihm gesetzten Lebensspanne erreichen kann.

Im Blick auf die Altenhilfe sind die von Rosa beschriebenen Vorgänge deutlich sichtbar. Dies ist auch kein Zufall, da die Altenhilfe von allen Hilfefeldern am meisten den Geist der neoliberalen und spätmodernen Gesellschaft in sich trägt und den Versuch, durch immer mehr Regelungen ein Optimum in der Versorgung zu erreichen, indem die Handschrift und Einstellung des Leistungserbringers getilgt wird. An dieser Stelle sind die gesetzlichen Regelungen zur Altenhilfe davon geprägt, gewissermaßen eine Versorgungsform über eine sich selbst regelnde Automatik zu etablieren, die der Gestaltung und den Einflüssen des Anbieters sowie des Nutzers weitgehend entzogen bleibt. Es ist wohl nicht vermessen zu sagen, dass hier von vornherein ein hohes Entfremdungspotential eingebaut ist.

Rosa stellt einen Zusammenhang der sozialen Beschleunigung zur Entfremdung her. Diese Entfremdung meint auch nicht, dass Menschen von ihrem inneren wahren Kern entfremdet sind, sondern es meint den Verlust der Fähigkeit, sich die Welt anzueignen oder wie er sagt, „anzuverwandeln". Nun haben wir es in der Altenhilfe mit vielen Vorgängen zu tun, die

---

16 Erich Fromm, „Die Furcht vor der Freiheit", in: Ders., *Gesamtausgabe* I, Stuttgart 1941, S. 217-392, hier: S. 365. Vgl. zur weiteren Entwicklung der digitalen und technologischen Verständigung Nick Bostrom, *Superintelligenz. Szenarien einer kommenden Revolution*, Frankfurt/M. 2014. Bostrom sieht die eigentlichen Herausforderungen der Menschheit darin, dass sich die künstlichen Intelligenzen verselbständigen und wohl in naher Zukunft nicht mehr kontrollieren und beeinflussen lassen.

sich gerade für eine organisatorische oder auch subjektive Aneignung wenig eignen bzw. sich ihr entziehen. Dies betrifft den gesamten Bereich der Prüfkontrollen (inkl. MDK-Kriterien), wie alle Vorgänge, die die Kontextbedingungen einer Pflege sichern wollen (Brandschutz, Arbeitssicherheit etc.). Damit ist ein von Rosa beschriebenes Dilemma in der Altenhilfe sehr konturiert entwickelt: Viele Imperative zu Aufgaben und Handlungen in der Altenhilfe sind nicht mehr durch organisationsbezogene oder subjektive Wertvorstellungen und Wünsche geprägt, sondern treten den Verantwortlichen und handelnden Subjekten als etwas Fremdes, Äußerliches gegenüber.

VII Perspektiven

Digitale Technik in der Pflege – wirkt sie resonanzsteigernd oder als Entfremdungsdynamik? Beides ist möglich, oft sogar zusammen. Das Risiko liegt in der Entfremdung und Verdinglichung: „Wenn der Mensch sich in ein Ding verwandelt, wird er krank, ob er es weiß oder nicht" sagt Erich Fromm (1958d, GA IX, S. 323).[17] Die Chancen liegen in einer reflektierten und die sozialen und menschliche Bezüge aufnehmenden und beachtenden Nutzung der digitalen Technik.[18]

Ein in diesem Sinne gelungener Einsatz digitaler Technik ist in einem vom Land Baden-Württemberg in Auftrag gegebenen Projekt mit dem Namen SONIA zu erkennen, an dem sich Begegnungsstätten für ältere Menschen beteiligt haben. Die Ausgangsfrage dieses Projektes „Soziale Teilhabe durch technikgestützte Kommunikation" (SONIA) war, inwiefern durch Informations- und Kommunikationstechnologien und einen virtuellen „Raum des Austauschs" die soziale Teilhabe von Seniorinnen und Senioren erhöht, d.h. deren persönlicher Teilhaberaum erweitert werden kann. Die Erweiterung des Teilhaberaums schafft – so war die These – neue Interaktionen im virtuellen Raum, die sich auf die Aktivitäten in der realen Welt auswirken. In diesem Sinne wurde erwartet, dass digitale Prozesse gezielt die reale Kommunikation und Begegnung unterstützen und fördern.

---

17 Erich Fromm, „Die moralische Verantwortung des modernen Menschen", in: Ders., *Gesamtausgabe* IX, Stuttgart 1958, S. 319-330, hier: S. 323.
18 Vgl. BGW, *Pflege 4.0.*

Der Abschlussbericht des Projektes bestätigt die Ausgangsthese:

> Der Praxistest in drei Sozialräumen hat gezeigt, dass sich der Einsatz der Techniken (Tablet-PC und Plattform) positiv auf soziale Teilhabe auswirkt. Es konnten Veränderungen im Lebensalltag der Seniorinnen und Senioren hinsichtlich dreier Aspekte beobachtet werden: Die Herausbildung von neuem Teilhaberaum, die Erweiterung des existierenden Teilhaberaums und Engagement in bestehenden Teilhaberäumen. Konkret bedeutet dies, dass sich neue Kontakte unter den Teilnehmenden herausgebildet haben und/oder intensiviert wurden. Mit Gleichaltrigen, die bislang vom Sehen her bekannt waren, wird sich nun unterhalten und oft wird vom ‚Sie' zum ‚Du' gewechselt. Das Erlernen der neuen Technik ermöglichte überdies neue Formen der Kommunikation, beispielsweise Skypen mit weit entfernt lebenden Verwandten oder Chatten mit den Enkelkindern. Und schließlich stärkt die wechselseitige Hilfestellung im Lernprozess die sozialen Beziehungen.[19]

Gibt es also Wege und Auswege aus der Situation einer durch Digitalisierung bedingten Entfremdung? Rosa hält ein Korrektiv dieser Beschleunigungsprozesse in der spätmodernen Gesellschaft für geboten. Als mögliche und wohl auch notwendige Zugänge nennt er:
– Durchschauen und Aufdecken der Motoren der sozialen Beschleunigung und der die Entfremdung verursachenden Konsequenzen
– Kritik der Zeitstrukturen in der spätmodernen Gesellschaft
– Entwicklung von Konzepten der Entschleunigung
– Die Notwendigkeit der Distanzierung: Distanzierung ist vor allem durch religiöse und ästhetische Erfahrungen (Kunst, Dichtung und Musik) möglich
– Festhalten an der Idee des guten Lebens
– Ermöglichung einer positiven Resonanz zwischen der Welt und den Menschen[20]

So kommen wir wieder zur Grundfrage zurück, inwieweit durch ökonomische und digitale Prozesse der Mensch in seiner Resonanzfähigkeit und seiner Grundstruktur, in seiner Beziehungsfähigkeit und Bezogenheit berührt und verändert wird. Inwieweit gibt es hier Reduktionismen, die den Menschen von der Ermöglichung seiner Existenz wegführen oder einschränken? Nun lassen sich m.E. die Grunddimensionen des menschlichen

---

19 Ministerium für Arbeit und Sozialordnung, *SONIA. Soziale Teilhabe durch technikgestützte Kommunikation*, Stuttgart 2016, S. 40.
20 Rosa Hartmut, *Beschleunigung und Entfremdung. Entwurf einer kritischen Theorie spätmoderner Zeitlichkeit*, Frankfurt/M. 2013, S. 144 f.

Daseins nicht als ontologischer Kern von etwas vorstellen, sondern auch dieses unterliegt einer gewissen Plastizität. Wer sieht, dass schon einjährige Kleinkinder sich intensiv mit Smartphones beschäftigen können und Wischbewegungen machen, dem wird schnell klar, dass die heranwachsende Generation ein völlig anderes Verhältnis zu diesen digitalen Vorgängen haben wird. Dies ändert nichts daran, dass gerade die digitalen Prozesse in sich ein großes Entfremdungspotential bereit halten, weil sich mit ihnen Verschiebungen von Inhalten abzeichnen, wodurch sie eben nicht nur Mittel zum Zweck, sondern zunehmend selbst zum Zweck werden. Daraus resultiert, dass wir uns der Anstrengung nicht entziehen sollten, den Einsatz digitaler Technik auf ihre Entfremdungs- und Resonanzpotentiale hin zu reflektieren. Zugleich ist die digitale Technik an gesetzte Ziele zu binden und möglichst so zu gestalten, dass sie zur Ermöglichung einer personalen und gelingenden menschlich-geschichtlichen Existenz beitragen. Zwar ist die in diesem Zusammenhang zu hörende Forderung richtig, die Technologie müsse zum Menschen und seinen Bedürfnissen passen und nicht umgekehrt; sie ist aber jeweils nur mühsam und unter Einbeziehung der Betroffenen im Einzelfall umzusetzen. Die Pflegekräfte haben selbst eine Grenze definiert. Ihre Akzeptanz von Digitalisierung und Technologisierung endet dann, wenn der Bereich der unmittelbaren Pflege-Interaktion tangiert wird.[21]

Das Resonanzkonzept mit seiner analytischen und normativen Dimension bewährt sich als ein Reflexions- und Entscheidungshorizont. Nicht nur die gesellschaftliche Dynamik, sondern auch die durch die Digitalisierung ausgelösten Veränderungen lassen sich auf ihren Entfremdungs- und Resonanzgehalt hin thematisieren und daraus normative Aspekte ableiten. Dies ist hier am Beispiel der Altenhilfe konkretisiert worden. Der Einsatz digitaler Technik ist auf der Folie von Resonanzsteigerung oder Entfremdung ambivalent.[22] Entscheidend für die Wirkungen sind konzeptionelle Einbindung, mitarbeiter- und kundenorientierte Ausgestaltung und Reflexion der digitalen Praxis.

---

21 Vgl. Hielscher u.a., *Technikeinsatz in der Altenpflege*, S. 145.
22 Vgl. das Fazit des Forschungsprojekts „Technologisierung der Pflegearbeit? Bestandsaufnahme und arbeitspolitische Herausforderungen": Digitale Technik "kann unter günstigen Kontextbedingungen eine Entlastung der Pflegekräfte und Verbesserung der Pflegequalität befördern. Er kann aber im ungünstigen Fall unter dem alltäglichen Ökonomisierungsdruck sozialer Dienstleistungsarbeit auch als effizienzfunktionales ‚Schmiermittel' zu einem ‚Weiter-so' der Pflege unter widrigen Bedingungen beitragen" (Hielscher u.a., *Technikeinsatz in der Altenpflege*, S. 157).

Fazit: Bezogen auf die Altenhilfe bedarf es bei allen Prozessen einer effizienter sein wollenden Pflege immer auch der Entwicklung von Prozessen, die auf den ersten Blick gar nicht effizient sind. Die Digitalisierung der Pflege kann dem Anspruch, gelingendes Menschsein und Weltaneignung zu fördern, nur dann gerecht werden, wenn sie ganz und gar in einen menschlichen und sozialen Rahmen hineingerückt wird. Die Pflege braucht eine sorgende Gemeinschaft und Gesellschaft. Das digitale Netz darf hierbei nur der kleinere Teil sein, der entscheidende Teil ist, ob der Einzelne in seinen sozialen Bezügen verwurzelt ist und bleibt, und die Gemeinschaft dem Einzelnen ein Netz von Interaktionen und Beziehungen bereit hält, das Menschsein und eine positive Weltbeziehung ermöglicht.

Dynamische Stabilisierung und resonante Weltbeziehung.
Laudatio für den soziologischen Diagnostiker Hartmut Rosa

Dietmar Mieth

Erich Fromm hatte in seine Lehre vom sozialen Charakter zwischen einer „nicht produktiven" und einer „produktiven Orientierung" unterschieden. Die „nicht-produktive Orientierung" war für den Mitbegründer der Frankfurter Schule die „Entfremdung". Er betrachtete die Entfremdung also als einen inneren, seelischen Vorgang. Die Organisationen und Institutionen des Kapitalismus sah er dabei als strukturelle Verstärker der nicht-produktiven Orientierung. Er ging aber darüber hinaus, indem er die „Destruktivität" („human destructiveness") oder die „Nekrophilie", d.h. den „Hang zum Unlebendigen" bzw. die Mentalität des „Habens" zugleich als überhitzten Motor der nicht-produktiven Veränderung betrachtete. „Haben" entspricht dabei dem nicht-produktiven Besitzen- und Verschlingen-Wollen. Indem Fromm Freud, Marx und die hebräische Bibel als agnostischer Rabbi zusammenführte, fand er Sprachmuster für seine positive Gegen-Analyse der wahren Freiheit, der wahren Liebe, des guten Lebens und der wahren Wirklichkeit, die er „Sein" nannte.

Erich Fromm begeisterte als Autor eine breite Leserschaft, weil er es verstand, seine analytischen Überlegungen an die individuelle Suche nach dem gelingenden Leben heranzuführen. Mit dem sozial-analytischen Instrument „Sozial-Charakter" hatte er den Schlüssel für eine Verbindung von Struktur und Persönlichkeit in der Hand. Damit unterschied er sich von der negativen Dialektik, die Adorno als Schlüssel benutze, um zu zeigen, dass jede Negierung zugleich das Negierte weiter in sich enthielt. Für Adorno blieben dann nur noch Zwischenstücke, die er „Modelle" nannte, übrig. Rosa bezieht sich unmittelbar auf Erich Fromm, wenn er dessen Analyse der verlorenen Freiheit, des „Abgetrenntseins" und der damit verbundenen Angst als Kontrasterfahrung auf dem Weg zur Resonanztheorie kennzeichnet (567-573).

Hartmut Rosa ist ein Erbe und Verfechter der kritischen Theorie der Frankfurter Schule. Er beerbt dabei seinen Lehrer Axel Honneth in dem Projekt, eine positive Chiffre für die Relativierung der Entfremdung zu finden – bei Honneth ist dies „Anerkennung" –, und, indem er dieses Anliegen weiter verfolgt, löst er sich zugleich von ihm. Damit befindet er sich in einer Parallelbewegung zu Erich Fromm. Diese Parallele ist ihm in seinem Buch „Resonanz", das den Anlass für die heutige Preisverleihung bildet, durchaus bewusst.

Nun tritt in der breiten Leser-Rezeption von Fromm und von Rosa ein interessantes Phänomen auf: In beiden Fällen interessieren sich die christliche und die postchristliche Religiosität für die Bücher. Sie nehmen das analytische Programmwort ebenso auf wie die Ansätze zur Therapie. Sie suchen, wie es in einem Kommentar heißt, die „soteriologische ", d.h. heilbringende Komponente. Da wird dann aus der „dynamischen Stabilisierung", mit welcher Hartmut Rosa die „Beschleunigung" oder „Akzeleration" als Merkmal der Zeit charakterisiert, schnell ein von ihm explizit abgelehnter therapeutischer Weg zur „Entschleunigung", den man in neureligiösen Angeboten und in Manager-Seminaren umsetzen kann. Oder die Analyse der Entfremdung als Resonanzversagen, die Rosa vorlegt, wird zum Fanal der Resonanzverstärkung. Man kann nicht sagen, dass Hartmut Rosa nicht bemerkt und beabsichtigt hätte, dass man mit seinem neuen Schlüssel alte Türen wieder zu öffnen versucht. Er fragt ja selbst danach, wieweit er ein Diagnostiker und wieweit er bereits ein Therapeut geworden ist. Fromms Intentionen waren m. E. eindeutig sozialtherapeutisch ausgerichtet, und als Ethiker habe ich schon in den siebziger Jahren nach einer „sozialtherapeutischen Handlungswissenschaft" gesucht, die sich aus der Kritischen Theorie, dem Pragmatismus und der Prozessphilosophie ableiten ließe. Rosa betrachte ich in den folgenden Überlegungen als Diagnostiker, dessen Zurückhaltung in der Therapie ihn selbst davon bewahrt, ausschließlich entschleunigte oder resonante Nischen in der entfremdeten Kultur zu suchen – er nennt dies „Resonanzoasen" (35). Eine Ausnahme bildet freilich die Kunst. Das verbindet ihn dem Anliegen nach mit Adorno. Das aktuelle Jenaer soziologische Projekt, dass Hartmut Rosa leitet, hat die Möglichkeit von „Nachwachstumsgesellschaften" (vgl. 722 ff.) positiv im Blick. Aber gerade dies erfordert die Konzentration auf den tönenden Kräften abgelauschte Pausen im Tempo der Beschleunigung und in der Wüste der Entfremdung – Pausen im Tempo und Oasen in der Wüste.

Rosa benutzt für seine Analyse von „Welt" – als Summe aller naturalen und gesellschaftlichen Erfahrungen (vgl. 35) – das Wort „Beziehung". Seine „Soziologie der Weltbeziehung" lässt sich wiederum mit Erich Fromm vermitteln, denn dieser hatte in Bezug auf die Welt zwischen „Assimilation" und „Sozialisation" unterschieden, Assimilation im Verhältnis zu den Dingen, Sozialisation im Verhältnis zu den Menschen. Rosa sagt dazu:

> Die jeweilige Weltbeziehung lässt sich nicht über die Art der Tätigkeiten oder die Objektbereiche per se bestimmen, sondern nur über eine Analyse der jeweiligen Welthaltung und Welterfahrung. Ob es zur Ausbildung und Aufrechterhaltung konstitutiver Resonanzachsen kommt oder nicht, hängt zum Ersten von der (körperlichen, biographischen, emotionalen, psychischen und sozialen) Dispositionen des Subjekts, zum Zweiten von der institutionellen, kulturellen und kontextuellen sowie auch von der psychischen Konfiguration der jeweiligen Weltausschnitte, und zum Dritten von der Art der Beziehung zwischen diesen beiden ab. Selbst tendenziell lebensfeindliche Weltausschnitte wie ein Wüste, eine Schneelandschaft oder eine Tankstelle können unter bestimmten Bedingungen zu genuinen Resonanzoasen werden. Entfremdung im Sinne stummer, kalter, starrer oder scheiternder Weltbeziehungen ist dann das Ergebnis beschädigter Subjektivität, resonanzfeindlicher Sozial- und Objektfigurationen oder aber eines Missverhältnisses beziehungsweise eines fehlenden Passungsverhältnisses zwischen Subjekt und Weltausschnitt". (35 f.)

Damit versucht die von Rosa anvisierte Soziologie der Weltbeziehung das Problem von überzeitlichen Wesensaussagen, von „Essentialisierungen", zu überwinden.

Weltbeziehungen sind nach Rosa keine Beziehungen einer substantiellen Wesensnatur des Menschen zu einer „Welt" als dem ganz Anderen um uns herum, das unter dem Leitbegriff Welt = *mundus* in der christlichen Religion als etwas Gefährliches und u. U. Verwerfliches erscheint, sondern umgekehrt: die Beziehung bringt „Subjekte und Objekte" (36) mit hervor. Rosa steht also ganz gegen Josef Ratzingers „Entweltlichung" als Therapie gegen die Verweltlichung und damit auf dem Boden einer aufgeklärten, einer – dialektisch befangenen – Unbefangenheit gegenüber „Welt". Das „in der Welt Sein" im Sinne Heideggers wird hier zu einer komplexen Befindlichkeit ohne moralisierenden Unterton, freilich nicht unbefangen ein bejahendes Welt-Vergnügen, sondern in aller Komplexität eine Suche nach der beweglichen Achse, mit Hilfe derer man sein „Fahrzeug" hindurch steuern kann. Aber die „Verhältnisse", wie Brecht sagt, „die sind nicht so". Die „historisch realisierten Resonanzverhältnisse"

(369) müssen der Kritik unterzogen werden. Das ist das Erbe der Kritischen Theorie.

Die Subjektwirkung des Schwundes von Resonanzverhältnissen – ohne dass diese damit historisch nostalgisch in alter, restaurativer Form heraufbeschworen werden – stellt Rosa so dar:

> Spätmoderne Subjekte verlieren in demselben Maße die Welt als sprechendes und antwortendes gegenüber, wie sie ihre instrumentelle Reichweite vergrößern. Sie erfahren Selbstwirksamkeit nicht im Sinne eines resonanzsensiblen Erreichens, sondern im Sinne eines verdinglichten Beherrschens. (712)

Der individuell korrespondierende Begriff zur Beschleunigung als „dynamische Stabilisierung" ist die „Reichweitenvergrößerung". Diese ist anderen Typs als Goethes oder Humboldts Reichweitenvergrößerung durch Bildung. Denn Bildung geht langsam und ist durch Gedächtnisleistungen, wie sie im Sinne der heutigen Ausbildung gefordert werden, nicht zu erreichen. Die Figur „Anna", in Rosas einleitender Erzählung das typologische Muster der kontrafaktisch möglichen Resonanzerfahrung, würde, so meine ich, ein gutes Buch, in dem man mit dem Genuss der Sprache verweilen kann, langsam und geduldig und mit Gewinn lesen. Hannah hingegen, die beschleunigt geschädigte Figur, gäbe sich mit der durch Tempo gesteigerten Spannung und mit ihrer Auflösung zufrieden. Sie liest halt Krimis. Gesucht wird die schnelle Satisfaktion, nicht das die Lektüre Überdauernde (ein gutes Buch wie das von Hartmut Rosa kann einen freilich – über die Satisfaktion des Lesens hinaus – geschickt ins Überdauernde führen …).

Aber Rosa vollzieht die kritische Analyse, ohne mit allem aufzuräumen. Wenn Adorno gesagt hatte „was ist, kann nicht wahr sein", dann sieht Rosa mit Hölderlin auch die Nähe des „Rettenden in der Gefahr" (Hölderlin könnte er gut in seine Überlegungen einbeziehen). Wie könnte er sonst, wenn auch unter einer ganzen Reihe von Kautelen, von erreichbaren „Resonanzachsen" sprechen? Die schon erwähnte Erzählung von der glücklichen Anna und der unglücklichen Hannah am Anfang seines Buches, – eine Art narrativer Typologisierung, die Rosa als Erben Max Webers erweist –, zeigt, dass es gehen kann, aber nicht unbedingt gehen muss. Auch hier besteht eine Verbindung zu Erichs Fromms „produktiver Orientierung". Während Adornos den Löchern in der Bunkerdecke des Kapitalismus mühsam abgerungene „Modelle" mit sehr dünner Luft zurechtkommen müssen, sieht Rosa durchaus wahres Bewusstsein im Falschen. Er betreibt keine negative Metaphysik in Abbildung des alttestamentlichen Bilderverbotes und der negativen Theologie. Ist er deswegen, wie theologische Kommentare sagen, ein Romantiker, ein Utopist, der damit gleichsam ein Adoptivkind der Erlösungslehre ist und eine „soteriologische Soziologie" entfaltet?[1]

Es mag sein, dass ein solches Programmbuch stets in der Art der Rezipienten rezipiert wird (die scholastische Weisheit „Omnis quod recipitur, per modum recipientis recipitur"). Natürlich ist Rosa auch ein Romantiker, wie seine wunderbaren Ausflüge in die romantische Lyrik im Buche zeigen – er ist ja auch Germanist. Jemand, der romantische Musik hört, bringt damit etwas zum Ausdruck, sagen wir: eine Sehnsucht. Aber Rosa ist kein Opfer der lauschenden Sehnsucht. Er liebt auch Rockmusik, sogar Heavy Metal. Zu aktiv und offensiv betreibt er die Analyse der spätkapitalistischen Wirtschaft und Gesellschaft. Der Begriff „dynamische Stabilisierung" als Begriff für die erlebte Beschleunigung ist ein cool distanzierter analytischer Begriff. Er erhellt, wie durch das Tempo das Umfallen verhindert werden kann, ähnlich wie ein Zweirad, das bei Stillstand kippen würde. Das Tempo ist durch das Gesetz des ökonomischen Mithaltens in expansiver Form bedingt. Es ergibt sich aus der Steigerungslogik der Moderne, die vom dopingverdächtig olympischen „citius, altius, fortius" bis in die sog. „Boni" reicht (z. B. bei der deutschen Bank). Diese gibt es nur für ein Vorwärts. Ein Zurück, sofern es dies gibt, kann man bei der Gewährung von „Boni" vernachlässigen.

Natürlich wissen wir, dass der Fortschritt die Museen schneller füllt, so dass diese ebenfalls expansiv sein dürfen. Aber in der dynamischen Stabilisierung wird, wie Rosa mit Blumenberg feststellt (699 f.), zugleich Enttäuschung produziert. Man wird an Dorothee Sölles Wort erinnert: „Überflüssige Güter machen das Leben überflüssig." Aber man weiß gar nicht, welche Erwartungen man denn hätte haben müssen, um nicht enttäuscht zu werden – oder umgekehrt: um die Enttäuschung als Enttäuschung dieser Erwartungen verstehen zu können. Vermutlich werden in der Moderne die Erwartungen und Gefühle für die dynamische Stabilisierung passend gemacht und immer wieder nach vorne verlegt. Während im 19. Jahrhundert die Erwartungen für die armen Leute religiös nach oben verlegt wurden, so dass sie in „diesem Jammertal" zwar nichts zu erwarten hatten,

---

1 Vgl. dazu: Rainer Bucher, „Was erlöst? Die Theologie angesichts soziologischer (Welt)Frömmigkeit in spätkapitalistischen Zeiten", in: Tobias Kläden, Michael Schüßler (Hg.), *Zu schnell für Gott? Theologische Kontroversen zu Beschleunigung und Toleranz*, Quaestiones Disputatae 286, Freiburg/Br. u.a. 2017, S. 310-333.

aber dafür im Himmel ewigen Lohn erhalten konnten, wurden sie nachreligiös entschlossen nach vorne verlegt, aber da gibt es nun einmal ein Ende. Man kann die Erwartungen nach vorne, noch auf das Sterben ausdehnen, aber das ist eher ein teures Luxusgut.

Dynamische Stabilisierung ist in zwei Richtungen verdächtig: Sie kann ein Über-Pacing und ein damit verbundener Absturz sein, das sieht man an den Kollapsen des Kapitalismus. Sie kann das Leben der Beschleunigungs-Süchtigen, wie Erich Fromm sagen würde, „nekrophil" machen. Hitler, dessen psychische Anatomie Erich Fromm geliefert hat, war ein katastrophaler Beschleuniger einer nekrophilen Geschichte. Oder die erlebte Beschleunigung erzeugt, wie Hartmut Rosa an seiner Geschichte mit „Hannah" zeigt, dauernde Unglücksgefühle. Da ist dann nichts mehr gut und richtig, die „Welt" ist eine einzige „Kränkung" (699 f.) und „Burnout" lugt um die Ecke.

Dynamische Stabilisierung hat ihren Sinn darin, vor dem Umkippen zu bewahren. „Es geht immer weiter", kann man sogar im Fußball-Jargon hören. Im technischen Fortschritt ist davon die Rede, dass „eine Fahrradbremse" an der Rakete nichts ausrichten würde. Mit der – gegenüber der Technik-Ethik satirisch gemeinten – „Fahrradbremse" ist hier der Entschleunigungs-Mythos gemeint, der alles Vorwärts in eine langsamere Gangart zurückschalten möchte, die mehr Reflexion, mehr Besinnung erlaubt. Richtig daran ist: Was geschieht, sollte ja eigentlich überlegt sein. Aber ein „Vorwärts, wir müssen im gleichen Tempo zurück" ist eine begrenzte Option. Zum Beispiel: Elektrizität aus Windmühlen und von den Dächern zu gewinnen, ist immerhin eine Option, für die sich Menschen engagieren lassen. Aber ist das Tempo beizubehalten und durch Richtungswechsel zu lenken? Mir scheint, Hartmut Rosa betont eher die Widersprüchlichkeit einer Option, die in zwei Richtungen geht, etwa Flugreisen zu Kongressen über den Klimawandel.

Rosa ist – außer in seiner Lyrik und Musik-Rezeption – kein Romantiker, sondern arbeitet an einem wiederholbaren, iterativen Sinnprüfungsverfahren, oder, wie er selbst sagt, an einer möglichen „Metanorm" (vgl. 747 f.). Ein Normprüfungsverfahren dieser Art ist zunächst auf Sinn gerichtet, nicht auf Moral. Unter meinen früheren Mitarbeiterinnen im Bereich „Ethik in den Wissenschaften" stieß ich auf solche, die wie Rosa gern Gesa Lindemann zitierten (383 f.), um deutlich zu machen, dass die Produktion von Sinn sich nicht technisch reproduzieren und moralisch-normativ bewerten lässt. Sagte nicht Max Horkheimer: „Was wir Sinn nennen, wird verschwinden"?

Natürlich will ich als Ethiker nicht die Moral von Sinngehalten trennen. Aber Sinn hat m. E., wie gerade Rosa zeigt, etwas mit Resonanz zu tun, bzw. Sinnlosigkeit mit dem Fehlen von Resonanz. Hartmut Rosa eröffnet, ohne direkt in eine Sozialethik einzusteigen, Fragen, die dieser vorausliegen. Wie Rainer Funk in seinem Buch über Misslingen des Menschseins ohne Beachtung von Grenzen gezeigt hat, schafft die lineare „Reichweitenvergrößerung" nach Rosa auch moralische Probleme. Aber die Therapie in die Instanzen einer pluralitätsbesetzten und sozial überlappenden konsensuellen Ethikberatung zu verlegen, greift zu kurz (wie etwa bei der Suche nach einem ethischen Algorithmus für autonome Autos). Der, im Sinne von Habermas, „herrschaftsfreie" Diskurs löst die Frage nach dem Sinn nicht auf, weil er Interessen zwar plural akzeptiert und zusammenführt – aber das ist keine Garantie für sinnvolle Lösungen.

Dass die Sinnfrage auch religiös transzendierend gestellt wird, bringt die Soziologie im Sinne Rosas nicht um ihr eigenes Thema. Denn in Rosa Soziologie der Weltbeziehung wird der Sinn aus dem Filter der Gesellschaftsanalyse gewonnen, in welcher es nicht – wie bei Luhmann – um das Nachzeichnen des Funktionalismus geht, sondern um die Erfassung der Störungen des Ablaufes und der Fähigkeit der Beteiligten, ein gutes und gelingendes Leben zu führen. Resonanz ist m. E. ein Vorschlag, einen Sinnfilter in die Gesellschaftsanalyse einzuführen, der dabei hilft, falsche normative Fixierungen durch Interessensausgleich ebenso wie den Moralismus auszuschalten. Auch ein medialer Moralismus arbeitet mit einer ständigen Reichweitenvergrößerung. Moralismus bedeutet hier nicht Ethik, sondern eine Erörterung von sog. Peinlichkeiten, bei der die Kröten verschluckt und die Fliegen erschlagen werden.

Natürlich kann „Resonanz" auch falsch aufgefasst und implantiert werden.[2] Der Schein der Resonanz ist das „Entertainment". Ich habe diese Scheinwelt ebenso wie die Analyse der Digitalisierung in Hartmut Rosas Buch vermisst. Als „Entertainment"-Bedrängter fühle ich mich immer wieder geschädigt. Ständig wird hier die Reichweite vergrößert und als Erweiterung beworben. Wenn man dem folgen würde, wäre man bald besinnungslos und alles wäre irgendwie sinnlos.

Mit einer „Entertainment"-Schein-Resonanz hat Rosa nichts am Hut. Denn sie kann zwar alles mit allem in Beziehung setzen, Bedürfnisse aufspalten und spezifizieren, die grenzenlose Verfügbarkeit von allem simu-

---

2 Vgl. Armin Nassehi, *Vertraute Fremde, Eine Apologie der Weltfremdheit*, Hamburg 2016, S. 137-154, hier: S. 147.

lieren. Man verbringt viel Zeit damit, sich gegen die begleitenden Angebote zu wehren, mit denen die Apparate ausgestattet werden, die nicht zu verweigern sind. Die damit verkaufte und erkaufte Resonanz-Illusion wehrt Rosa ab, in dem er an 28 Stellen in seinem Buch die „Unverfügbarkeit" stark macht. Diese Pointierung der „Unverfügbarkeit" lässt die Kritik von Theologen – in dem Buch *Zu schnell für Gott?*, das ebenso hätte „Gottes Mühlen mahlen langsam" betitelt werden können –, Rosa habe keine Antwort auf das Böse und den Tod in der Welt, ins Leere laufen. Die freundlich-kritische Rezeption der Theologen greift die Ambivalenz des traditionellen theologischen Weltbegriffes („mundus") auf. Da ist der Mensch „*von* der Welt, aber nicht *in* der Welt". Rosa bleibt jedoch bei aller mit lyrischen Exempeln bestückten Emphase, die sein Buch so lesensfreundlich macht, bei den soziologischen Leisten. Er betrachtet Resonanz als eine Begrenzung von Autonomie im Sinne von selbstbestimmter Wahl oder als eine Neuverständigung über sie (314), etwa im Sinne seiner Ausführungen über den Eros als „Attraktion", die wiederum Erichs Fromm *Kunst des Liebens* begegnen können. Schleiermacher, Buber, James und Camus bestimmen (435 ff.) die Möglichkeit religiöser Erfahrung im Nachreligiösen. Der Umgang mit dem Bösen und mit dem Tod wartet noch auf Rosas eigene Entfaltung der Unverfügbakeit. Darum stiftet den expressiven Umgang mit dem Bösen und mit dem Tod nur noch die Kunst (vgl. „Die Kraft der Kunst", 472 ff.).

Rosas häufige Abgrenzung vom „Echo" als einem resonanten Phänomen besteht darauf, dass wir nicht bloß den „verstärkten Widerhall der eigenen Stimme hören, sondern dass es um die Begegnung mit einem *realen Anderen* geht, jenseits der eigenen Kontrolle und mit einer eigenen Stimme sprechend".[3] Nun ist „Echo" ein Motiv der religiösen Sprache, in welchem der Widerhall als ein Zeichen dafür verstanden wird, dass ein physisch erklärbares Phänomen über sich, d. h. über seine rein physikalische Bedeutung hinaus geführt wird. Diese Methode schöpft Rosa aus, indem er bei der Beschleunigungstheorie und bei der Resonanztheorie mit physikalischen Analogien arbeitet. In der allgemeinen Betrachtung der Weltbeziehung muss er sie m. E. im Hinblick auf Ähnlichkeit und Unähnlichkeit zugleich einsetzen, also eben analog. Rosa spricht von den „vibrierenden Drähten", und er kann damit Beziehungen in resonanter Form gut ausdrü-

---

3 Harmut Rosa, „Analyse, Diagnose, Therapie? Versuch einer kritischen Neubestimmun der spätmodernen Sozialformation", Colloquiums-Papier für das Max-Weber-Kolleg, aus dem Englischen von Niklas Angebauer, im Erscheinen.

cken, ja, mit diesem Bild das alte Wort für Beziehung „relatio" (im Mittelhochdeutschen „widertragunge") in der Sache lebendiger entstehen lassen. Rosa hat aber darin recht: Die Metapher aus der Physik sollte rückübersetzbar sein.

Mit meiner Laudatio möchte ich nicht nur ein Lob für die innovatorische Kraft von Rosas Ansatz ausdrücken. Soziologische Analysen haben selten so eine pointiert auf den Begriff gebrachte Form. Zugleich ist der Text sprachlich wunderbar ausgefeilt, und Rosa ist geduldig in der Erklärung seiner Perspektive. Wie Charles Taylor, über den er gearbeitet hat, ist Rosa ein großer Erklärer. Wenn man eine Frage hat, nimmt er sie auf. Er übernimmt gern die Rolle der Selbstverteidigung, d. h. wenn er Pfeile auf sich zieht, wird er besonders mobilisiert.

Das alles veranlasst mich zur Bewunderung. Zugleich steht hinter der Forschung über Weltbeziehung am Max-Weber-Kolleg an der Universität Erfurt, die er anleitet und leitet, und hinter dem auflagenstarken Buch eine Persönlichkeit, die auch in ihrer menschlichen Art preisverdächtig ist. In meiner Erinnerung schaue ich gelegentlich noch in Erich Fromms blaue Rabbi-Augen, die stets etwas zu klären schienen. Hartmut Rosa, ein so ganz anderer Typ aus dem Südschwarzwald, ist nicht nur ein umsichtiger und zugleich pointierter Denker, sondern auch ein vorzüglicher Kommunikator. Es ist zu erwarten und ihm zu wünschen, dass wir auf diesem Wege noch weitere kritische Aufklärung und den Entwurf einer Postwachstumsgesellschaft aus seiner Feder erfahren.[4]

---

4 Dieser Text wurde anlässlich der Verleihung des Erich Fromm Preises 2018 an Hartmut Rosa am 21. 2. 2018 im Hospitalhof in Stuttgart als Laudatio gehalten.

III
Replik

Zur Kritik und Weiterentwicklung des Resonanzkonzepts

Hartmut Rosa

Die zwölf hier versammelten Beiträge von Autorinnen und Autoren aus ganz unterschiedlichen disziplinären Hintergründen zur Diskussion um das Resonanzkonzept erfüllen aus meiner Sicht in geradezu paradigmatischer Weise die Kriterien dessen, was man sich unter einem resonanten wissenschaftlichen Austausch vorstellen kann: Sie alle ‚hören‘ mit für mich beeindruckender Feinheit und Genauigkeit auf das, was die Resonanztheorie sagen will, und sie hören dabei ganz Unterschiedliches – sehr verschiedene Ober- und Untertöne, könnte man vielleicht sagen – und sie antworten dann aus ihren jeweiligen Perspektiven – mit ihrer je eigenen Stimme – auf eine Weise, die nie in Repulsion umschlägt, sondern stets die intellektuelle Berührung in Form von Inspiration und die wechselseitige Transformation sucht und auch erreicht. Dafür bin ich zutiefst dankbar; die Lektüre der Überlegungen war für mich selbst eine ungemein inspirierende Erfahrung, die mein eigenes Denken über Resonanz in der Tat nachhaltig beeinflussen wird!

Auf die vielfältigen Überlegungen adäquat zu antworten ist nicht ganz einfach, oder vielmehr, es ist unmöglich, da ich den Beiträgen auf den wenigen mir hier verbleibenden Seiten nicht gerecht zu werden vermag. Ich will deshalb versuchen, die vorgebrachten Argumente so zusammenzuführen oder zu bündeln, dass sie sich in drei Themenblöcke fassen lassen, welche allesamt wichtige Problem- und Diskussionsbereiche des Resonanzkonzeptes indizieren. Diese drei Themenblöcke sind erstens der genaue Anspruch, die Bedeutung und die Grenzen des Resonanzkonzeptes in seiner begrifflichen Dimension, zweitens der Anspruch des ‚Normativen Monismus‘, d. h. die Frage, ob es so etwas wie eine Resonanzethik geben kann und vor allem, ob es nicht vermessen ist, darüber den alleinigen moralischen Maßstab gewinnen zu wollen. Drittens aber, und daran liegt mir sehr viel, gilt es die Frage zu klären, oder zumindest zu diskutieren, inwiefern der Resonanztheorie eine eschatologische oder soteriologische Idee zugrunde liegt, d. h., inwiefern die Modernediagnose, die um das Konzept der Beschleunigung bzw. der dynamischen Stabilisierung zentriert ist, auf einer versteckten geschichtsphilosophisch-,apokalyptischen' Annahme basiert und entsprechend (und vor allem) die Resonanztheorie ein Heilsversprechen darstellt bzw. eine Erlösungsvision ist. Bevor ich mich anhand der Beiträge dieses Buches nun der Diskussion dieser Fragen widmen will, möchte ich betonen, dass ich keinesfalls beanspruche, in irgendeinem Sinne Autorität darüber zu haben, was fortan Resonanz heißen soll und was nicht, oder wie der Begriff verwendet werden darf. Ich möchte das Konzept im Rahmen meiner eigenen Überlegungen so scharf und genau wie möglich fassen, aber selbstredend steht es anderen Autorinnen frei, den Begriff beispielsweise nur deskriptiv zu verwenden, also seines normativen Anspruchs zu entkleiden,[1] oder nur in der horizontalen Dimension, also als inter-subjektive Beziehung anzulegen etc.

Dies aber führt bereits mitten hinein in den ersten Themenkomplex, d. h. die Frage danach, was genau Resonanz *ist*. Hilge Landwehrs Vorschlag, drei Bedeutungsschichten zu unterscheiden, nämlich einen phänomenologisch-deskriptiven, einen normativ-dialogischen und einen normativ-sozialtheoretischen Begriff von Resonanz, scheint mir hierfür einen brauchbaren Ausgangspunkt zu liefern, der meinen eigenen, im einleitenden Papier skizzierten Versuch, Resonanz durch die Unterscheidung von vier Basiselementen – Affizierung, Selbstwirksamkeit, Transformation und Unverfügbarkeit – begrifflich scharf zu fassen, durch die Einbeziehung gleichsam der ‚Interventionsdimensionen' sinnvoll ergänzt. Verblüffenderweise scheint es mir jedoch in keiner dieser Hinsichten plausibel, das Resonanzkonzept unter die Produktion von *Wissen* zu rubrizieren und mit ihm einen *Machtanspruch auf Wahrheit* (geschweige denn einen Anspruch auf „wahres Wissen über Afrika") zu erheben, wie Rose Marie Beck dies in ihrem Beitrag nahelegt. Es mag durchaus sein, dass hier Selbsttäuschung im Spiel ist, aber ich verstehe meine eigene Arbeit im Sinne dessen, was Charles Taylor als das methodische Prinzip des ‚best account' beschrieben hat:[2] Ich versuche eine Erfahrung und mit ihr verknüpfte Beobachtungen mit Hilfe des Resonanzbegriffs (und flankierender Konzepte wie des Entfremdungsbegriffs) zu beschreiben und zu deuten,

---

1 So z.B. Rainer Mühlhoff, *Immersive Macht. Affekttheorie nach Spinoza und Foucault*, Frankfurt/M. u.a. 2018.
2 Charles Taylor, *Sources of the Self. The Making of the Modern Identity*, Cambridge/Mass 1989, S. 58f, 68ff, 99, 106, 257; dazu ausführlich: Hartmut Rosa, *Identität und kulturelle Praxis*, Frankfurt/M. u. a. 1998, S. 73-78.

um sie mir selbst und vielleicht anderen verstehbar zu machen. Diesen Deutungsvorschlag verstehe ich dann (durchaus selbst im Sinne des Resonanzkonzeptes) als Dialogangebot an alle, die sich dafür interessieren: *Trifft diese Beschreibung auch Deine Erfahrung? Scheint sie Dir richtig? Kann man es anders oder besser fassen? Fehlt etwas? Hast Du andere Erfahrungen, Beobachtungen oder Deutungen?* Und Auseinandersetzungen, wie wir sie in diesem Buch führen, haben dann zur Konsequenz, dass sich der Resonanzbegriff (und das Entfremdungskonzept) verändern und vielleicht auch die Erfahrungen selbst. Ist das Machtpolitik? Ich verstehe, dass die akademische, mit einem Professorentitel sanktionierte Autorisierung, Bücher zu schreiben und gelesen zu werden und auf diese Weise *Gehör zu finden*, möglicherweise zur Folge hat, oder es begünstigt, dass meine *natürlich* kulturell und sozialstrukturell situierte und ‚gefärbte' Sicht und Erfahrungsweise sich diskursiv verbreitet und vielleicht sogar durchsetzt und andere Erfahrungen oder Existenzweisen darin nicht oder nicht ausreichend oder adäquat repräsentiert sind. Aber ich sehe keinen anderen Weg, dies zu korrigieren, als den, die Theorie selbst resonanzoffen zu halten, und ich habe ebendies schon in meinem Buch versucht: Welche Modi der Weltbeziehung sind denkbar? Wie *fühlt es sich an*, in anderen Kulturen oder an anderen Positionen in die Welt gestellt zu sein; welche von mir noch nicht einmal geahnten Formen von Resonanz und Entfremdung gibt es, welche Resonanzsphären und Entfremdungserfahrungen kennen und erleben, und oft genug: erleiden, Menschen in anderen Kontexten, und mehr noch: Welche Formen des In-der-Welt-Seins gibt es, oder gibt es möglicherweise, die sich in dieser Begrifflichkeit eben *nicht* fassen lassen? Der Hinweis Becks, dass meine eigene Theorie kulturell und sozialstrukturell situiert ist, scheint mir demgegenüber eine a priorische Wahrheit zu sein: Es gibt keinen ‚account from nowhere', und für die Behauptung, wer Begriffe verwende übe immer schon Macht aus, trifft das Nämliche zu: Wer solche Machtausübung vermeiden will, sollte das Feld der Wissenschaft meiden, oder mehr noch: er oder sie muss letztlich zu handeln aufhören, denn jede Form des Handelns ist von Machtstrukturen durchdrungen und zeitigt Machtwirkungen. Der pauschale Vorwurf, *das Resonanzkonzept ist von einem alternden weißen Mann formuliert worden, also muss es koloniale Machtansprüche transportieren*, scheint mir letztlich nicht nur unfruchtbar für jede Diskussion zu sein, sondern performativ auch das Gegenteil dessen zu tun, was Rose Marie Beck zu unternehmen beansprucht: Wenn ich sie nicht missverstehe versucht sie gar nicht, das Resonanzkonzept mit den oder „durch die Augen Afrikas zu sehen", wie sie in ihrem Text mehrfach behauptet, sondern sie liest es mit den Augen von ganz überwiegend an europäisch-nordamerikanischen Universitäten entwickelten postkolonialen Theorien, mit deren Hilfe oft genug westliche oder westlich geschulte und gebildete Wissenschaftler und Wissenschaftlerinnen Distinktionsgewinne gegenüber ihren Kollegen und Kolleginnen zu erzielen versuchen. Ich schreibe das nicht in polemischer Absicht, sondern nur zu dem Zweck, deutlich zu machen wie verzwickt nach meinem Verständnis das Problem der Machtdurchwirktheit wissenschaftlichen Arbeitens ist. Aber es irritiert mich in der Tat, oder ich finde es bedauerlich, dass Beck kein einziges Beispiel für Erfahrungen oder Phänomene diskutiert oder präsentiert, welche eine Modifikation des Resonanzkonzeptes nahelegten, obwohl überhaupt kein Zweifel daran bestehen kann, dass gerade die Afrikawissenschaften bzw. afrikanische Wissenschaften oder andere Formen von auf dem afrikanischen Kontinent erzählten oder zu erzählenden ‚best accounts' ebensolche Erfahrungen und Phänomene in großer Zahl zu liefern vermöchten. Ich bin ganz sicher und stimme darin mit Rose Marie Beck überein, dass mein Ansatz der (vielleicht sogar radikalen) Transformation bedarf durch die Begegnung mit Erfahrungen, die Menschen in kolonialen, neo- oder postkolonialen Zusammenhängen realiter machen. Eine Afrikawissenschaft, die sich jedoch darauf beschränkt, europäische Soziologie einfach deshalb für illegitim zu erklären, weil sie in Europa formuliert wurde, braucht sich nicht zu wundern, wenn sie bei jener keine ‚transformative Anverwandlung' beobachtet: Sie macht nämlich selbst kein Resonanzangebot, sondern beschränkt sich auf Repulsion.

Für die Weiterentwicklung des Resonanzkonzeptes interessant und fruchtbar scheint mir Hilge Landwehrs Vorschlag zu sein, zwischen ‚einpoliger' und ‚zweipoliger' Resonanz zu unterscheiden. Das von mir formulierte Resonanzkonzept, so lautet ihr Einwand, geht davon aus, dass Resonanz ‚zweipolig' ist, dass also Impulse und Sensibilitäten auf zwei Seiten, paradigmatisch: bei zwei miteinander interagierenden Subjekten, zu beobachten sind. Beide Seiten oder Pole sind aktiv (oder selbstwirksam) und passiv-rezeptiv zugleich, wofür das Gespräch gleichsam die Blaupause liefert. Oft aber, so Landwehrs gut begründete These, scheint sich Resonanz auf einen einzigen Pol hin auszurichten bzw. von einem Pol auszugehen. Das paradigmatische Beispiel dafür wäre etwa der rhythmische Schlag einer Trommel (als dem impulsgebenden Pol), auf den hin sich viele Tanzende oder Marschierende ausrichten oder (leiblich) synchronisieren. In ähnlicher Weise könne etwa auch eine Dirigentin oder eine Partitur als Pol fungieren, der leibliche Resonanzen in Form von Synchronisierung erzeuge. Ich halte diesen Vorschlag für überaus bedenkenswert, gleichwohl bin ich (noch) nicht bereit, ihm zu folgen. Denn die bloße Synchronisation von Bewegungen, wie sie beispielsweise auch an Fließbändern bzw. in anderen Zusammenhängen maschineller Produktion oder sogar durch die gemeinsame Orientierung an einer Uhr erzeugt wird, löst meines Erachtens keine Resonanzerfahrung aus und lässt sich auch kaum als Resonanz beschreiben. Stattdessen wird der Tanz, das Marschieren, das Singen oder das Musizieren im Orchester, die Landwehr als Evidenzen heranzieht, erst dann und dort zu einem Resonanzphänomen, wo die Leiber oder Stimmen ‚einander finden', wo sie aufeinander reagieren und eingehen; wo die Beteiligten sich *selbstwirksam* affizieren und verbunden fühlen. Und damit haben wir es dann doch wieder mit zwei oder mehreren Polen zu tun. Ich bin davon überzeugt, dass bei den genannten Beispielen das Resonanzerleben auf der Erfahrung beruht, oder in ihr wurzelt, dass die Beteiligten sich wechselseitig erreichen und berühren (erste zweipolige bzw. vielpolige Resonanz) und sich zugleich auch auf ebendiese Weise mit dem Musikstück oder der Dirigentin verbunden fühlen (zweite zweipolige Resonanz): Wie das Musikstück klingt, und wie die Dirigentin dirigiert, hängt auch von den Musizierenden ab. Eine Dirigentin, die nicht auf das Orchester reagiert und ‚antwortet', befindet sich ganz gewiss *nicht* in Resonanz mit dem Orchester. Und ich glaube darüber hinaus, dass Landwehr sich irrt, wenn sie meint, dass hier keine *Widerständigkeit* im Spiel sei: „Resonanz, die Widerspruch verlangt, kann es tatsächlich nur in kooperativen menschlichen Beziehungen geben, d. h. sie ist auf die [...] horizontale Resonanzachse beschränkt". Ganz im Gegensatz dazu meine ich, dass eine Gruppe musizierender Resonanz nur dann und solange erfährt, wie das Musikstück gleichsam ‚Widerstand' leistet, wie es sich nicht völlig beherrschen lässt, wie es Schwierigkeiten macht und jedes Mal ein wenig anders klingt, so lange es die Musizierenden immer wieder zu überraschen vermag. Zeugnis davon legen die vielen Aussagen von Musikern ab, sie könnten ein bestimmtes Stück nicht mehr spielen, weil es zur reinen Routine geworden sei. Dennoch scheint mir Landwehrs Einwand, meine Betonung der Wichtigkeit und Notwendigkeit von ‚Widerspruch' für Resonanzbeziehungen sei möglicherweise einem intellektualistisch-akademischen Habitus geschuldet, nicht so einfach vom Tisch zu wischen: Tatsächlich gibt es gute Gründe dafür, Momente völliger Übereinstimmung bzw. des Gleichklangs als Resonanzmomente zu akzeptieren und nicht einfach als Echo zu rubrizieren. Allerdings scheint mir auch hier die Resonanzqualität darauf zu beruhen, dass sich der Gleichklang nur temporär und vor dem Hintergrund von erfahrener Dissonanz oder Widerspruch herstellt, dass er also vom Bewusstsein seiner Prekarität getragen ist. Deshalb bin ich auch durchaus nicht der Auffassung (und habe das auch in meinem Buch an keiner Stelle nahegelegt), dass Massenphänomene *per se* reine Echo- oder gar Entfremdungsphänomene sein müssten.

Diese Überlegung liefert vielleicht auch eine Antwort auf die ‚unbehagliche Alternative', vor der mich Holmer Steinfath stehen sieht, wenn er fragt, wie ich starke Einheitserfahrungen und die Sehnsucht nach ihnen interpretieren könne: Entweder, meint er, akzeptiere ich sie als Resonanzerfahrungen, dann wäre der Resonanzbegriff distinktionsarm, weil er sehr heterogene Phänomene umfasse, oder aber ich rubriziere sie unter Entfremdung, dann verlöre der Resonanzbegriff massiv an Erklärungskraft. Tatsächlich aber meine ich, dass es just der Resonanzbegriff ist, der Massen- und Einheitserfahrungen zu unterscheiden erlaubt: Erfahre ich einen Moment des Gleichklangs im Bewusstsein der Individualität meiner eigenen und der anderen Stimmen, d. h. ihrer prinzipiellen Differenz sowie der Unverfügbarkeit der Einheitserfahrung, dann handelt es sich um eine intensive Resonanzerfahrung, sei es auf einer politischen Demonstration oder im Fußballstadion. Imaginiere ich jedoch die *prinzipielle* Fusion meiner eigenen Stimme mit der Masse und die (völlige) Auslöschung der Differenz, so dass es nur noch eine Stimme gibt, dann befinde ich mich *in der Tat in einem Zustand der Entfremdung,* der etwa dort augenfällig wird, wo Donald Trump auf dem Höhepunkt seiner *Acceptance Speech,* mit der er die Kandidatur für die Präsidentschaft annahm, seinen jubelnden Anhängern zuruft – nicht: *Ich gebe Euch eine Stimme,* oder: *Ich gebe Euch Eure Stimme zurück,* sondern: „I *am* your voice!"

Als notorisch schwierig erweist sich in der Diskussion der der Resonanztheorie zugrundeliegende Subjektbegriff: Wo der Ansatz phänomenologisch argumentiert, geht er offensichtlich von einem handelnden und erfahrenden Subjekt aus. Nichtsdestotrotz ist er definitorisch (d. h. im Blick auf die oben genannten vier Momente der Affizierung, Selbstwirksamkeit, Transformation und Unverfügbarkeit) so angelegt, dass sich Resonanzen zwischen Entitäten aller Art ereignen können, also etwa auch zwischen Planeten oder Atomen oder Steinen etc. In jedem Fall aber zielt die Soziologie der Weltbeziehung darauf ab, den Subjektivismus der abendländischen Philosophie ebenso wie die cartesianische Subjekt-Objekt Trennung zu überwinden, indem sie Resonanz als ontologischen Grundbegriff nicht als (emotionalen) Zustand im Subjekt verortet, sondern als dynamische Beziehung zwischen Entitäten, aus denen Subjekt und Objekt erst hervorgehen. Dies gilt für beide der etwa von Steinfath unterschiedenen Ebenen, d. h. für die ontologische Ebene der ‚Daseinsanalyse' wie für die ethische Ebene der Frage nach dem gelingenden Leben. Im Blick auf erstere ergibt sich daraus so etwas wie eine ‚relationale Ontologie', die davon ausgeht, dass Subjekt und Welt (bzw. alle Entitäten, die *erscheinen* können) ihre Form – oder ihre ontische Realität – erst aus der Bezogenheit gewinnen bzw. dass Beziehung und Bezogenes zumindest gleichursprünglich und letztlich nicht trennbar sind. Daher der Untertitel meines Buches: Soziologie der Weltbeziehung. Im Blick auf das gute Leben aber bedeutet dies, dass Resonanz nicht einfach einen glücklichen Zustand des Subjekts (Glück) meinen kann, sondern ebenfalls eine Form der Beziehung beschreibt. Das Leben gelingt, wenn die Qualität der (Welt-)Beziehungen von einer bestimmten Art ist. Diese Art lässt sich als bidirektional-dynamisch, prinzipiell symmetrisch und wechselseitig transformativ beschreiben. Deshalb führt das Resonanzkonzept, wie Hille Haker konstatiert, zu einer Dezentrierung des Subjekts, „ohne es [...] in der ironischen Haltung der Dekonstruktion aufzulösen". Wie man zu der Auffassung gelangen kann, Resonanz bleibe „subjektzentriert [...] indem Welt als passive Ressource der Anverwandlung [festgeschrieben] wird",[3] bleibt mir daher schleierhaft. Wie Charles Taylor in seinem ebenso scharfsinnigen wie sympathetischen Beitrag herausstellt, zielt das Resonanzkonzept gerade darauf ab, die aktive, handelnde, aneignende, autonomie-orientierte Seite des westlich-modernen Subjektbegriffs (und die daraus hervorgehenden sozialen und politischen Folgen) durch die Betonung der Relevanz und Notwendigkeit der ‚passiven', rezeptiven, pathischen und em-pathischen Seite menschlichen In-der-Welt-Seins (die ich mit den Begriffen der Affizierung und des Angerufen-Werdens zu fassen versucht habe) zu korrigieren. Die Betonung liegt daher auf „pathein, rather than prattein", wie Taylor es treffend bündelt. Daraus entsteht freilich die Gefahr, Resonanz nur als Gegenbegriff zur ‚Agency' zu konzipieren, sie nur über die Momente der Offenheit und des Berührtwerdens zu verstehen. Dieser Gefahr erlie-

---

3 Rose Marie Beck in diesem Band und Katharina Hoppe in ihrem Beitrag „The World Kicks Back. Hartmut Rosas Soziologie der Weltbeziehung als ‚material turn' der Kritischen Theorie?" In: Christian Helge Peters und Peter Schulz (Hg.), *Resonanzen und Dissonanzen. Hartmut Rosas kritische Theorie in der Diskussion*, Bielefeld 2017, S. 159-175, hier S. 168.

gen nach meinem Verständnis einige Autorinnen und Autoren dieses Bandes. Sie übersehen dann, dass die Erfahrung der *Selbstwirksamkeit*, des selbstwirksamen (und das heißt auch: *handelnden*) Verbundenseins mit der Welt ebenso essentiell für die Definition einer Resonanzbeziehung ist wie die Affizierung. Das Missverständnis, Resonanz nur ‚pathisch' und ohne Selbstwirksamkeit zu denken, zeigt sich etwa in Hilge Landwehrs Konzeption einpoliger Resonanz oder in Holmer Steinfaths Versuch, Resonanz mit ‚Attunement' im Sinne Daniel Haybrons gleichzusetzen und ihr dann das „vitale Engagiertsein" als *weitere Dimension* entgegenzusetzen. Ganz ähnlich verfährt auch Hille Haker, wenn sie Resonanz als Attunement im Sinne Jessica Benjamins interpretiert und ihr dann gleich drei weitere Dimensionen entgegensetzt, welche aus meiner Sicht im Resonanzkonzept selbst aufgehoben sind. Dies gilt insbesondere für das Moment der Differenz und Widerständigkeit, das für den Resonanzbegriff schlechterdings unhintergehbar ist. Ich werde hierauf gleich zurückkommen.

Eine für mich selbst ebenso spannende wie offene Frage ist es, ob das Resonanzkonzept als Konzeption menschlichen In-der-Welt-Seins einen universalen Anspruch erheben kann oder eben nur ein spezifisches *modernes* Weltverhältnis beschreibt. Mehrere Beiträge thematisieren diese Frage, sie stellt sich, wie Christoph Hübenthal zeigt, zugleich aus einer phylogenetischen wie aus einer ontogenetischen Perspektive: Zum Ersten ist es unklar, in welcher Weise Subjekte immer schon ‚geschlossen' sind, das heißt sich als der Welt gegenüber autonom, mit eigener Stimme sprechend, begreifen müssen, um resonanzfähig zu sein. Wenn Charles Taylors Deutung, dass viele vor- oder nicht-moderne Subjektformen sich eher als ‚porös' mit der Welt verbunden begreifen lassen, während das Spezifikum des westlich-modernen Subjekts darin besteht, dass es sich als ‚abgepuffert' (buffered) oder abgeschottet, also geschlossen, begreift, dann gehen mit porösen Subjektformen, in denen sich Welt und Selbst vielfältig dynamisch durchdringen, vielleicht Weltbeziehungen einher, die mit dem Gegensatzpaar von Resonanz und Entfremdung nicht zu fassen sind. Hübenthal stellt diese Frage in den Mittelpunkt seiner Überlegungen und kommt zu dem Ergebnis, dass zumindest rudimentäre Momente der Schließung – jedenfalls in der christlichen Tradition – weit älter sind als die Moderne. Die (damit verknüpfte) ontogenetische Frage danach, ob in der Entwicklung eines Kindes die Subjektwerdung Resonanzfähigkeit voraussetzt oder ob umgekehrt erst das entwickelte Subjekt, das zu einer ‚eigenen Stimme' gefunden hat, resonanzfähig ist, wird von Hübenthal zu

Recht als Unschärfe meines Buches identifiziert. Tatsächlich scheint sie mir über eine (im Detail noch zu leistende) Differenzierung verschiedener Ebenen zu beantworten: Ähnlich wie die basale Sprach- oder Kommunikationsfähigkeit eine menschliche Grundfähigkeit ist, die sich zeigt und die relevant wird lange bevor ein Kind selbst sprechen und eine spezifische Sprache verstehen kann, sind vielleicht schon Embryonen, auf jeden Fall aber Säuglinge und Kleinkinder – lange bevor sie Sprach- und Vernunftwesen sind – ‚Resonanzwesen', sie gewinnen, wie ich in meinem Buch ausführlich zu zeigen versucht habe, ein Ich-Bewusstsein und ein Selbstgefühl aus Resonanzprozessen.[4] Dies bedeutet, dass sie auf eine metaphorische, rudimentäre Weise *immer schon* über so etwas wie eine eigene Stimme verfügen, die Wirksamkeit (etwa im Schreien des Kindes) entfalten kann. Eine auch in den kognitiven und evaluativen Dimensionen entwickelte eigenständige Stimme entwickeln Kinder jedoch (ähnlich wie ihre Sprachfähigkeit) erst viel später, hier mag, wie ich ebenfalls zu zeigen versucht habe, der Phase der Pubertät für die Etablierung von Resonanzachsen eine entscheidende Bedeutung zukommen. Das bedeutet, dass basale Resonanzfähigkeit eine menschliche Grundeigenschaft ist, dass sich aber ihre je spezifischen Formen, Ausprägungen und Differenzierungen individual- und kulturhistorisch entwickeln und unterscheiden.

In diesem Zusammenhang stellt sich auch die Frage nach dem Verhältnis von Resonanz und Sinn, das sowohl von Dietmar Mieth als auch von Jean-Pierre Wils auf aufschlussreiche Weise thematisiert wird. Beide Autoren verweisen zu Recht darauf, dass Resonanzlosigkeit als Sinnlosigkeit erfahren wird. ‚Es ist alles so sinnlos!' scheint mir der passende exklamatorische Ausdruck für die Feststellung, dass ein Subjekt sich von nichts ‚angerufen' und nicht als selbstwirksam verbunden fühlt. Umgekehrt bedeutet dies jedoch nicht, dass Resonanz eine kognitive Deutungs-Kategorie wäre, die der Welt Sinn zu verleihen vermöchte. Diese Unschärfe liegt meines Erachtens (wie auch Mieth deutlich macht) eher im Sinn- als im Resonanzbegriff begründet: Sein Leben als ‚sinnvoll' zu erfahren bedeutet nicht, über befriedigende Kategorien der Weltdeutung oder ein kohärentes Weltbild zu verfügen; die „Produktion von Sinn", wie Mieth schreibt, ereignet sich dort, *wo Resonanzdrähte zu vibrieren beginnen*. Ob sich darüber ein ‚Sinnprüfungsverfahren' im Sinne eines ‚Normprüfungsverfahrens' gewinnen lässt, scheint mir allerdings noch fraglich. Wils wirft an

---

4 Hartmut Rosa, *Resonanz. Eine Soziologie der Weltbeziehung*, Berlin 2016, 68f, 216f, 257, 293f.

dieser Stelle (mit Blumenberg) die Frage auf, ob nicht ein *Zuviel an Resonanz* ein *Zuviel an Sinn* geben könne, so dass es auf die richtige Dosierung von Resonanz ankäme: Zu viel Resonanz wäre dann dem gelingenden Leben ebenso abträglich wie zu wenig Resonanz. Ganz ähnliche Überlegungen stellt dazu auch Holmer Steinfath in seinem Beitrag an. Ich verstehe dies so, dass eine Welt, in der wir von allem affiziert werden und in der alles zu sprechen, zu singen und zu wispern scheint, durchaus nicht als Versprechen, sondern eher als Drohung erscheint. Tatsächlich gibt es Formen der Psychose oder des Wahnsinns, denen ebendiese Welterfahrung eignet. Meines Erachtens liegt die Natur des Problems, oder der Drohung, hier aber nicht in einem *Zuviel an Resonanz*, sondern in einer einseitigen oder *halbseitigen* Resonanz: Wenn *alles* spricht und wispert verliert das Subjekt seine eigene Stimme, dann kann es sich selbst nicht mehr hören, dann wird es unfähig, zu antworten. Dann erlebt es sich als überwältigt von einem tosenden Meer von Anrufungen, auf das es nicht mehr selbstwirksam zu reagieren vermag. Dies konstituiert einen Zustand des Selbstverlustes – und stellt eben deshalb *keinen Resonanzzustand dar.* Das ist einer der Gründe dafür, wieso ich in meinem Buch ein ‚Recht auf Resonanzverweigerung' postuliert habe.

Das Moment der *Unverfügbarkeit*, das insbesondere für meine Kritik an der spätmodernen gesellschaftlichen Wirklichkeit, die sowohl kulturell als auch strukturell auf die unablässige Steigerung des Verfügbarmachens von Welt hin angelegt ist, von zentraler Bedeutung ist (weshalb es, sich, wie Dietmar Mieth konstatiert, gleich an 28 Stellen des Resonanz-Buches affirmiert findet), wird in den vorliegenden Beiträgen eher selten thematisiert. Explizit stellt es allerdings Alfons Maurer in den Mittelpunkt seiner Überlegungen zum Einsatz digitaler Technik in der Altenhilfe: Seine ‚Anwendungsstudie', welche die Tauglichkeit des Resonanzkonzeptes für die Beschreibung ebenso wie die normative Beurteilung aktueller Veränderungstendenzen im Pflegebetrieb prüfen möchte, lässt dabei auf empirisch reichhaltige Weise genau das deutlich werden, worum es mir in der Kritik des verfügenden Weltzugriffs geht. Zentral dafür ist schon Maurers Ausgangsbeobachtung, dass Pflegekräfte von einer progressiven Verschiebung ihres *Aufmerksamkeitsfokus* berichten. In der Interaktion zwischen Pflegenden und Gepflegten begegnen sich kaum mehr zwei unverwechselbare Individuen, die mit ‚je eigener Stimme sprechen', sondern die Pflegenden fokussieren auf eine stetig wachsende Zahl von messbaren, dokumentierbaren und vor allem optimierbaren Parametern: Wie ist der Blutdruck? Die Ausscheidungen? Die Medikamentendosierung? Wie lange dauert welcher Pflegevorgang? Welche Kategorie von Versicherungsleistung betrifft sie? Wie können und müssen Pflegeleistungen abgerechnet werden? Welcher Qualifikation bedarf die Fachkraft für welchen Vorgang? In welches Dokument muss welcher Parameter eingetragen werden, usw. Ärzte und Pflegekräfte haben es mit Dokumenten, Parametern und Bildschirmen zu tun, mit denen sie unter stetigem Zeitdruck kämpfen, und sie versuchen, ihre Verrichtungen zeitlich, ökonomisch, technisch und medizinisch zu optimieren. Und weil umgekehrt auch die Patienten bzw. zu Pflegenden ‚optimale Versorgung' erwarten (und weil ihnen solche versprochen wird), spielt es im Grunde keine Rolle, *wer* sie pflegt oder versorgt: Die erbrachten Dienstleistungen sollten in allen Hinsichten (parametrisch) optimiert sein, da bleibt schon *konzeptuell* kein Raum mehr für eine ‚individuelle Stimme' des Pflegenden. Diese Optimierungs- und Steigerungslogik wird weder durch Prozesse der Digitalisierung verursacht noch durch sie erzwungen, sondern nur durch sie begünstigt und zum Teil ermöglicht. Wie Maurer schreibt, kann Technik auch durchaus anders, d. h. resonanzsensibel eingesetzt werden. Allerdings kann sie meines Erachtens nicht selbst resonanzsensibel, oder jedenfalls nicht resonanzfähig, *sein*: Es ist durchaus denkbar, dass die parametrisch optimale Pflegeleistung in Zukunft von Robotern erbracht wird. Was würde fehlen? Die Begegnung zweier unabhängiger, eigenständiger, resonanzfähiger Stimmen. Die Differenz lässt sich gedankenexperimentell am Unterschied zwischen einer Roboterkatze und einer ‚richtigen' Katze verdeutlichen. Es fühlt sich anders an, eine lebendige Katze zu streicheln. Warum? Weil ihr das Moment der Unverfügbarkeit, der ‚eigenen Stimme' innewohnt: Meistens schnurrt sie und lässt sich kraulen, aber manchmal verweigert sie sich auch und gelegentlich faucht und kratzt sie sogar, ohne dass sich die Reaktion vorhersagen ließe. Eine einfache Roboterkatze dagegen schnurrt vorhersagbar immer. Natürlich ließe sich leicht ein Zufallsgenerator einbauen, der dafür sorgt, dass sie gelegentlich faucht oder sich entzieht. Aber es wäre für den, der weiß, dass er einen Roboter streichelt, nicht das Gleiche: Ihm oder Ihr begegnet keine eigenständige Stimme, keine unabhängige Quelle, die ‚etwas zu sagen hat' und die uns als sprechendes Gegenüber etwas angeht, sondern nur ein ‚stummer' Prozessor. Es liegt tatsächlich nahe, hier im Blick auf die randomisierte Unverfügbarkeit den Begriff des ‚Sinnlosen' einzuführen.

Maurer legt deshalb nahe, dass sich der Begriff der Resonanz in der Tat als normatives Kriterium für die Qualität von Pflegediensten eignet. Damit aber sind wir beim zweiten Themenkomplex, dem des normativen Anspruchs der Resonanztheorie. Dieser Anspruch stößt in der Diskussion, wie auch die hier versammelten Beiträge deutlich machen, auf vielfältige Kritik und starke Bedenken. Dabei lassen sich ein *schwacher* und ein *starker* normativer Anspruch unterscheiden. Im Blick auf den ersten ist es durchaus nicht selbstevident, dass Resonanz überhaupt ein normatives Kriterium sein soll. Phänomenologisch-deskriptiv, um in Hilge Landweers Begrifflichkeit zu reden, lassen sich Resonanzbeziehungen und Resonanzsehnsüchte durchaus beobachten und identifizieren, aber ob solche Resonanzen gut oder schlecht sind, ist damit per se noch in keiner Weise präjudiziert, es bedarf einer zusätzlichen Begründung über eine Konzeption des gelingenden Lebens. Zwar habe ich versucht, eine solche Theorie zu liefern, nach der das menschliche Leben dann gelingt – ich spreche lieber vom *gelingenden* als vom *guten* Leben, um den dynamisch-prozesshaften (Beziehungs-)Charakter des normativ Ausgezeichneten zu betonen – wenn dieses Leben über stabile Resonanzachsen in allen drei Dimensionen (der sozialen/horizontalen, der materialen/diagonalen und der existentiellen/vertikalen) mit der Welt verbunden ist, wenn es also durch soziale Resonanzbeziehungen zu anderen Menschen, durch materiale Resonanzen mit der stofflich-dinglichen Welt und durch existentielle Resonanz mit dem, was als letzte oder umgreifende Realität erfahren wird (das kann etwa die Natur, das Leben, die Welt, das Universum, die Geschichte oder Gott sein) gekennzeichnet ist. In diesem Sinne ist die Resonanztheorie nach meiner Auffassung – anders als Holmer Steinfath vermutet – als eine ‚holistische' und nicht als eine additive Konzeption des guten Lebens zu verstehen. Aber man kann diese normative Konzeption ablehnen und dennoch Resonanz als soziales Phänomen akzeptieren: dann weist man selbst den schwachen normativen Anspruch der Resonanztheorie zurück. Die Autorinnen und Autoren dieses Buches akzeptieren jedoch, soweit ich sehen kann, die schwache normative Konzeption von Resonanz weitgehend, weisen jedoch (vielleicht mit Ausnahme von Dietmar Mieth) den darüberhinausgehenden *starken* Anspruch, den ich im Begriff des *normativen Monismus* zu fassen versucht habe, mehr oder minder entschieden zurück. Ich meine mit diesem Begriff den Anspruch, dass Resonanz den alleinigen *normativen Maßstab* für eine Gesellschaftskritik bilden können soll; die Idee, dass Resonanz als eine Art ‚Metanorm' fungieren kann, die erstens den Geltungsanspruch der anderen Normen *begründet* und zweitens ihre Einhaltung *motiviert*.

Mir ist völlig klar, dass diese Idee vielen als überzogen erscheinen muss, und ebenso, dass man viele Jahrhunderte moralphilosophischer Diskussionen nicht einfach mit einem einzigen ‚Pinselstrich' über den Haufen werfen kann. Auch glaube ich nicht, dass ich über die konzeptuellen Mittel verfüge, oder jemals verfügen werde, die Richtigkeit jenes Anspruches zu ‚beweisen'. Dennoch habe ich die starke Intuition, dass sich mit Hilfe des Resonanzkonzeptes tatsächlich ein Ausweg aus vielen Dilemmata jener Diskussionen (und aus realgesellschaftlichen ebenso wie realbiographischen Entscheidungsschwierigkeiten) finden lassen könnte, und ich möchte diese Intuition im Folgenden versuchsweise noch einmal verteidigen oder plausibilisieren. Der Einwand gegen diesen starken Anspruch lautet, dass es doch andere wichtige Gesichtspunkte gebe, die mit Resonanz nichts zu tun hätten, aber dennoch normative Gültigkeit beanspruchen könnten. So meint Hilge Landwehr, ich benötigte ein zusätzliches Kriterium des *Unrechts*, um etwa ‚schlechte' oder schädliche Resonanzbeziehungen (und andere Phänomene des Kritikwürdigen) identifizieren zu können. Ganz ähnlich argumentiert Hille Haker mit Jessica Benjamin, Resonanz könne nur eines von gleich vier moralisch relevanten Kriterien sein, deren Wichtigstes die moralische Anerkennung von Verletzungserfahrungen sei. Daraus leitet sie den Anspruch einer moralischen Verantwortung im Sinne einer *Rechenschaftspflicht* ab. Ich finde beide Beiträge sowohl in der Form als auch im argumentativen Gehalt ungemein erhellend, aber, wie ich gleich darlegen werde, in diesem Punkt nicht überzeugend. Auch Bernd Sommer kritisiert in seinem interessanten Vergleich zwischen den Konzepten der Nachhaltigkeit und der Resonanz, die unter anderem die Eigenschaft teilen, als ‚thick concepts' im Sinne Bernard Williams' aufzutreten, also deskriptive mit normativen Ansprüchen zu verbinden, den normativen Monismus und plädiert dafür, verschiedene moralische Prinzipien nebeneinander zu stellen. Als solche anderen Prinzipien kommen dann etwa soziale Gerechtigkeit, ökologische Nachhaltigkeit, vielleicht auch ökonomische Effizienz usw. in Betracht. Gegen eine solche Konzeption hätte kaum jemand etwas einzuwenden: Natürlich wäre es wünschenswert, wenn die Welt, neben vielen anderen Dingen, ‚auch noch' ein wenig resonanter wäre. Zu vermuten wäre, dass Resonanz dabei rasch zu einem nachrangigen Prinzip würde: Wenn der sozialen Gerechtigkeit und der ökologischen Nachhaltigkeit Genüge getan ist, kann man auch noch Resonanzgesichtspunkte (gleichsam als Luxuskriterien) berücksichtigen. Aber Sommers eigener Beitrag macht explizit deutlich, worin das Problem einer solchen Konzeption – ganz abgesehen davon, das soziale Gerechtigkeit eine zutiefst umstrittene Kategorie und sicherlich kein Handlungsprinzip ist – liegt: Wie er zeigt, wird das Kriterium der

Nachhaltigkeit nicht nur verwässert, sondern nachgerade nullifiziert, wenn man den ökologischen Gesichtspunkt einfach additiv neben den ökonomischen und den sozialen stellt: Welcher Gesichtspunkt soll entscheiden, wenn ökologische Nachhaltigkeit, soziale Gerechtigkeit und wirtschaftliche Effizienz in Widerspruch geraten? Gibt es in moralischen Konflikten eine Hierarchie der Gesichtspunkte? Deontologische Ansätze, die, etwa in Form eines kategorischen Imperativs, die Formulierung absoluter Prinzipien versuchen, werden meines Erachtens in der Empirie immer früher oder später unfruchtbar und unhaltbar: Die Forderung, dass man *niemals* lügen dürfe, überzeugt nicht nur in Situationen, in denen es um Leben und Tod geht, nicht, sondern auch schon in Erwägungen darüber, ob es nicht auch Situationen gibt, in denen eine ‚barmherzige Lüge' nicht nur erlaubt, sondern moralisch oder ethisch geboten sein könnte. Dies ist vielleicht ein gutes Beispiel für das, was ich meine, wenn ich Resonanz zum Metakriterium machen will: Wer resonanzsensibel, d. h. im Modus des Hörens und Antwortens, auf ein Gegenüber bzw. auf eine Situation reagiert, gewinnt einen Sinn dafür, wann eine ‚barmherzige Lüge' angezeigt sein könnte und wann nicht. Es gibt keinen ‚Algorithmus', der es einem, etwa durch unterschiedliche Gewichtung der involvierten moralischen Prinzipien, erlaubte, die richtige Handlung zu ‚berechnen'. So ist es mir beispielsweise völlig unklar, was „die moralische Anerkennung von Verletzungserfahrungen" und eine damit verknüpfte „Rechenschaftspflicht" handlungspraktisch, im Umgang miteinander, bedeuten könnte. Wohl aber lässt sich aus dem Resonanzkriterium, aus dem Ideal der Resonanzsensibilität und Resonanzfähigkeit, ein Sinn dafür gewinnen, wie man einem in diesem Sinne verletzten oder versehrten Gegenüber begegnen kann oder sollte: Massive Verletzungen etwa in Form von erlittenen Gewalterfahrungen und/oder von Traumatisierungen, haben sehr häufig zur Folge, dass in der Erfahrung der Betroffenen ‚Berührung' gleichbedeutend mit Verletzung oder Verwundung geworden ist, so dass sie schon auf die Andeutung von Berührung mit Schließung, vielleicht sogar mit Repulsion reagieren. Zugleich können Kontexte jahrelanger Unterdrückung und Repression dazu führen, dass es den Betroffenen schwerfällt, ihre ‚eigene Stimme' zu entdecken und zu artikulieren. Ein resonanzsensibles Begegnen (in der unmittelbaren Interaktion wie in der institutionellen Gestaltung) impliziert hier Verhaltensweisen, welche es den Verletzten oder Versehrten wieder ermöglichen, sich angstfrei zu öffnen und Selbstwirksamkeit zu erfahren. Vielleicht kann man sogar sagen: Es gibt (viele) Situationen, in denen das moralisch Richtige selbst unverfügbar ist: es lässt sich nicht ‚a priori' bestimmen, und doch lässt sich das Resonanzkonzept in einer solchen Lage als ‚Kompass' benutzen. Ich möchte dies am Beispiel eines ethisch-moralischen[5] Dilemmas verdeutlichen. Was ich in meiner Konzeption in der Tat unterschätzt und vernachlässigt habe, sind ‚Resonanzkonflikte', wie sie etwa Holmer Steinfath anführt, wenn er darauf hinweist, dass die Resonanzbeziehung etwa zur eigenen Familie durch die Intensivierung der Resonanzachse zum eigenen Beruf, zu einer künstlerischen Tätigkeit oder zur Politik gefährdet bzw. geschwächt werden kann und vice versa. Nehmen wir ein paradigmatisches Beispiel für einen verwandten Resonanzkonflikt: Eine Person, sagen wir eine Frau, hat eine ‚intakte' Kernfamilie nach altem bürgerlichem Modell, also mit Ehepartner und vielleicht zwei oder drei Kindern, wobei die ‚Resonanzdrähte' zwischen den Beteiligten durchaus intakt sind, wenn sie auch nicht sehr häufig glühen. Nun verliebt sie sich aber in einen anderen Menschen, vielleicht in eine Arbeitskollegin. Diese neue Beziehung entspricht geradezu dem Idealfall einer reinen Resonanzbeziehung, also dem Modell selbstwirksamen Berührens und Berührtwerdens. Soll sie nun Ehemann und Kinder verlassen und sich ganz auf die neue Beziehung einlassen, oder soll sie zugunsten der Beziehung zu den ersteren auf diesen Schritt verzichten? „[...] es ist nicht zu erkennen, dass dafür wieder Resonanz als ‚Metakriterium' fungieren kann", schreibt Steinfath zu solchen Konflikten. Ich meine aber: Doch, Resonanz ist das einzige denkbare Metakriterium. Das soll heißen: Es gibt meines Erachtens kein universales Prinzip, das die eine oder andere Entscheidung als die allein Richtige zu identifizieren erlaubte, und keinen Algorithmus, der etwa Folgekosten und Folgenutzen zu kalkulieren ermöglichte. Was die Frau aber tun könnte (oder sollte) ist, zu überlegen und zu erspüren, auf welche Weise sich ihr eigenes In-der-Welt-Sein, ihre Resonanzverhältnisse durch die eine oder die andere Entscheidung (vermutlich) verändern werden. Welche Konsequenzen hat die eine oder die andere Entscheidung für die Existenz und Qualität ihrer horizontalen, diagonalen und vertikalen Resonanzachsen insgesamt (durchaus als holistisches Gebilde im Sinne Steinfaths): Verliert sie, wenn sie sich zur Trennung entscheidet, ihren Glauben, ihre Freunde, den anverwandelten räumlichen Weltausschnitt, den Großteil jener sozialen Beziehungen, die sie als Reso-

---

5 Ich verwende die Begriffe (ähnlich wie etwa Jürgen Habermas) so, dass ‚ethisch' Gesichtspunkte meint, die auf das gelingende Leben bezogen sind, während mit ‚moralisch' Kriterien gemeint sind, die Menschen im Umgang miteinander einfordern dürfen bzw. die zu berücksichtigen wir *anderen* schulden.

nanzachsen erfährt, usw.? Oder ist es eher umgekehrt: Könnte sie durch einen solchen Schritt jene Achsen gerade ‚wiederbeleben', neu intensivieren? Könnte sie auf resonante Weise mit ihren Kindern, vielleicht sogar mit dem früheren Partner verbunden bleiben? Solche Erwägungen klingen nun allerdings wieder ‚additiv', so als müsste man nur die Zahl der Resonanzachsen addieren, um zur richtigen Entscheidung zu gelangen. So ist es natürlich nicht: Es ist durchaus denkbar, dass die Trennung die richtige Entscheidung ist, *obwohl* dadurch alle bisherigen Achsen verstummen. Dafür gibt es kein anderes Metakriterium als die Beurteilung der Resonanzqualität des Lebens insgesamt.

Gegen diese Argumentation lässt sich nun natürlich moralphilosophisch einwenden, dass wir in der Erwägung des *moralisch* Richtigen nicht nur unser eigenes Wohlergehen, unsere eigene Resonanzqualität, im Blick haben dürfen, sondern auch die der betroffenen *Anderen*, dass Resonanz vielleicht als *ethisches*, nicht aber als *moralisches* Kriterium genügen kann. Michael Kühnlein macht diesen Punkt am Ende seines Beitrages sehr stark, wenn er schreibt: „Gelingendes Leben kann auch darin bestehen, gerade dort seine Pflicht zu tun, wo man der Resonanz zu misstrauen beginnt".[6] Eben dies aber möchte ich mit dem Argument bestreiten, *dass das Wohlergehen der Anderen resonanztheoretisch immer schon einbezogen ist*. Resonanz ist kein Zustand des Subjekts, sondern eine ‚objektive' Beziehungsqualität. Wenn ich durch eine Handlung oder Entscheidung mir nahestehende andere Personen verletze, ihre Ansprüche ignoriere, dann bezahle ich das unvermeidlich mit einer eigenen inneren Verhärtung, dann etabliere ich eine Repulsionsbeziehung zu einem für mein Leben bedeutsamen Weltausschnitt, im angeführten Beispiel: Die Frau muss dann im Blick auf ihre früheren Beziehungen ‚verhärten', resonanztaub werden; sie wird in die Augen der Kinder blicken und ihre Trauer und vielleicht Verzweiflung spüren – und kann darauf nur entweder mit einer Repulsion und Schließung reagieren, die ihr gesamtes In-der-Welt-Sein berührt, oder mit dem Versuch, die Resonanzachse auf neue Weise wiederherzustellen.

Wenn ich also an der Idee, Resonanz als ethisch-moralisches Metakriterium zu verstehen, festhalten will, so geschieht dies aus drei miteinander verknüpften Gründen: Zum einen bin ich davon überzeugt, dass ‚Resonanzsensibilität' besser als jede Moraltheorie dazu geeignet ist, in morali-

---

6 Genau genommen bestreitet Kühnlein damit natürlich zugleich noch die Tauglichkeit des Resonanzkriteriums selbst in ethischer Hinsicht, also den schwachen normativen Anspruch des Resonanzkonzepts, doch lasse ich dies hier außer Acht.

schen Konflikten einen ‚Richtungssinn' zu gewinnen. Abgesehen von Normkonflikten haben Moraltheorien aber noch zwei weitere Probleme: Das erste betrifft die notorische Frage der ‚Letztbegründung'. Was verleiht einer normativen Forderung in letzter Instanz Geltungskraft, worauf beruht sie? Das zweite betrifft die Frage der motivierenden Kraft moralischer Kriterien: Was kann es heißen, dass ich anderen gegenüber rechenschaftspflichtig bin? Kann ich nicht ebensogut sagen: Die Sonne hätte eine Pflicht zu scheinen, oder die Wolken hätten eine zu regnen: Manchmal tun sie es, und manchmal nicht, und ebenso handle ich manchmal verantwortlich und manchmal nicht? Warum sollte die Pflicht mich kümmern? Warum sollte ich kein Unrecht begehen, wenn es mir guttut? Aus soziologischer Perspektive ist mir die Formulierung ‚reiner Pflichten' stets suspekt, vor allem deshalb, weil ich weiß, wie folgenlos sie für das Handeln sind, wenn es keine *motivierenden* Kräfte gibt. So begann etwa die Zahl der Flugreisen (in Mitteleuropa und Nordamerika ebenso wie anderswo) genau zu dem Zeitpunkt zu explodieren, als sich allmählich die Erkenntnis durchsetzte, dass Flugreisen ökologisch desaströs sind und die Zukunft der Menschheit gefährden, sodass wir nach allen verfügbaren Moralkriterien eine Pflicht hätten, ihre Zahl einzuschränken. Schlimmer noch: Das Bewusstsein für die Schädlichkeit bzw. Pflichtwidrigkeit des Fliegens scheint statistisch unmittelbar mit seiner Häufigkeit korreliert, d. h. diejenigen, die das Fliegen für besonders schlecht halten und sich dessen besonders deutlich bewusst sind, fliegen am meisten.[7] Die Frage, *warum sollte ich kein Unrecht begehen?* hat also offensichtlich zwei problematische Dimensionen: Erstens, was macht eine Handlung, sagen wir die Ausbeutung oder Misshandlung eines Anderen, zu einem Unrecht (Letztbegründung), und zweitens, warum sollte es mich kümmern, wenn sich eine Handlung als Unrecht identifizieren lässt (wenn sie doch Spaß macht). Die Philosophiegeschichte hat versucht, darauf eine Antwort zu finden, indem sie etwa die (potentielle) Sprachfähigkeit, die Vernunftfähigkeit oder auch die Leidensfähigkeit des oder der Andern als Kriterium zu etablieren versuchte: Du darfst einen anderen Menschen nicht quälen, weil er sprach-, vernunft- oder leidensfähig ist. Die resonanztheoretische Antwort darauf lautet: Du sollst kein Unrecht tun, weil der Andere wie Du selbst resonanzfähig ist, und weil du ebendieses am eigenen Leibe erfährst. Andere Menschen auszubeuten oder zu unterdrücken oder zu misshandeln bedeutet, sich taub zu machen gegenüber dem Resonanzappell,

---

7 Rosa, *Resonanz*, S. 717-719.

gegenüber dem Anruf, den wir in ihren Augen und in ihren Stimmen erfahren. Um es auch an dieser Stelle noch einmal zu sagen: Wer beispielsweise die Meinung äußert, die Flüchtlinge, die sich in unseren Tagen von Afrika oder vom Nahen Osten aus unter großer Lebensgefahr auf die Reise nach Europa über das Mittelmeer machen, hätten hier ‚nichts zu suchen' sollten ‚draußen bleiben', ‚für sich selber sorgen', ‚ferngehalten werden', kann an sich selbst, an seiner Mimik, seiner Gestik, seiner Stimme und seiner inneren ‚Gestimmtheit', die Schließung und Verhärtung erfahren, die diese Äußerung erfordert; man kann sie nicht ‚offen und froh', man kann sie nicht im Resonanzmodus artikulieren. Wer sich gegenüber einem lebendigen ‚Anruf' auf prinzipieller Ebene indifferent oder repulsiv verhält, macht sich selbst resonanzunfähig, das ist der Kern meiner Intuition. Das bedeutet nicht, dass wir auf *jeden* Anruf reagieren müssten, oder das wir jeden Anruf wahrnehmen sollten: Wer unmusikalisch ist, wird von keiner Melodie, wer unsportlich ist, von keinem Fußballspiel ‚angerufen'; ich bin jedoch (mit Theodor Adorno, Emmanuel Levinas, Martin Buber und anderen) davon überzeugt, dass Menschen in den Augen (und Stimmen) anderer Lebewesen stets ein Resonanzangebot und einen Resonanzappell erfahren, demgegenüber sie sich zwar ‚verhärten' können, doch nur um den Preis der Senkung ihrer eigenen Resonanzfähigkeit – und damit ihrer ‚Lebensqualität'. Deshalb kann es kein gutes Leben geben, das auf Unterdrückung basiert oder mit brutaler Ausbeutung von Menschen in anderen Weltregionen oder mit der Zerstörung der Lebensgrundlagen erkauft wird. Auf diese Weise, so meine Hoffnung, fallen Motiv und Geltungsgrund am Ende in diesem einen Metakriterium der Resonanz zusammen.

Machen solche Überlegungen die Resonanztheorie zu einer Heilslehre, Resonanz zu einem Heilsversprechen? Seit Dieter Thomä in einem überaus polemischen Feuilleton-Beitrag die Behauptung erhob, ich wolle die Gesellschaft ‚durch zwischenmenschliche Anerkennung heilen'– was aus meiner Sicht in geradezu grotesker Weise an dem Buch vorbeigeht, weil es erstens gerade einen essentiellen Unterschied von Resonanz und Anerkennung behauptet, weil zweitens eine Kernidee der Resonanztheorie darin besteht, dass das Zwischenmenschliche nur eine von drei Resonanzachsen ausmacht, und weil drittens von ‚Heilen' oder ‚Gesundmachen' oder ‚Retten' nie die Rede ist – und seit Sonja Witte in einem weiteren Beitrag zu meinem Buch Thomäs Behauptung einfach als bare Münze übernahm,[8] geistert dieser Vorwurf in allen möglichen Varianten immer wieder durch die Diskussion um das Resonanzkonzept. Auch Klaus Huizing sieht mich in seinem hier abgedruckten Beitrag in die ‚messianische oder postmessianische' Falle tappen und meint, das Resonanzbuch präsentiere sich als „Erlösungs-" und „Heilsangebot". (Huizing will mich dann freilich aus dieser Falle befreien, indem er Resonanz zum Kernmoment einer ‚Weisheitstheologie' zu machen versucht.) Er schließt dabei an Überlegungen an, wie sie insbesondere Michael Schüßler, aber auch Rainer Bucher aus theologischer Sicht formuliert haben. Sie laufen im Kern darauf hinaus, dass meinem Gesamtentwurf aus *Beschleunigung* und *Resonanz* eine gleichsam eschatologische Geschichtsphilosophie zugrunde liege: Das Beschleunigungsbuch bzw. die kritische Diagnose dynamischer Stabilisierung entspreche einer geschichtsphilosophischen Verfallsdiagnose mit apokalyptischen Zügen, während demgegenüber das Resonanzbuch dann das soteriologische Gegenstück darstelle; eben das Heils- und Erlösungsversprechen.[9] So faszinierend ich diese Deutung finde, so falsch erscheint sie mir doch, wenngleich auf eine interessante Weise: Das Beschleunigungsbuch erzählt zwar in der Tat eine Geschichte der Moderne, doch beinhaltet es ganz eindeutig *keine Geschichtsphilosophie*. Mein eigener Ansatz einer Kritischen Theorie beruht auf der Kerneinsicht, dass das, was wir die ‚Moderne' nennen können, nur eine historische Formation unter anderen ist und dass sie historisch keineswegs notwendig oder unausweichlich ist. Die Steigerungs- und Beschleunigungsimperative sind keine Zwänge ‚der' Geschichte per se, sondern *unserer* spezifischen gesellschaftlichen Formation. Sie resultieren aus dem Modus dynamischer Stabilisierung, nicht aus der Natur oder dem Lauf der Welt als solcher. Sie sind innerweltlich zu überwinden. Mein geschichtsdiagnostisches Argument lautet also: Die kontingente historische Formation der Moderne zeitigt durchaus apokalyptische Züge, aber historische Formationen sind

---

8 Dieter Thomä, Soziologie mit der Stimmgabel, in: *Die Zeit*, Nr. 26/2016, 26. Juni 2016, S. 41; Sonja Witte, „In Liebe gebor(g)en: Heilsversprechen der Resonanz als Symptom für das Unbehagen in der Kultur", in: Christian Helge Peters, Peter Schulz (Hg.), *Resonanzen und Dissonanzen. Hartmut Rosas kritische Theorie in der Diskussion*, Bielefeld 2017, S. 291-307.
9 Michael Schüßler, „Beschleunigungsapokalyptik und Resonanzutopien. Eine theologische Kritik der Zeit- und Sozialphilosophie Hartmut Rosas", in: Tobias Kläden, Michael Schüßler, (Hg.), *Zu schnell für Gott? Theologische Kontroversen zu Beschleunigung und Resonanz*, Freiburg 2017, S. 153-184; Rainer Bucher, „Was erlöst? Die Theologie angesichts soziologischer (Welt-)Frömmigkeit in spätkapitalistischen Zeiten, in: ebd., S. 310-333.

überwindbar und sie vergehen. Weil die ‚Verfallsdiagnose' (soweit es sich überhaupt um eine solche handelt) also nicht den Niedergang der Menschheit oder das Ende der Geschichte oder etwas kategorial Vergleichbares postuliert, sondern nur die Notwendigkeit grundlegender formativer Änderungen betont, bedarf sie auch keines Erlösungs- oder Heilsangebots als Gegenstück. Das im letzten Satz des Resonanzbuches formulierte Credo, *eine bessere Welt ist möglich* (762), trägt keinen soteriologischen Charakter, es impliziert nicht die Überwindung ‚der Welt' und den Anbruch eines neuen Zeitalters, sondern die rein innerweltliche Möglichkeit einer anderen Sozialformation, genauer: Die Ersetzung des gesellschaftlichen Reproduktionsmodus dynamischer Stabilisierung durch ein anderes Prinzip (etwa das der adaptiven Stabilisierung) und eine kulturelle Neuorientierung, wie sie sich im Laufe der Geschichte schon mehrfach vollzogen hat. Daher scheint es mir, dass die Theologie die apokalyptischen und messianischen Züge eher in meine Bücher hinein- als aus ihnen herausliest – *Omnis quod recipitur, per modum recipiens recipitur*, bemerkt Dietmar Mieth genau dazu –, wenngleich ich ihr, wie ich gerne zugebe, diese Lesart sehr leicht gemacht habe. Auch weil ich die Problemdiagnose also nicht teile, möchte ich Huizings ‚Lösungsvorschlag', Resonanz im Sinne einer Weisheitslehre zu begreifen, wie sie auch die „literarische Figur Gott als Weisheitslehrer" oder *Weisheitscoach* vertritt oder vertreten könnte, auf gar keinen Fall folgen, so elegant und verführerisch er auch formuliert ist: Es geht mir partout nicht darum, den Menschen eine Idee an die Hand zu geben, wie sie „in Ruhe und Frieden leben können". Diese Vorstellung ist erstens radikal unsoziologisch, weil sie die sozialen Verhältnisse komplett ausblendet; sie wird zweitens auch der Resonanztheorie nicht gerecht, für die Resonanz (anders als etwa die Idee der Achtsamkeit) keinen Zustand des Subjekts, sondern eine Beziehungsform darstellt, für welche die ‚Weltseite' von zentraler Bedeutung ist, und drittens möchte ich die Resonanzidee ja in der Tat nicht als Instrument der ‚Pazifizierung', sondern als Impuls für eine durchaus radikale soziale Transformation verstanden wissen.

Die Frage, ob die Resonanztheorie implizit doch auf einer Art Heilsversprechen beruht, hat jedoch noch eine zweite Ebene, die sich nicht auf die geschichtsphilosophische Dimension, sondern auf das zugrundeliegende Menschenbild und auf die Konzeptualisierung *des Bösen* bezieht. Tatsächlich scheint mir die von Dietmar Mieth und Michael Kühnlein aus unterschiedlichen Perspektiven diskutierte Frage, ob die Resonanztheorie dazu neigt, das Dunkle, Böse, Destruktive der Welt und des Lebens zugunsten einer „dialogischen Heiligung des Lebens" (Kühnlein) auszublenden, in gleich zwei Hinsichten von zentraler Bedeutung zu sein: Die erste betrifft unmittelbar die Frage nach dem Charakter des Bösen. Theologisch und philosophisch gestellt lautet sie: Ist das Böse eine eigenständige Kraft und Realität, oder nur die Abwesenheit des Guten? Soziologisch gewendet stellt sich die Frage, ob Krieg und Gewalt, Ausbeutung und Unterdrückung wirklich nur die Ergebnisse oder Äquivalente fehlender Resonanz, oder einer verfehlten Resonanzsuche, mithin also: von Entfremdungserfahrungen, sind, oder ob es auch eine Ausübung von Gewalt und repressiver Herrschaft geben kann, die völlig nicht-entfremdet, womöglich sogar ‚resonant' ist? Die zweite Hinsicht betrifft die Frage, ob die Soziologie der Weltbeziehung, welche die beiden Modi ‚stummer' und ‚resonanter' Weltverhältnisse als zwei menschlich-soziale Möglichkeiten nebeneinander stellt, sich am Ende nicht gleichsam theoretisch ‚ungedeckt' auf die Resonanzseite schlägt und – das betrifft insbesondere die vertikale Resonanzdimension – eben doch davon ausgeht, dass am Grunde unseres Seins oder unserer Existenz eine antwortende Welt, oder eine antwortende Realität steht, obwohl sich (wie ich in *Resonanz* zu zeigen versucht habe) theoretisch nicht entscheiden lässt, ob die Welt in ihrem Urgrund schweigt oder spricht? Ich glaube, die Resonanztheorie ist im Blick auf diese beiden Fragen in der Tat ‚ungedeckt positioniert': Ja, für mich ist das Böse nur als Abwesenheit des Guten denkbar, und ich glaube, dass am Urgrund unserer Existenz eine Resonanzbeziehung liegt. Dabei ist es mir allerdings unbegreiflich, wieso Kühnlein die beiden erschütternden Glaubenszeugnisse von Helmuth James Moltke und Alfred Delp als Gegenevidenzen zu meiner Position liest: Ich kann es mir nur so erklären, dass er erneut zwischen *Welt* auf der einen und Geist, Gott oder Seinsgrund auf der anderen Seite trennt, und genau diese ‚Weltverdoppelung' möchte ich mit der Idee vertikaler Resonanz überwinden. So oder so scheint es mir offensichtlich zu sein, erstens, dass niemand über die theoretischen Mittel verfügt, die beiden Fragen kognitiv begründet zu entscheiden, und zweitens, dass keine Sozialtheorie, ja überhaupt kein soziales oder philosophisches Denken, hier ohne eine intuitive Positionierung auskommt, wenngleich diese Positionierung fast immer implizit bleibt und oft nicht bewusst ist: Sie ergibt sich vielleicht aus der Form der je eigenen Weltbeziehung. Indessen scheint es mir nahezu gewiss zu sein, dass wir Menschen beide Formen der Grunderfahrung kennen: Die der Getragenheit und die des Geworfenseins, und dass wir die eine als Hoffnung und die andere als Befürchtung in uns tragen, ganz unabhängig davon, welcher Seite wir kognitiv zuneigen.[10]

Diese tiefgreifende, existentielle Ambivalenz findet vielleicht wirklich, wie Charles Taylor, Dietmar Mieth und Hille Haker nahelegen, in der romantischen Ironie ihren treffendsten Ausdruck. Im Gegensatz zur einfachen rhetorischen Ironie, in der in der Regel das Gegenteil des Gesagten gemeint wird (*Das ist ja eine schöne Bescherung!*), besteht nach meinem Verständnis das Wesen der romantischen Ironie darin, dass etwas gesagt und dabei zugleich *gemeint* und *nicht gemeint* wird. In der logischen und existentiellen Lücke dazwischen scheint etwas auf, das Hölderlin in seiner Poesie und Adorno in seiner Idee eines nicht-identifizierenden Denkens gesucht haben – und das ich „das Aufblitzen der Hoffnung in einer schweigenden Welt" (321) genannt habe. So verstehe ich Hille Hakers Vorschlag, Hölderlin ‚rückwärts zu lesen', so dass die ‚sprachlos und kalt stehenden Mauern' von den ‚Rosen im See des heilignüchternen Wassers' überblendet werden. Und zu meiner eigenen Verblüffung erkenne ich erst jetzt, dass es wohl eben dieses ‚ironische' Moment war, das mich bei der Auswahl der beiden meinem Buch vorangestellten Textstellen von Heinrich Heine und Theodor W. Adorno geleitet hat. Adorno spricht dort von dem Bereich „von etwas, was nicht ist und doch nicht nur nicht ist" (12). Das Heine-Gedicht ‚Fragen' (aus dem Nordsee-Zyklus) aber möchte ich hier, diesmal abschließend, noch einmal wiedergeben:

> Am Meer, am wüsten, nächtlichen Meer
> Steht ein Jüngling-Mann,
> die Brust voll Wehmut, das Haupt voll Zweifel,
> Und mit düstern Lippen fragt er die Wogen:
> […]
> Es murmeln die Wogen ihr ewges Gemurmel,
> Es wehet der Wind, es fliehen die Wolken,
> Es blinken die Sterne, gleichgültig und kalt,
> Und ein Narr wartet auf Antwort.

---

10 Diese Ambivalenz durchzieht, wie Jean-Pierre Wils in seinem Beitrag herausarbeitet, im Grunde auch unser Verhältnis zur ‚Heimat' als Schoß und als Grab, als Verheißung und als Drohung.

Autorenverzeichnis

Rose Marie Beck, Professorin für Afrikanische Sprachen und Literaturen an der Universität Leipzig

Hille Haker, Professorin für Moraltheologie (Richard McCormick Chair) an der Loyola Universität Chicago

Christoph Hübenthal, Professor für systematische Theologie an der Radboud Universität Nijmegen

Klaas Huizing, Professor für systematische Theologie und theologische Gegenwartsfragen an der Universität Würzburg

Michael Kühnlein, Mitglied des Instituts für Religionsphilosophische Forschung und Lehrbeauftragter für Philosophie an der Goethe-Universität Frankfurt am Main

Hilge Landweer, Professorin für Phänomenologie, praktische Philosophie und interdisziplinäre Geschlechterforschung an der Freien Universität Berlin

Alfons Maurer, Vorstand der Paul-Wilhelm-von-Keppler-Stiftung in Sindelfingen

Dietmar Mieth, Professor em. für Theologische Ethik unter besonderer Berücksichtigung der Gesellschaftswissenschaften an der Eberhard-Karls-Universität Tübingen

Harmut Rosa, Professor für Soziologie an der Friedrich Schiller Universität Jena und Direktor des Max-Weber-Kollegs für kultur- und sozialwissenschaftliche Studien der Universität Erfurt

Bernd Sommer, Leiter des Forschungsbereichs Klima, Kultur & Nachhaltigkeit an der Europa-Universität Flensburg

Holmer Steinfath, Professor für Philosophie an der Georg-August-Universität Göttingen

Charles Taylor, Professor em. für Philosophie an der McGill-University Montreal

Jean-Pierre Wils, Professor für philosophische Ethik und Kulturphilosophie an der Radboud Universität Nijmegen